어려운 무역실무는 가라

온/오프라인
무역실무 교육 교재

Part 1. 기본 개념 및 절차

| 어려운 무역실무는 가라 |

온/오프라인
무역실무 교육 교재
Part 1. 기본 개념 및 절차

TRADING EDUCATION

최주호 지음

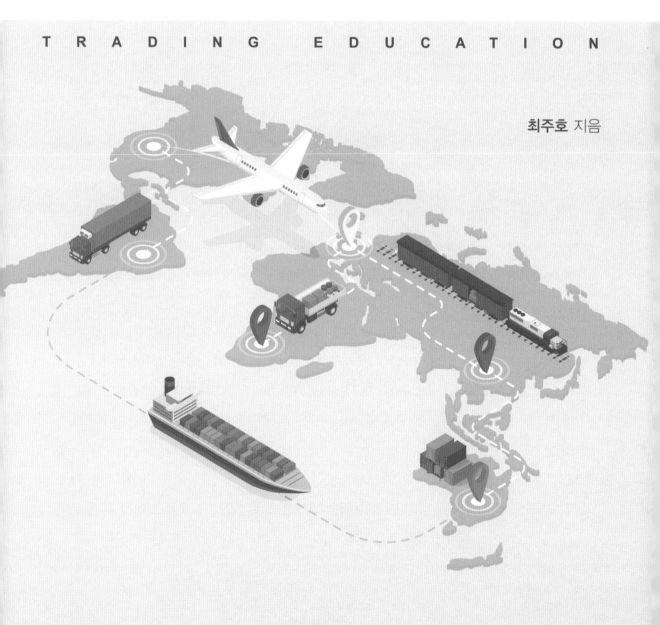

생각나눔

어려운 무역실무는 가라.
온/오프라인 교육 교재

무역회사에 다녔습니다.

일을 하면서 일은 누가 가르쳐 주는 것이 아니라, 스스로 노력하여 깨우치는 것이라는 사실을 알게 되었습니다. 회사는 그 일을 할 수 있는 공간을 제공하는 것이며, 직원은 자신에게 주어진 일을 해내기 위해서 스스로 공부하고, 스스로 시행착오를 겪으며 일을 배우는 것이라는 사실을 신입사원 시절을 한참 지나서야 알게 되었습니다.

그러나 신입사원 시절에 일하면서 느낀 답답함과 어려움은 지워지지 않는 기억으로 여전히 남아 있습니다. 한때 무역회사 직원으로서 힘겨웠던 시절을 보낸 저로서는 지금 무역회사 직원으로서 여러분이 겪는 어려움을 십분 이해하고, 실무 초보자들이 무엇 때문에 그토록 힘겨워하는지, 어떤 내용과 구성으로 교육을 해야 하는지, 그 방안을 연구하였습니다.

2010년부터 시작된 무역실무자들을 대상으로 한 저의 무역실무 교육은 이제 그 구성과 질적인 면에서 자리를 잡고 튼튼해져 있습니다. 그리하여 지금까지 교육 자료를 만들고 수정하면서 가장 최적화된 내용으로 구성된 본 책을 세상이라는 무대 위로 올립니다.

독자 여러분께서는 본 책으로 'Edu Tradehub(저자가 운영하는 온/오프라인 무역실무 교육 회사명)'에서 제공하는 교육을 수강하시고, 보다 넓고, 보다 체계적인 내용이 정리된 무역 실무서 『어려운 무역실무는 가라』를 반복해서 읽으시면 업무에 많은 도움을 받을 수 있을 것입니다.

무역 현장에서 어려움을 겪는 많은 실무자 여러분!

부디 힘내시어 현재의 어려움에 현명하게 대응하시고, 5년 뒤 10년 뒤 자신의 자랑스러운 모습을 그리며 노력하시기 바랍니다.

저자 최주호 올림

페이지 마다 정리할 수 있는 별도의 필기 공간을 만들었습니다.

업무를 체계적으로 정리하는 시간은 대단히 중요합니다. 정리의 힘은 여러분을 성장시킬 것이며, 그리하여 다시 집필된 이 책은 여러분 각자에게 최고의 무역 실무서가 될 것입니다.

[CONTENTS]

들어가며

어려운 무역실무는 가라. 온/오프라인 교육 교재

제 1 강
수출입 통관, 운송 용어 설명

1-1강. 무역 거래를 위한 이해관계자

1-2강. 통관 및 운송 업무를 위한 기초 용어

제 2 강

수출입 통관 절차, 수입세액 계산 및 관세환급 이해

2-2강. 과세가격의 이해와 가격조건별 관부가세 계산 과정

2-3강. 수출통관과 관세환급 업무 이해

제 3 강

해상 및 항공 수출입 과정과 운송서류 처리 절차 이해

제 4 강

정형거래조건(Incoterms2020)의 개념과 활용

4-1강. 인코텀스의 개념과 비용(위험) 분기점 이해

4-2강. 각 인코텀스의 실무적 해석과 활용

제 5 강
해상·항공 물류비 견적과 분할선적 등

5-1강. 운송비 견적을 위한 기초 개념과 견적 내용 해석

5-2강. 분할선적, 환적 및 적하보험 개념

제 6 강

무역결제(T/T, L/C)

6-3강. 신용장 개설신청서 작성 방법

6-4강. 보증신용장의(Standby L/C) 개념과 종류

무역서류 서식

부록

제 1 강
수출입 통관, 운송 용어 설명

1-1강
무역 거래를 위한 이해관계자

무역이란 무엇인가?

- 나라와 나라 사이에 서로 물품을 사고파는 일(화물과 돈의 이동 수반)
- 화물은 관세선을 통과하며, 운송수단을 통해서 운송이 이루어져야
- 돈은 외국환 은행 통해서 이동

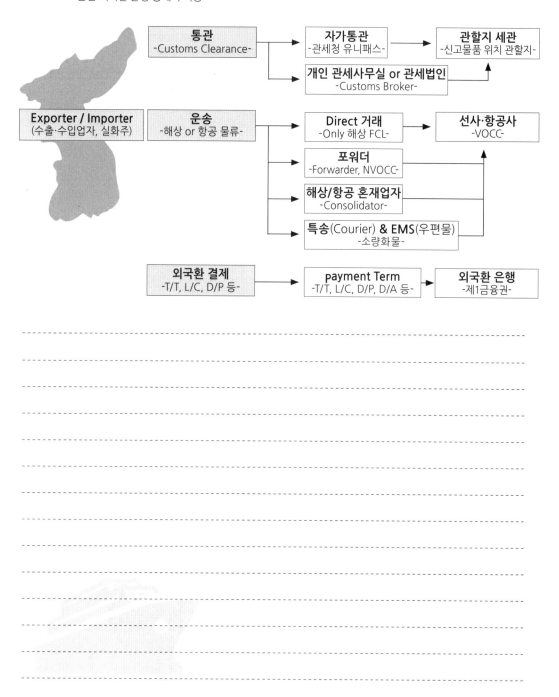

수출(입) 및 운송을 위한 기초 서류와 거래 당사자

Proforma Invoice (P/I, Offer Sheet)	• P/I를 기초로 수출자와 수입자 협상 및 매매계약 체결 • 매매계약서 작성
Commercial Invoice (C/I, 가격명세서)	• 매매계약서의 확정된 가격이 기재된 가격명세서이자 대금청구서 • C/I의 Shipper와 Consignee가 매매계약 당사자이며 외국환 거래 당사자 • Buyer는 Seller에게 Purchasr Order(PO) Sheet 발행
Packing LIst (P/L, 포장명세서)	• 수출물품의 Gross Weight, Net Weight, CBM 등의 포장 정보 기재 • 제조사와 수출자가 다른 경우 제조사의 도움을 받아서 수출자가 발행

[수출(입)신고 의뢰]
· 수출(입)신고서 작성을 위한 기초 서류 및 정보 제공
· C/I 및 P/L 등

[수출(입)신고 의뢰]
· 수출(입)신고서 작성을 위한 기초 서류 및 정보 제공
· C/I 및 P/L 등

무역회사 (실화주)	관세사무실 (Customs Broker)	관할지세관 (신고물품 위치 관할지)

[운송 의뢰]
· P/L 및 수출신고필증(번호) 제공

포워더 (Forwarder, NVOCC)	선사·항공사 (VOCC)

• NVOCC(Non-Vessl Operating Common Carrier, 무선박운송인)

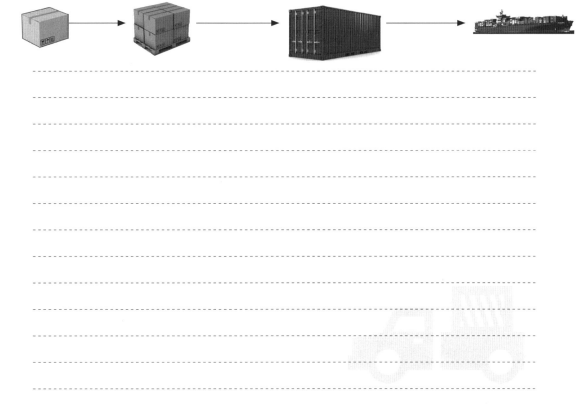

관세사의 역할·필요성 및 통관 수수료

- **관세사무실 필요성**
  - 업무에 대한 효율성 문제(실화주는 세관 업무에 특화된 회사 아님)
  - 대외무역법, 관세법 등의 전문 지식

- **통관수수료(Customs Fee)**
  - (기준) Per 수출(입)신고필증 발행
  - (수입) 총과세가격(CIF에 근접하는 가격) 기준으로 2/1,000 정도. 최저 수수료 대략 30,000원
  - (수출) FOB 가격 기준으로 1.5/1,000 정도. 최저 수수료 대략 15,000원
  - (다른 국가) 기본 수수료가 한국보다 비싸고 란사항 추가 및 정정하면 비용 추가될 수도

수입 물품	적용되는 법과 설명
 3402.90-3000	**a) 대외무역법** - 원산지 표시, 수출입 공고, 통합공고 및 전략물자 관련 규정 **b) 관세법** - 수출입 신고, 총과세가격 결정, 관세율 적용 및 관세의 감면 등 규정 **c) 외국환거래법** - 세관에 유상 신고한 건의 거래 당사자 간 외국환 결제의 적정성 **d) 부가가치세 등 내국세** - 부가세 영세율 적용과 매입세액 공제

포워더의 역할·필요성 및 운송 계약 구조

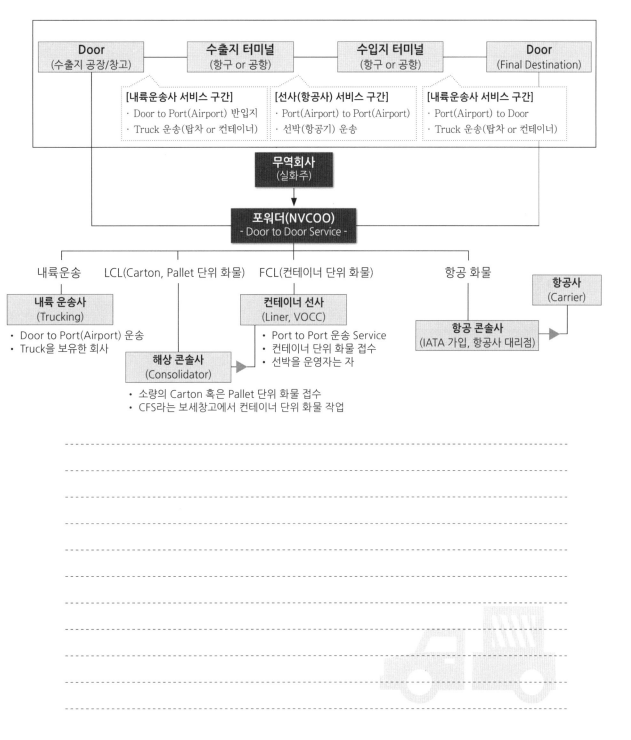

Door (수출지 공장/창고)	수출지 터미널 (항구 or 공항)	수입지 터미널 (항구 or 공항)	Door (Final Destination)

[내륙운송사 서비스 구간]
· Door to Port(Airport) 반입지
· Truck 운송(탑차 or 컨테이너)

[선사(항공사) 서비스 구간]
· Port(Airport) to Port(Airport)
· 선박(항공기) 운송

[내륙운송사 서비스 구간]
· Port(Airport) to Door
· Truck 운송(탑차 or 컨테이너)

무역회사
(실화주)

포워더(NVCOO)
- Door to Door Service -

내륙운송   LCL(Carton, Pallet 단위 화물)   FCL(컨테이너 단위 화물)   항공 화물

항공사
(Carrier)

내륙 운송사
(Trucking)
· Door to Port(Airport) 운송
· Truck을 보유한 회사

컨테이너 선사
(Liner, VOCC)
· Port to Port 운송 Service
· 컨테이너 단위 화물 접수
· 선박을 운영자는 자

해상 콘솔사
(Consolidator)
· 소량의 Carton 혹은 Pallet 단위 화물 접수
· CFS라는 보세창고에서 컨테이너 단위 화물 작업

항공 콘솔사
(IATA 가입, 항공사 대리점)

1-2강
통관 및 운송 업무를 위한 기초 용어

간단한 통관 절차와 개념 및 관련 용어

```
                          관세청
   ┌──────┬──────┬──────┬──────┬──────┬──────┐
 서울세관  안양세관  수원세관  성남세관  인천공항세관  평택세관  등등...
```

통관
- 수입통관 · 수입신고서 작성 → 세액 납부(관부가세) → 수리 → 수입신고필증 → 보세구역 반출
- 수출통관 (반송통관) · 수출신고서 작성 → 수리 → 수출신고필증(적재 전) → On Board → 수출신고필증(수출 이행)
  · 반송은 반송신고필증 발행

무역회사 : 서울

관세사무실 : 인천

Door : 성남

입(출)항지 : 부산 신항 HJNC

[관세사무실 선택]

a. (수입) 입항지가 부산 신항인데, 인천 소재 관세사무실 사용해도 되는가?
b. (수출) Door가 성남인데, 서울 소재 관세사무실 사용해도 되는가?
c. 아이템에 따라서 입(출)항지 소재 관세사무실 사용 필요한가?
d. 무역회사의 규모에 따라서 관세사무실 선택 기준이 달라지는가?

[관할지 세관 의미]

a. 수출(입)신고 대상 물품이 신고 시점에 위치한 지역을 관할하는 세관

[관세와 부가세의 납부 및 환급(공제)]

a. 간접소비세로서 수입 관세를 납부하는 이유와 관세환급 상황
b. 부가세 환급(공제) 개념
c. 관세환급을 받는 자는 누구인가?

외국물품(보세물품) & 내국물품

[외국물품(보세물품)] 수입신고 수리 전의 물품 or 수출신고 수리된 물품

[내국물품] 우리나라에 있는 물품으로서 외국물품이 아닌 것 or 수입신고 수리된 물품

[보세구역] 외국물품을 보관하는 장소(CY, CFS, 보세창고 등) 보세구역은 관세 미납 물품을 관리·보관하는 구역이므로 이 구역을 출입하는 물품에 대하여는 관세를 확보하기 위해 물품 이동을 통제한다.

[참고] 외국물품과 내국물품은 모두 우리나라의 법 효력이 미치는 영역 내에 위치해야 하며, 이외의 곳에 있는 물품은 내·외국물품을 따질 법적 실익이 없다. 〈관세법해설, 협동문고〉

보세운송과 보세창고료 관련

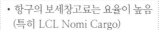
• 항구의 보세창고료는 요율이 높음
(특히 LCL Nomi Cargo)

• 입항지보다 저렴한 창고료율

CY
• Shuttle 운송
입항지 보세창고
- CFS -

• 보세운송
내륙 보세창고
-성수동 보세창고-

[Shuttle 운송]
• 특정 구간을 반복해서 정기적으로 오가는 왕복 운송(CY ↔ CFS)
• CY에서 컨테이너가 수출입 물량이 많은 화주의 Door(공장/창고)로 Shuttle 운송되기도

[보세운송 운송]
• 수입신고 수리 전 보세 상태의 보세(외국) 물품을 A라는 보세구역에서 B라는 보세구역으로 운송하는 것
• 세관에 보세운송 신고해서 수리받아야 하며, 반출 수량과 반입 수량이 일치해야

[Line 운송과 자가운송]
• 입항지 CY에서 수입지 Door까지의 컨테이너 내륙운송을 선사 지정 내륙운송사를 사용하느냐, 타 내륙운송사를 사용하느냐의 문제.
• Line 운송은 선사 소유 컨테이너(COC, Carrier's Own Container)를 사용해서 수입된 컨테이너 화물의 내륙운송을 선사와 계약된 내륙운송사(Trucking 회사) 통해서 진행하는 방식.
• 자가운송은 선사와 계약된 내륙운송사가 아닌 다른 내륙운송사를 통해서 수입 컨테이너 화물의 내륙운송을 진행하는 방식 수입자가 직접 혹은 관세사무실이나 포워더가 수배한 내륙운송사를 사용할 수 있음

[보수작업]
• 보세 상태 물품에 대해서 승인 신청 후 보수작업 가능하며, 완료보고 별도로 해야
• 원산지 표기, 화물분할(1 Pallet 화물을 6 Carton으로 분할할 때) 등의 타당한 사유가 있어야

(직)반입과 (직)반출 등의 의미

구 분	설 명

반입, Carry-in	• 물품을 보세구역 안으로 들여와서 장치해 두는 행위
	• 외국에서 물품을 우리나라로 수입하는 행위
	「관세법」 제2조(정의)
	  1. '수입'이란 외국물품을 우리나라에 반입(보세구역을 경유하는 것은 보세구역으로부
	    터 반입하는 것을 말한다)하거나... 생략

반출, Carry-out	• 보세구역에 장치된 물품을 보세구역 밖으로 내보내는 행위 • 우리나라에서 외국으로 물품을 수출하는 행위 「관세법」 제2조(정의) 2. '수출'이란 내국물품을 외국으로 반출하는 것을 말한다.

직반입	• 위험물의 경우 CY에 미리 반입해서 Shipment Booking한 선박이 접안할 때까지 장치
	  불가할 수도. 그래서 컨테이너 터미널 밖에서 대기하다가 Shipment Booking한 선박이
	  터미널에 접안했을 때, 바로 선 측에 컨테이너를 이동시켜 선적할 수 있도록 하는 행위

직반출	• 역시 CY에 장치 불가한 위험물이 적입된 수입 컨테이너의 경우, 접안한 선박에서 양 하하면서 컨테이너 차량에 상차 후 터미널 밖으로 반출하는 행위(차상 반출)

도선사(Pilot) 승(하)선   예인선(Tug Boat) 도움으로 접(이)안

Pilot Station   외항 내항   입항

Container Freight Station(CFS)

선석(Berth), 접안

Container Yard(CY)

CBM(부피), N.W.(순중량) 및 G.W.(총중량)

■ CBM (부피)
- Cubic Meter(입방미터, 1㎥, 세제곱미터)
- Volume 혹은 Measurement
- 가로(L) 1m x 세로(W) 1m x 높이(H) 1m일 때 1 CBM
- DIM(Dimension) : 길이(length), 폭(width), 높이(height)

> a) DIM : 500mm x 600mm x 1000mm per Carton
> b) 30CTNs일 때, 총 CBM ?
>
>   - 가로, 세로, 높이 확인 후 미터(meter) 단위로 변경.
>   - 가로, 세로, 높이를 모두 곱한다. 0.5m X 0.6m X 1m = 0.3 CBM
>   - Carton의 CBM에 총 Carton 수량을 곱한다. 0.3 CBM X 30 CTNs = 9 CBM

■ N.W. & G.W.
a) N.W.(Net Weight) : 물품 자체 중량(수출 포장 전 무게)
b) G.W.(Gross Weight) : 수출 포장 완료된 상태의 무게(N.W. + 포장재)

- 참고) 포장재의 무게가 무거우면 운임이 상승할 수도.
        그럼에도 외부로부터의 통상적인 충격을 흡수할 수 있을 정도의 포장 필요.

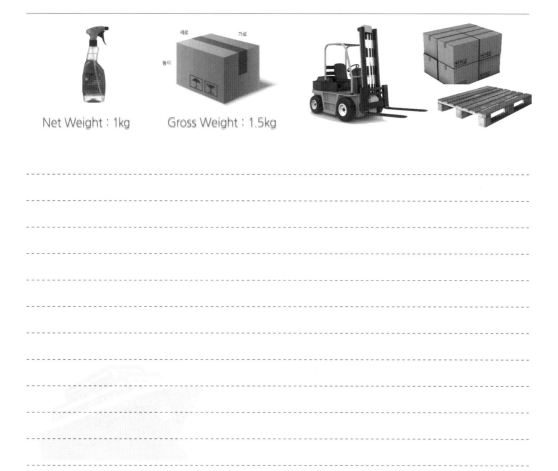

Net Weight : 1kg   Gross Weight : 1.5kg

해상 FCL과 LCL 개념 설명

구 분	FCL (Full Container Load)	LCL (Less than Container Load)
의 미	• 단일 화주가 컨테이너 자체를 임대하는 건 (컨테이너에 단일 화주 물품이 적재) • 선사와 콘솔사의 계약 관계에서 콘솔사가 LCL 화물을 CFS에 집결시켜서 컨테이너 단위 화물로 선사로 접수하는 화물 역시 FCL	• 컨테이너에 일정한 공간을 임대하는 건 (복수의 화주가 컨테이너 공유)
화물 단위(Per B/L)	• 컨테이너 단위 화물 (40ft DVx 2, 20ft RF x 1을 단일 B/L로 발행 가능)	• Carton 혹은 Pallet 단위 화물 (CFS에서 컨테이너 단위 화물로 전환)
컨테이너의 임대와 반납	• 컨테이너 종류 및 Size 기준으로 발생 (e.g. USD350 per 40' DV)	• CBM 및 Gross Weight를 기초로 per CBM(혹은 per R.ton)으로 발생
콘솔사가 컨테이너 임대 및 반납	• Shipper는 컨테이너를 임대하는 자 • Consignee는 컨테이너를 반납하는 자	• 콘솔사가 컨테이너 임대 및 반납
CFS의 활용	• 필요에 의해서 Shipper(Consignee)가 CFS 선택 가능	• 반드시 콘솔사가 지정한 CFS 사용해야

• Tractor : Head, 견인차
• Chassis : 피 견인차

• 적입(Stuffing, Vanning) ↔ 적출(Unstuffing, Devanning)
• 적입(출) 작업 중 Damage 발행 주의

컨테이너 화물 적(출)입 작업

[컨테이너 바닥]
- DV는 합판(나무), Shoring 할 때 못질 가능
- RF는 알루미늄 T자 보드

[동영상 및 사진 촬영]
- 컨테이너 번호와 Seal No. 확인
- Sound 컨테이너 확인
- 화물 포장 상태, 수량, 화인 등

[Pallet 작업 필요 이유]
- 적출(입) 작업할 때 지게차 활용 가능
- 신속한 적출(입) 작업 가능, 컨테이너 기사님 대기 시간 20feet 2시간, 40feet 3시간
- (참고) 나무 Pallet은 훈증 혹은 열처리해야 하고 수입지에서 폐기 어려울 수도

[Pallet 작업 하지 않는 경우]
- 인건비 상승, 작업 시간 상당히 필요, 수입지 Door에서 개장할 때 화물 쏟아질 수도
- 화물 포장 상태, 수량, 화인 등

[화물 고정 작업]
- Shoring(Lashing, Chocking, 고박)
- Lashing은 Rope, Band, Net 등을 이용
- Chocking은 Dunnage bag(에어백) 이용
- 목재의 경우, 훈증/열처리 필요
- Door에서 작업 어려우면 CFS 활용
- CLP 기초로 작업
- Bobtail 필요할 수도

[Sealing]
- FCL의 경우 B/L에 Seal No. 표기
- Seal Charge 대략 8,000원
- 컨테이너 Right Door를 Sealing 한다.

CY와 CFS 의미와 활용

구 분		설 명
CFS (Container Freight Station, 컨테이너 화물 집합소)	의미	• 물류창고이며, 세관의 감독을 받는 보세구역 • Carton, Pallet 단위 화물을 일정 기간 보관할 수 있음
	수출화물	• 컨테이너 단위 화물로 만들기 위한 Carton, Pallet 단위 화물의 집결지 • 컨테이너 단위 화물로 만들기 위해 적입(Stuffing)과 Shoring 작업 진행 • Flat Rack 컨테이너 등 특수 화물의 컨테이너 Shoring 작업
	수입화물	• 컨테이너 단위 화물을 Carton, Pallet 단위 화물로 Devanning 작업하는 장소 • Devanning한 Carton, Pallet 단위 화물을 Final Destination으로 발송하는 출발지
CY (Container Yard, 컨테이너 야적장)	의미	• 컨테이너 단위 화물을 보관하거나 인도하는 장소로서 세관의 감독을 받는 보세구역 • Empty 컨테이너 및 화물이 적입된 상태의 컨테이너를 일정 기간 보관할 수 있음 • 수출입 컨테이너 화물뿐만 아니라 T/S(환적)을 위해 보관되는 컨테이너 화물도 있음 • CY 내에서는 컨테이너의 개장 혹은 검사장으로 이동해서 개정하기도
	수출 컨테이너	• Shipment Booking한 선박에 선적하기 전에 일시적으로 보관되는 장소
	수입 컨테이너	• 양하 후 Consignee의 반출 요청이 있을 때까지 컨테이너 단위 화물로 보관되는 장소

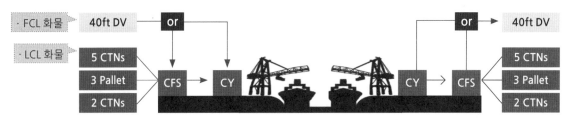

■ Door에서 출고 전 Pallet 포장 권장

• (Shipper 입장) 화물의 분실과 파손 확률 낮아짐, Carton 화물은 CFS에서 Pallet 작업비 추가 발생할 수도
• (콘솔사 입장) CFS에서 컨테이너 적출입하기 용이, 그러나 Pallet 화물은 컨테이너 공간 확보하여 더 많은 화물 적입에 방해될 수도

항구 부대비용(THC, Wharfage, CFS Charge 등)

[CFS Charge] 컨테이너 작업지

- (수출지 CFS) 컨테이너 적입 및 Shoring 비용
- (수입지 CFS) 컨테이너 적출 비용
- Per R.ton 청구, 창고료와는 별개
- 수출지 CFS에 Carton 단위로 반입된 화물의 Pallet 작업비는 별도 발생

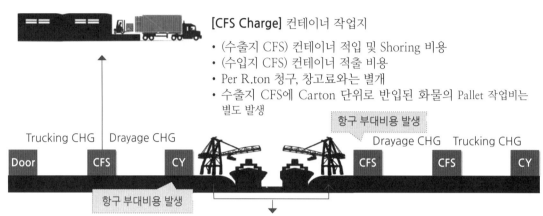

항구 부대비용 발생

Trucking CHG   Drayage CHG

Door   CFS   CY

항구 부대비용 발생

Drayage CHG   Trucking CHG

CFS   CFS   CY

[THC] Terminal Handling Charge

- (수출지 터미널) CY에 반입된 컨테이너를 선박에 선적하기까지의 비용
- (수입지 터미널) 선박에서 컨테이너를 양하하여 CY에 반입하는 비용

항구 부대비용		Dry Container		Reefer Container		비고
		20ft	40ft & HC	20ft	40ft	
선사 청구 비용	THC	130,000 원	180,000 원	230,000 원	345,000 원	
	Wharfage (W/F)	4,420 원	8,840 원	4,420 원	8,840 원	부두사용료
	Container Cleaning Fee	25,000 원	40,000 원	35,000 원	50,000 원	
	DOC Fee	40,000 원 per B/L	좌동	좌동	좌동	서류발급비
포워더 청구 비용	H/C	• 포워더에게 물류 서비스 의뢰한 경우에 발생하는 포워더의 수수료 • 정해진 금액 없으며, 대략 USD30~80 선에서 청구(per B/L)				
	D/O Charge	• D/O(Delivery Order) 발행 업무에 대한 포워더 수수료 • Line B/L 건에서 Consignee가 관세사무실로 선사 D/O 발행 요청할 때는 관세사무실이 청구 • 정해진 금액 없으며, 대략 USD50 선에서 청구(per B/L)				

Dry 컨테이너(DV)의 제원

· 출처 : http://www.hmm21.com

Size &Type	Height	Tare (kgs)	Payload (kgs)	Max.Gross (kgs)	Door Opening (mm)		Interior Dimension (mm)			Interior Cubic(㎥)
					Width	Height	Length	Height	Width	
20' DRY CNTRS	8'6''	2,200	28,280	30,480	2,340	2,280	5,898	2,392	2,352	33.2
40' DRY CNTRS	8'6''	3,600	28,900	32,500	2,340	2,280	12,032	2,392	2,352	67.6
40HQ DRY CNTRS	9'6''	3,800	28,700	32,500	2,340	2,585	12,032	2,698	2,352	76.3

- 일반 컨테이너를 Dry Van(DV) 혹은 General Purpose(GP)라고 함.
- 40' DV x 3 은 40feet 일반 컨테이너 3대를 의미
- 20' DV는 Weight Cargo용 컨테이너, 40' DV는 Volume Cargo용 컨테이너

용어 정리

- Tare Weight : 컨테이너 자체 중량(VGM 신고 중량 = Tare Weight + Cargo G.W. + Shoring 자재 중량)
- Payload : 컨테이너에 최대로 적재 가능한 중량(실제로는 25~26톤이 최대 적재 가능 중량)
- Max. Gross : Tare Weight와 Payload 합계

- In Gauge Cargo : 규격화된 컨테이너에 적입 가능한 화물.
- Out of Gauge(OOG) Cargo : 규격화된 컨테이너에 적입 불가능한 화물.
- Open Top(OT) 컨테이너 혹은 FR 컨테이너 사용해서 운송 가능.

- Bulk Cargo : OOG Cargo 혹은 In Gauge Cargo이나 포장하지 않고 컨테이너에 적입하는 화물.
- Stackable : 2 단적재 가능.
- CLP : Container Load Plan, 컨테이너에 적입된 화물의 중량을 분산해야 (Weight&Balance).

COC와 SOC의 구분

Container Damage&책임 이전 : https://tradeinfo.kr/article/538

• Shipper : 컨테이너 Lease하는 자 & Consignee 컨테이너 반납하는 자
• Shipper가 컨테이너 인수할 때 Damage Check 해야

CY에 보관된 COC → **선사 (Carrier)** — [COC 사용 경우] (화주) 단기 임대&Damage Check 후 인수 → **Shipper (화주)**

컨테이너 화물 On Board

컨테이너 화물 Discharge

[Damage 확인된 경우]
선사는 원인 제공자 유무 확인 없이 수입자에게 비용 청구 & 수입자가 비용 인하 협상해야

선사 (Carrier) ← [COC 사용 경우] (화주) 화물 적출 후 반납 & (선사) Damage Check ← **Consignee (화주)**

[컨테이너 관리 책임 이전 시점]
• Consignee가 POD CY에서 컨테이너 인수하는 시점에 Shipper의 화물에 대한 권리 및 컨테이너 관리와 관련된 모든 책임과 의무가 함께 이전됨
• 따라서 Shipper의 잘못으로 인한 컨테이너 Damage라도 Consignee는 공동책임

구 분	COC 사용 경우	SOC 사용 경우
의 미	• Carrier's Own Container • 선사 소유 컨테이너 (선사가 제작사에 직접 발주한 컨테이너) • Lease 사업자로부터 장기 임대한 컨테이너	• Shipper's Own Container • 선사 이외의 자(Shipper)가 소유한 컨터이너
설 명	• 선사로부터 컨테이너 단기 임대해서 화물 운송 • Shipper는 컨테이너를 임대하고, Consignee는 반납 • Shipper는 컨테이너 상태 Check 후 인수 • 컨테이너 반납 할 때 Damage 있으면 선사는 Consignee에게 Damage Fee 청구	• Shipment Booking할 때 SOC라는 사실 전달 • DEM, DET에서 자유로울 수 있지만, Storage Charge는 발생 • SOC 보관 장소 확보할 필요

Dry 컨테이너(DV)의 세부 명칭

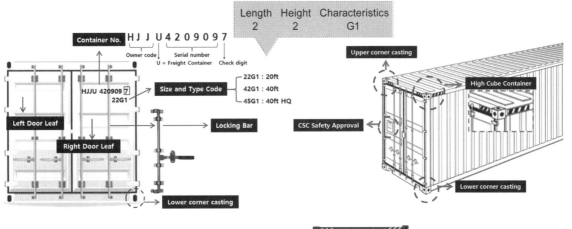

| | Length 2 | Height 2 | Characteristics G1 |

Container No. **HJJU4209097**
Owner code — Serial number — Check digit
U = Freight Container

HJJU 420909 7
22G1

Size and Type Code
- 22G1 : 20ft
- 42G1 : 40ft
- 45G1 : 40ft HQ

Left Door Leaf
Right Door Leaf
Locking Bar
Lower corner casting

Upper corner casting
High Cube Container
CSC Safety Approval
Lower corner casting

화물의 종류에 따른 컨테이너의 활용

■ Reefer Container(RF)

냉각기

[운송화물]
- 일정한 온도 유지가 필요한 물품
- 화학 액체류(DG Cargo), 주류 및 식품(e.g. 김치, 과일, 참치, 육류 등), 의약품 등

■ Open Top Container(OT)

Tarpaulin(방수포)

■ Flat Rack Container(FR)

[운송화물]
- Out of Gauge Cargo
- Weight Cargo(중량화물)
- 바닥이 다른 컨테이너보다 두꺼움
- (작업장소) CFS or 본선

■ Tank Container

IBC

- IBC, Intermediate Bulk Container
- 액체 화물은 드럼통(Steel Drum), IBC 혹은 Flexi Bag 사용
- Steel Drum은 고가여서 Flexi Bag 수요 증가

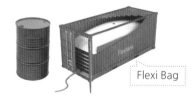

Flexi Bag

과적 기준과 컨테이너 내륙운송

국가별과적기준: https://tradeinfo.kr/article/1238
자동차관리법: https://tradeinfo.kr/article/937

「도로법시행령」
제79조(차량의 운행 제한 등)② 도로관리청이 법 제77조제1항에 따라 운행을 제한할 수 있는 차량은 다음 각 호와 같다.
1. 축하중(軸荷重)이 10톤을 초과하거나 총중량이 40톤을 초과하는 차량
2. 차량의 폭이 2.5미터, 높이가 4.0미터(도로 구조의 보전과 통행의 안전에 지장이 없다고 도로관리청이 인정하여 고시한 도로의 경우에는 4.2미터), 길이가 16.7미터를 초과하는 차량
3. 도로관리청이 특히 도로 구조의 보전과 통행의 안전에 지장이 있다고 인정하는 차량

〈Cargo〉 55CBM, 33 ton   20CBM, 18ton   15CBM, 15ton

[20ton 초과 화물 per Truck]
· 내륙운송비 추가될 수도
· 사고와 과적 위험↑
· 축 하중 분산을 고려한 CLP 필요
· 대부분 원자재, 산업설비 등

[별표 1]「자동차관리법」제3조에 따른 특수자동차로 운송되는 수출입 컨테이너 품목 안전운임 부대조항

9. (할증 적용방식) 각종 할증 운임은 다음 각 목을 따른다.
　가. (중량물 할증) 컨테이너 내품 무게가 40FT 23톤, 20FT 20톤을 초과할 때부터 매 1톤마다 해당구간 운임의 10%씩을 할증하여 적용한다(예시① : 40FT 23톤 초과 24톤 이하 10%, 24톤 초과 25톤 이하 20% 할증 적용, 예시② : 20FT 20톤 초과 21톤 이하 10%, 21톤 초과 22톤 이하 20% 할증 적용).
　다. (탱크 컨테이너)「컨테이너식이동탱크저장소의 허가업무지침」에서 정하는 '탱크 컨테이너'를 운송하는 경우 해당구간 운임의 30%를 할증하여 적용한다.
　라. (플렉시백 컨테이너) 플렉시백 컨테이너를 운송하는 경우 액체 화물은 해당구간 운임의 20% 할증을 적용하고, 가루·칩 형태의 분말화물은 해당구간 운임의 10% 할증을 적용한다.
　마. (냉동·냉장 컨테이너) 냉동·냉장장치가 부착된 컨테이너를 발전기가 부착된 차량으로 운송할 경우 장치의 가동여부와 상관없이 해당구간 운임의 30%를 할증하여 적용한다.
　차. (대기료) 트랙터의 상·하차 대기가 발생할 경우 다음의 1)~2)에서 정하는 시간을 초과할 경우 30분당 20,000원씩 지급한다. ~~ 중 략 ~~~
　　1) 항만 부두의 경우: 40FT와 20FT 공통적으로 1시간
　　2) 화주 문전의 경우: 40FT 3시간, 20FT 2시간

[별표 1]「자동차관리법」제3조에 따른 특수자동차로 운송되는 수출입 컨테이너 품목 안전운임 부대조항

8. (COMBINE 운송) 20FT 컨테이너를 2개 운송하는 COMBINE 운송운임은 다음 각 목을 따른다.
　가. COMBINE 운송 시에는 각각의 컨테이너에 20FT 운임의 100%를 적용한다.
　나. 다음의 1)~4) 요건을 모두 충족한 COMBINE 운송 시에는 20FT 컨테이너 운임의 180%를 적용한다(수입·수출 컨테이너에 동일 적용, 배후단지·환적화물은 제외).
　　1) 컨테이너 2개의 화주가 동일할 것
　　2) 냉동·냉장, 위험물, 탱크 등 할증 대상 컨테이너가 아닐 것
　　3) 컨테이너 2개의 중량 합계가 20톤 미만일 것
　　4) 동일 장소(부두의 경우 동일 블록)에서 상차하고, 동일 장소에서 하차할 것

17. (과적 단속) 송장에 기입된 중량과 실제 중량의 차이로 과적에 단속되거나 화주의 적재 잘못으로 축중량 과적에 단속되어 회차할 경우 화주가 운수사를 통하여 기존 배차구간 운임의 100%를 차주에게 지급하며 과태료도 화주가 부담한다.

〈Cargo〉 55CBM, 28 ton   축하중

[Combine]
· 20ft DV 2대 운송
· RF 컨테이너는 발전기 때문에 불가할 수도

[Weight Cargo 운송 할 때]
· 급제동 시 위험
· Shoring 작업할 때 신중해야

[Bobtail]
· Tractor와 Chassis를 분리하는 것

['ㄱ'자 작업]
· Bobtail 하지 않고 적출입 작업할 때

Weight Cargo(중량화물) & Volume Cargo(부피화물)

· 해상화물 1 CBM = 1,000 kgs

Volume Cargo R.ton : 37.268(37.268 CBM 〉 8,400 kgs)

- Commodity : Shoes
- Q'ty : 28 Pallets
- DIM(Dimension) : 1100mm(Length) x 1100mm(Width) x 1100mm(Height) per Pallet
- CBM(Cubic Meter) : 28 Pallets 37.268 CBM (1.331 CBM per Pallet)
- G.W.(Gross Weight) 28 Pallets 8,400 kgs (300 kgs per Pallet)

Pallet DIM :
1100mm(L) x 1100mm(W) x 1100mm(H)

Pallet
(Shoes)

Pallet Gross Weight : 300kg

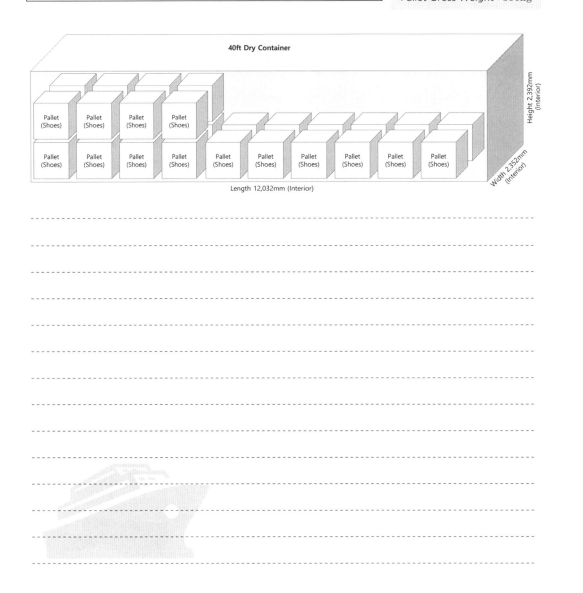

· 중량화물의 경우, Lashing에 대한 선사의 지침을 준수해야 할 수도

Volume Cargo　R.ton : 10.8 (2.069 CBM 〈 10,800 kgs)

- Commodity : Steel Panel
- Q'ty : 6 Pallets
- DIM(Dimension) : 950mm(Length) x 550mm(Width) x 660mm(Height) per Pallet
- CBM(Cubic Meter) : 6 Pallets 2.069 CBM (0.345 CBM per Pallet)
- G.W.(Gross Weight) 6 Pallets 10,800 kgs (1,800 kgs per Pallet)

Pallet DIM :
950mm(L) x 550mm(W) x 660mm(H)

Pallet Gross Weight : 1800kg

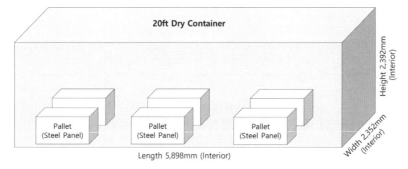

a. 6 Pallet의 화물이지만 Weight Cargo이기 때문에 Pallet을 분산시켜야 한다. (Weight&Balance)
b. 만약 상기 스펙의 Steel Panel이 3 Pallet이라면 LCL인가 FCL인가?

화물차별 적재함 규격 사이즈 및 용어

• 출처 : KJ 전국화물 홈페이지

차량	길이 (m)	폭 (m)	높이 (m)	적재중량 (t)	파렛트 갯수 1200X1000
다마스	1.6	1.1	0.7	-	-
라보	2.2	1.4	0.7	-	-
1톤	2.8	1.6	0.65	1.5	2개
1.4톤	3.1~3.4	1.7	0.79	2.5	3개
2.5톤	4.3	1.8~1.9	1	4.5	4개
3.5톤	4.7	2.05	1	6	4개
5톤	6.2	2.3	1.1~1.2	9.9	10개
5톤 플러스축	7.3~8	2.3	1.2	16	12개
11톤	9	2.35	1.42	16	16개
18톤	10.1	2.35	1.45	22	16개
25톤	10.1	2.35	1.45	27	16개
추레라	12	2.4	1.4~1.5	25	18개

■ **독차 & 합차**(혼적, 콘솔) • (독차) 차량 1대에 단일 화주 화물만 적재해서 운송(단일 화주가 차량 단독 사용)
　　　　　　　　　　　• (합차) 차량 1대에 복수의 화주 화물을 적재해서 운송
　　　　　　　　　　　• (장단점) 독차는 운송비가 합차보다 비싼 반면에 신속한 운송 가능

Only A 화주 화물　　Cargo Truck (화물차)　　Container Box Truck (탑차)　Load　　A 화주 화물　B 화주 화물

Shipping Schedule 관련 용어

Estimated Time of Departure(E.T.D.)
- 출발 예정일 -

Estimated Time of Arrival(E.T.A.)
- 도착 예정일 -

Transit Time
(운송시간, T Time 혹은 TT)

| CFS | CY | | CY | CFS |

Port of Loading (P.O.L.)
- 선적항, 적출항 -

Port of Discharge (P.O.D.)
- 목적항, 양륙항 -

- Closing Time(Cut off) : 마감시간으로서 화물의 반입 마감, 서류 제출 마감, EDI 신고 마감 등의 기한
- 해상 화물의 Closing Time은 통상 E.T.D. 기준으로 2~3일 전이나, 마감 기한 상당히 이른 경우(e.g. 미주向)도 있음
- 서류마감 전에 수출신고필증 발행되어야 (세관 검사 예상 되는 화물은 보다 이른 빨리 수출신고 해야)
- 항공 화물의 Closing Time은 통상 E.T.D 기준으로 3~5시간 전이 될 수도(e.g. 여객기 3시간 전, 화물기 5시간 전)
- 하역은 물품을 싣고 내린다는 뜻으로서 Loading과 Unloading을 뜻함
- 항차(e.g. 주3)를 Frequency라고 함
- 선사의 선박은 특정 항구의 터미널 중 선사와 계약된 터미널로

• 출처 : 고려해운

선박	출발	도착	소요기간
KMTC ULSAN 2006S (Route : HPX1)	BUSAN, KOREA 입항 : 2020.03.19 06:00 출항 : 2020.03.19 17:00 HBCT (Hutchison Busan Container Terminal)	HAIPHONG, VIETNAM 입항 : 2020.03.24 04:00 TVPT (Cảng Tân Vũ)	6

서류마감	2020.03.17 14:00	Container 반입마감	2020.03.19 01:00
VGM 마감	2020.03.17 14:00	CFS 반입마감	2020.03.17 10:00
EDI 신고마감	2020.03.17 17:48	CALL SIGN	DSRD9
MRN NO.	20CKCO0176E	출항 Terminal	HBCT (Hutchison Busan Container Terminal)
관할세관	부산본부세관		

• 출처 : 트레드링스

| | Busan
2020.03.20 (Fri) | Hai Phong
2020.03.25 (Wed) | KMTC TOKYO 2006S | 5 days | Direct | | |

CUTOFF TIME : 2020.03.19   CONTACT POINT ☎

Origin		Destination		Vessel					
LOC / TML	Date	LOC / TML	Date	Name / VOY / SVC	Operator	IMO No.	Flag	Build	TEU
Busan /HUTCHISON PUSAN TERMINAL	2020.03.20 (Fri)	Hai Phong / DINH VU TER MINAL	2020.03.25 (Wed)	KMTC TOKYO / 2006S		9848871	Panama	2019	

Incheon   2 days   Busan   3 days   Hong Kong   1 day   Hai Phong   2 days   Shekou

해상 운송서류	설 명
Vessel	• P.O.L.을 출항하는 선박 • (직항) P.O.L.을 출항한 운송서류상에 기재된 선박이 운송서류 P.O.D.에 입항 • (환적) P.O.L.을 출항한 운송서류상의 선박으로부터 T/S Port에서 화주의 화물은 양하되어 다른 선박으로 선적된 이후에 운송서류상의 P.O.D.에 입항
Place of Receipt	• 운송서류 발행하는 운송인이 화물을 인수한 장소 • 운송인의 운송 책임이 시작되는 지점(e.g. P.O.L.의 CY 혹은 CFS)
Port of Loading	• 화주 입장에서 자신의 화물이 해상 운송을 시작하는 항구 • Shipment Booking한 선박에 화물이 선적되는 항구 • P.O.L.에서 화물이 선적되면 On Board Date 날인되어 해상 운송서류가 발행됨
Port of Discharge	• 화주 입장에서 자신의 화물이 해상 운송을 종료하는 항구 • 화주의 화물이 선박으로부터 양하되는 항구(더 이상의 해상 운송 없음)
Place of Delivery	• 운송인이 화주에게 화물을 인도하는 장소 • 운송인의 운송 책임이 종료되는 지점(e.g. P.O.D.의 CY 혹은 CFS)
Final Destination	• 화주 입장에서 화물의 최종 도착지(운송인의 책임 구간 아님)

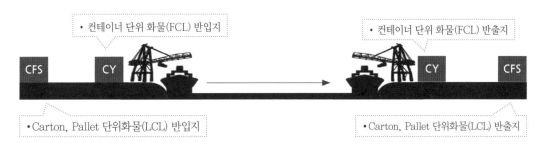

- 컨테이너 단위 화물(FCL) 반입지
- 컨테이너 단위 화물(FCL) 반출지
- Carton, Pallet 단위화물(LCL) 반입지
- Carton, Pallet 단위화물(LCL) 반출지

CFS CY CY CFS

■ Roll Over(Cut Off, Off Load)
- 의미 : Shipment Booking 했지만, 선사(항공사) 측에서 일방적으로 선적 거부하는 경우
- 선사(항공사) 측에서 선처리 후통보 하기에 실화주 상대하는 포워더 입장에서 난처한 상황

[해상 화물]
- Roll Over 우선 순위 화물 : Weight Cargo, 운임 마진이 낮은 화물 등
- 선사는 선박의 Space(선복)보다 조금 더 많은 물량을 Booking 받기도. Cancel하는 화물이 있기 때문

[항공 화물]
- Roll Over 경우 : a) 상업 화물(Cargo) 수출을 위해서 여객기(Passenger) Booking 했을 때 여객의 수 화물(Baggage)이 많아진 경우
  b) XAG 화물의 갑작스러운 Booking (e.g. Korean Air Cargo Express, KAL-XAG)

Airport of Departure   Transit Time   Airport of Destination
          - 출발지, Origin -   (운송시간, T Time 혹은 TT)   - 도착지 -

                                                                                • 하기
          • ULD Build-up 작업   • ULD Break-dwon
          • 탑재   • 배정창고로 운송

┌─────────────────────────────┐   ┌─────────────────────────────┐
│   항공사 창고   │   │   항공사 창고   │
│ (e.g. 아시아나에어포트, AAP) │   │   (e.g. 한국공항, KAS)   │
└─────────────────────────────┘   └─────────────────────────────┘

          • 화물 반입(Cargo Closing Time)   • 반출(Cargo Release)
          • X-Ray(보안검색), Weighing, Labeling 등   • 반입 보류화물 통관 지연
                                                         가능성 (Irregularity)

편명	출발지		목적지
KE 0207 **F** 77X | Freighter	ICN ○ 20 Mar 2020 16:05	✈ 11:05hrs	○ LAX 20 Mar 2020 11:10
KE 0011 **P** 77W | Passenger	ICN ○ 20 Mar 2020 19:40	✈ 11:00hrs	○ LAX 20 Mar 2020 14:40
KE 9237 **F** 74N | Freighter	ICN ○ 20 Mar 2020 23:05	✈ 11:05hrs	○ LAX 20 Mar 2020 18:10

- F는 Freighter(화물기), P는 Passenger(여객기)
- 여객기는 여객의 수화물(Baggage)과 상업 화물(Cargo)을 운송

보세창고료 견적서 및 계산 방법

■ 기본 개념

보세창고마다 정해진 종가율과 종량율에 의해서 계산된 각각의 값을 합산하여 청구, 물론 작업료(인건비)도 포함 이때 반입일로부터 반출일까지의 보관일수, R/Ton(계산톤) 및 물품의 가격이 창고료에 영향

■ 보세창고료 견적서

보관료(창고료)	• 종가율(원/물품가 1,000원당) : 기본요율 : 1.50원 / 1일 할증 : 0.30원 • 종량율(원/1CBM당) : 기본요율 : 1,600원 / 1일 할증 : 250원
작업료	• 하차료 : 7,500원, 상차료 : 7,500원, 기타 작업료 : 2,500원 • Remarks
Remarks	• 보관료는 보관일수에 따른 종가율과 종량율로 계산하여 합산한다. • 톤수는 중량톤(M/T)과 용적톤(CBM) 중 많은 것을 적용한다(R/T). • '물품가'는 수입신고필증의 감정가격에 관세를 합한 금액으로 한다. • 작업료의 경우 1B/L 당 화물총량이 2CBM 미만인 경우 2CBM으로 한다(최저 비용, Min). • 상기 기준은 수입화물에 대해 적용하며, 부가가치세는 제외한다.

• 창고료 및 작업료 발생
• CFS의 창고료는 기본적으로 Free Time 없음

Drayage CHG / CY / CFS / Trucking CHG / Door

■ 보관 기간 : 13일

종가율(원/물품가 1,000원당) : 기본요율 : 1.50원 / 1일 할증 : 0.30원
•기본 창고료 : {10,000,000원(물품가) X 1.5원} / 1,000원 = 15,000원 •13일 할증료 : {10,000,000원(물품가) X 0.3원(1일 할증) X 13일(보관기간)} / 1,000원 = 39,000원 •합계 : (15,000원 + 39,000원) = 54,000원 •'물품가'는 수입신고필증 '(55)총과세가격+'(62)관세 '의 합계.
종량율(원/1CBM당) : 기본요율 : 1,600원 / 1일 할증 : 250원
•보관 물품의 R.ton : 실제 부피가 5CBM이고 실제 무게가 3,500kg이니 5CBM이 R.ton •기본 창고료 : 5CBM X 1,600원 = 8,000원 •13일 할증료 : 5CBM X 250원(1일 할증) X 13일(보관기간) = 16,250원 •합계 : 8,000원 + 16,250원 = 24,250원
(작업료) 하차료 : 7,500원, 상차료 : 7,500원, 기타 작업료 : 2,500원
•하차료 : 5CBM(R.ton) X 7,500원 = 37,500원 •상차료 : 5CBM(R.ton) X 7,500원 = 37,500원 •기타 작업료 : 5CBM(R.ton) X 2,500원 = 12,500원 •합계 : 37,500원 + 37,500원 + 12,500원 = 87,500원

[5 Pallets]
• 5 CBM, 3,500kg

SUNDAY	MONDAY	TUESDAY	WEDNESDAY	THURSDAY	FRIDAY	SATURDAY
1	2	3	4	5	6 입항: 18:30	7 CFS 반입
8	9	10	11	12	13	14

■ 항공 화물 (Terminal Handling Charge)

• 출처 : 아시아나 항공 카고

구분			기본료	KG당 추가 요율(원)
수입화물	일반창고 입고 시	일반 수입 통관 및 House T/S화물	3,100	66
		보세운송화물 및 하기운송화물	3,100	49
		대량화물 (AWB건당 100PC이상 화물)	3,100	100
		중량화물 (PC당 15TON 이상 화물)	3,100	100
		생동물	3,100	120
	위험물	Free Time 적용 기준 당사 창고 반입 12시간 이내 (배정지 무관)	3,100	120

구분			기본료	KG당 추가 요율(원)	
수출화물	일반창고 입고 시 (Free Time :반입 기준 72시간 이내)	72시간 이내	무료		
		72시간 경과 반출 시	창고 보관료만 징수 보관료는 수입화물 요율의 50% 할인		
		반입취하시	72시간 이내	T.H.C.만 징수	3,100	66
			72시간 경과	T.H.C. + 창고 보관료	3,100	66

■ 창고 보관료

구분	종가율		종량율(KG)	
	기본료	할증료	기본료	할증료
24시간 경과시	1.00/1,000	0.40/1,000	30원	40원

• 아시아나 항공 창고 입고 24시간 경과시 T.H.C. 외 보관료(종가율+종량율)가 추가 징수됨.

Storage, Demurrage 및 Detention Charge

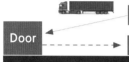

• Sound 컨테이너 픽업

• 반납할 때 Damage 검사

• 컨테이너 내륙운송

Door	픽업지 CY
	반입지 CY

반납지 CY	Door
입항지 CY	

• 일반적으로 Storage, DEM, DET은 입항지에서 발생
• CY에 반입된 컨테이너 화물의 수입통관 지연

[Free Time] 비용이 발생되지 않는 기간

구 분	Storage Charge	Demurrage Charge (DEM, 반출 지체료)	Detention Charge (DET, 반납 지체료)
의 미	• 국가로부터 부지 임대해서 터미널 운영하는 운영사가 운영하는 CY에 컨테이너를 보관한 것에 대한 보관료	• CY에 반입된 컨테이너가 조속히 반출하지 않으면, 선사는 자신의 컨테이너를 다른 화주에게 임대하여 수익을 발생 시킬 수 없으니, 조속히 컨테이너를 반출하라는 의도	• 선사는 CY에서 반출된 컨테이너를 반납받아 다른 화주에게도 임대해서 수익을 발생시켜야 하기에, 화주가 반출한 컨테이너를 조속히 반납하라는 의도
청구자	• 터미널 → (선사) → 포워더 → 실화주 • 터미널이 Free Time 및 per day 비용 결정	• 선사 → 포워더 → 실화주 • 선사가 Free Time 및 per day 비용 결정	• 좌동
청구 기준	• CY 반입일로부터 반출일까지 • Free Time 이내 반출하면 비용 미발생	• CY 반입일로부터 반출일까지 • 선사마다 기준이 상이할 수도 • Free Time 이내 반출하면 비용 미발생	• CY 반출일로부터 반납지 CY에 반납일까지 • Free Time 이내에 반납하면 비용 미 발생
발생 사유	• (수출지) On Board 훨씬 이전에 CY 반입 • (수입지) 반입된 컨테이너의 반출 지연	• 좌동	• (수출지) Bobtail 작업의 경우 • (수입지) 반출된 컨테이너의 반납 지연

[참고1] 동남아 등 일부 지역의 경우, 입항지 CY에서 컨테이너 반출 후에 반납하지 않는 Consignee 가 있음. 따라서 선사는 CY에서 컨테이너 반출을 조건으로 Deposit을 요구하는 경우 있음(e.g. USD1,000 per 20ft DV)

[참고2] DEM&DET Combined Free Time 15 Days는 DEM과 DET 각각의 Free Time이 아니라, CY 반입일로부터 15일 이내에 반출과 반납이 이루어져야 비용 발생하지 않는다는 의미

입항지 CY	Door	반납지 CY

- Port of Discharge
- E.T.A. : Jun. 5
- 20ft DV x 1

- 반입일 : Jun. 5
- 반출일 : Jun. 12
- DEM 미발생

- 적출일 : Jun. 13

- 반납일 : Jun. 13
- DET 미발생
- 반납비 발생할 수도
- Damage Charge 발생할 수도

항목 / Type			Guided Tariff			
			Free Time	Rate per day(KRW)		
				Over Day	20FT	40FT
IN/OUT	Demurrage	Dry	10	1~10	11,000	16,500
				11~20	22,000	33,000
				21~30	33,000	44,000
				31일 이후	44,000	55,000
		RF	3	1~	44,000	66,000
		OT&FR	3	1~	44,000	66,000
	Detention	Dry	6	1~10	8,500	13,000
				11~20	16,500	26,000
				21일 이후	22,000	33,000
		RF	3	1~	16,500	27,500
		OT&FR	3	1~	16,500	27,500

(견적 내용) Free Time 8 c.d. DEM & 6 c.d. DET
(해석) c.d.는 Calendar Day의 약자로서 토·일요일 및 공휴일을 포함해서 달력에 표시된 모든 날짜를 뜻함. 따라서 DEM Free Time 8일과 DET 6일을 계산할 때 달력은 모든 날짜를 포함.

1-3강
포워더 지정 업무의 이해

포워더 지정(Nomi)에 대한 이해

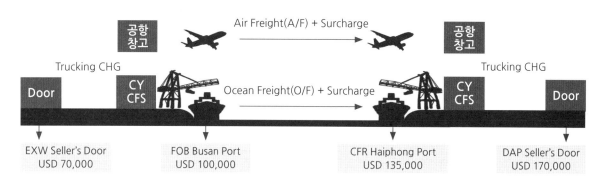

Air Freight(A/F) + Surcharge

공항
창고

Trucking CHG

Door

CY
CFS

Ocean Freight(O/F) + Surcharge

공항
창고

Trucking CHG

CY
CFS

Door

EXW Seller's Door
USD 70,000

FOB Busan Port
USD 100,000

CFR Haiphong Port
USD 135,000

DAP Seller's Door
USD 170,000

- **■ 포워더 지정권자**
  - • Ocean(Air) Freight를 포워더에게 결제하는 자(청구받는 자)가 포워더 지정 (Nomi) 권리 가짐
- **■ Freight 의미**
  - • 선박(항공기)에 화물을 On Board 하는 시점부터 발생되어서 목적항(공항) 에 도착(접안)하는 시점까지의 비용
  - • A/F Surcharge : FSC(Fuel Surcharge), SSC(Security Surcharge)
  - • O/F Surcharge : BAF(Bunker Adjustment Factor), CAF(Currency Adjustment Factor), LSF(Low Sulphur Surcharge) 등

구 분	EXW, FCA, FOB	CFR, CIF, CPT, CIP, DAP(DDU), DPU, DDP
포워더 지정권자	• 매수인(Buyer, 수입자)	• 매도인(Seller, 수출자)
Freight 견적 요청	• 매수인이 수입지 포워더에게	• 매도인이 수출지 포워더에게
C/I 가격 구성	• C/I 가격에 Ocean(Air) Freight 미포함	• C/I 가격에 Ocean(Air) Freight 포함
Freight	• Freight Collect • Payable at Destination	• Freight Prepaid
청 구	• 수입지 포워더가 Consignee에게 청구 • (시점) 화물이 P.O.D.에 도착한 시점	• 수출지 포워더가 Shipper에게 청구 • (시점) 운송서류 발행하면서
Free(Nomi) Cargo	• 수입지 포워더 영업화물, Free Cargo • 수출지 포워더입장에서 파트너 영업 화물 Nomi Cargo	• 수출지 포워더 영업화물, Free Cargo • 수입지 포워더 입장에서 파트너 영업 화물 Nomi Cargo

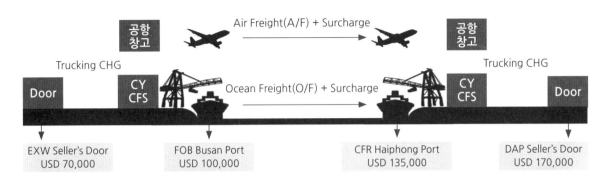

| EXW Seller's Door
USD 70,000 | FOB Busan Port
USD 100,000 | CFR Haiphong Port
USD 135,000 | DAP Seller's Door
USD 170,000 |

| Door to Door 비용 | | 견적 요청 자 (청구받는 자) | | | | |
| | | Freight Collect | | Freight Prepaid | | |
		EXW	FOB	CFR	DAP	DDP
수출지 Local CHG	• 수출지 포워더 수수료(H/C) • Export Customs Fee • Trucking Charge • 항구 부대비용(THC, W/F 등) • 포워더 수수료(H/C, EDI 신고 비용 등) • 세관 검사료	수입자	수출자	수출자	수출자	수출자
Freight(운임)	• (해상) Ocean Freight 및 Surcharge • (항공) Air Freight 및 Surcharge	상동	수입자	상동	상동	상동
수입지 / 터미널	• 항구 부대비용 (THC, W/F, CCF 등) • (FCL) Storage, DEM, DET Free Time • (LCL) 창고료, 정확히 알 수 없으니 At Cost	상동	상동	수입자	상동	상동
수입지 / 내륙운송비	• 내륙운송비	상동	상동	상동	상동	상동
수입지 / 포워더비용	• 수입지 포워더 수수료(H/C, D/O Charge)	상동	상동	상동	상동	상동
수입지 / 수입통관비	• Import Customs Fee • 세관 검사료	상동	상동	상동	수입자	상동

- (Freight Collect 조건) EXW Seller's Door, FOB Rotterdam Port라고 가정
- (Freight Prepaid 조건) CFR Busan Port, DAP(DDP) Buyer's Door라고 가정
- EXW에서 포워더가 수출자(매도인)에게 청구하는 비용 없음, DDP에서 포워더가 수입자 (매수인)에게 청구하는 비용 없음

물류비 절감 효과(운송인 지정권자의 물동량에 반비례)

• (규모의 경제) 수출입 물량이 많은 자는 운송인에게 낮은 운임을 제시받을 수 있다.

구 분	수입자가 FOB 선호하는 이유 - 물동량이 많은 중견 이상 기업 -	수출자가 CFR(CIF) 선호하는 이유 - 물동량이 많은 중견 이상 기업 -
운송인 지정권자	• 매수인 • 매수인이 포워더와 Freight 비용 협상	• 매도인 • 매도인이 포워더와 Freight 비용 협상
운임 경쟁력	• 수입지 포워더(선사)로부터 경쟁력 있는 운임 확보 가능 (동일 구간 FCL 건 Routin Order, Bidding)	• 좌동
운임 절감 효과	[총과세가격 하락 효과] • 수입 관세 감소 & 창고료 절감 & 통관 수수료 하락 [수입원가 하락] • 국내 판매 가격 경쟁력 확보 & 마진 증가	[수출원가 하락] • 수출 가격 경쟁력 확보 • 수출자 마진 상승 효과
기 타	[FCL 화물] • 수입자가 수입지 선사와 운송 계약 가능 • 포워더 없이 Line B/L 건으로 진행	[축산물, 과일 등은 대부분 C 조건 거래] • Seller가 규모있는 기업이기 때문에 Bidding을 통해서 낮은 운임 확보 가능 • 동일 구간 FCL 건 Routin Order 이어짐

• FCL 화물로서 선사와 직접 거래를 원하는 경우, EXW 혹은 D-Terms로 거래 불가(FOB, CFR, CIF 중 택1)
• 선사는 수출입지에서의 통관 대행하지 않음

House 운송 계약 건의 Freight Collect 조건(EXW, F-Terms)

Asian Forwarding	James Forwarding	Harry Forwarding

• Shipper 임의로 수출지 포워더 선택 불가

KASTON (Netherlands, Shipper) —— **Price Term : FOB Rotterdam Port** —— **EDUTRADEHUB** (Korea, Consignee)

▼ **4**   • Harry Forwarding의 네덜란드 파트너
• Nominated Forwarder
• Nomi Cargo
▲ **5**   • Shipper에게 비협조적

• Harry Forwarding 영업 화물
• Free Cargo
• Consignee에게 협조적

7 ▲

Power trans GLS ▶ **6** —— **Harry Forwarding**

1 • 수입자는 수입지 포워더에게 견적 요청(견적 비교)
2 • 수입자가 Harry Forwarding 지정(Nomi) 후 네덜란드 파트너 정보 확인
3 • 수입자는 Nominated Forwarder 정보(Power trans GLS) 전달, 보통 Purchasr Order Sheet에 기재
 • S/D 고려해서 Nominated Forwarder 정보 조속히 받는 것이 Space 확보에 유리
4 • 수출자는 Nominated Forwarder에게 Shipping Schedule 문의 및 Shipment Booking
5 • On Board 및 운송서류(B/L, 화물운송장) 발행, 수출자는 수입자에게 Shipping Advice
6 • Pre-Alert   **7** • Arrival Notice 및 운송비 청구 & D/O 발행

PURCHASE ORDER SHEET

Shipper	PURCHASE ORDER NO. :	P/O DATE :	REVISED P/O NO. :	REVISED P/O DATE :	Consignee
KASTON	20056	5-Mar-2020			**EDUTRADEHUB**
NL - 1322 aaa	SHIPMENT DATE :	PRICE TERM :	PAYMENT TERM :		#000 B/D 111-1
The Netherlands	25-Mar-2020	FOB Rotterdam Port, NL	T/T in Advance with Order		Nonhyundong Kangnamgu Seoul Korea

No.	Product Code	Description	Quantity	Unit Price	Amount	Remarks
1	LS - 101	BABY CARRIER	200 CTNs	US$135.00	US$27,000.00	
				TOTAL AMOUNT:	**US$27,000.00**	

< Nominated Forwarder >
Power trans GLS, Contact to Gerrit Dekker
#000 xxx xxxx Rotterdam Netherlands Tel. 31 00 000 000 Fax. 31 00 000 000

EDUTRADEHUB

SHIPPING ADVICE

WE ARE PLEASED TO INFORM YOU
THAT WE HAVE SHIPPED THE FOLLOWING GOODS AS BELOW ;

1) P/O. NO : PO20086
2) AMOUNT : USD27,000.00
3) B/L No. : ES093989NL
4) PAYMENT : T/T in Advance with Order
5) COMMODITY : Baby Carrier
6) VESSEL NAME : VICTORY STAR
7) DESTINATION : BUSAN PORT, KOREA
8) NUMBER OF CARTONS : 200 CARTONs(20 PALLETs)
9) INVOICE NUMBER : KA-200618

• 선적 후 Shipper가 Consignee에게
  E-mail로 선적통지
• C/I, P/L 및 운송서류 Copy 첨부

House 운송 계약 건의 Freight Prepaid 조건(C-Terms, D-Terms)

- **1** • 수출자는 수출지 포워더에게 견적 요청(견적 비교)
- **2** • 수출자는 Euro Logistics 지정(Nomi)
- **3** • Euro Logistics에게 Shipping Schedule 문의 및 Shipment Booking
  - 수출지 포워더의 수입지 파트너(Friends Cargo Servie) 정보를 수입자에게 별도 통지 필요하지 않음
  - On Board 후 Shipping Advice할 때 운송서류 'Party to contact for cargo release' 부분에서 확인 가능
- **4** • On Board 및 운송서류(B/L, 화물운송장) 발행, 수출자는 수입자에게 Shipping Advice
- **5** • Pre-Alert **6** • Arrival Notice 및 운송비 청구 & D/O 발행

Shipper의 Shipment Booking과 Consignee 요구사항 반영

KASTON
(Netherlands, Shipper)

Price Term : FOB Chennai Port, India

EDUTRADEHUB
(Korea, Consignee)

[Step 1] Consignee → Seoul Logistics
- 특정 선사, 선적 일정 및 스케줄(직항, 환적, Route) 등에 관여 가능
- Consignee는 수입지 포워더에게 자신의 요구사항 전달

[Step 3] Blue Trans GLS → Shipper
- Shipper에게 특정 선사 및 특정 기간의 Shipping Schedule 제공하지 않음
- Shipper가 Claim 했을 때 Consignee와 해결할 문제라고 일축

Blue Trans GLS

Seoul Logistics

[Step 2] Seoul Logistics → Blue Trans GLS
- Free Cargo로서 Consignee의 요구사항 무시할 수 없음
- 상대국 파트너에게 Consignee 요구사항 반영할 것을 전달

[Price Term이 C 혹은 D 조건일 때]
- Shipper가 원하는 선사 지정 가능하며, 직항(환적) 스케줄 선택 역시 Shipper가 할 수 있음
- 결국, Ocean Freight를 운송인(포워더)에게 결제하는 자가 선택

(FCL) Master 운송서류의 Freight Prepaid or Collect

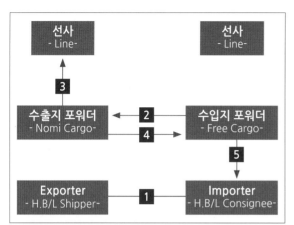

1 • 수출입자 간의 매매계약 Freight Collect 조건(e.g. FOB)

2 • 수입지 포워더는 Masster Prepaid 진행 결정

3 • 수출지 포워더는 자신이 지정한 선사로 Shipment Booking
• 선사에게 Local Charge 및 O/F 결제 후 SWB 발급받음

4 • 파트너에게 Debit Note 발행 및 Pre-Alert
• Exporter에게 House 운송서류 발행

5 • O/F 등 운송비 청구

(FCL) House Freight Collect 조건 - 수입지 포워더 영업 화물 -		
(FCL) Master	**Master Freight Collect(CC)**	**Master Freight Prepaid(PP)**
Freight CC&PP	• 수입지 선사 운임이 파트너 운임보다 경쟁력 있는 경우 • 파트너에게 SC No. 및 지정 선사 정보 전달	• 파트너 운임이 수입지 선사 운임보다 경쟁력 있는 경우 • 파트너가 선사 지정 및 파트너 SC No. 사용 • (해상) 대부분 Master Freight PP
Surrender 조건	• 수출지 Local CHG 결제 후 SWB 발행	• 수출지 Local CHG&O/F 결제 후 SWB 발행
Profit Share	• 수입지 포워더가 Credit Note 발행	• 수출지 포워더가 Debit Note 발행

(FCL) House Freight Prepaid 조건 - 수출지 포워더 영업 화물 -		
(FCL) Master	**Master Freight Collect(CC)**	**Master Freight Prepaid(PP)**
Freight CC&PP	• Master Freight CC 조건으로 진행하지 않음	• 수출지 포워더가 선사 지정해서 Booking 진행
Surrender 조건	−	• 수출지 Local CHG&O/F 결제 후 SWB 발행
Profit Share	• Profit Share하지 않으며, 수입지 파트너는 Consignee에게 H/C 청구하는 것으로 마무리	• House Freight Prepaid 조건에서는 파트너와 Profit Share하지 않음

• Master 건의 Freight CC&PP는 수출입자 간의 Price Term과 관계 없음
• Master 건의 Surrender 조건은 수출입자 간의 Payment Term과 관계 없음
• FCL 건에서 Master는 포워더와 선사의 운송 계약, House는 포워더와 수출입자 간의 운송 계약

Debit Note	의미	• 발행하는 자가 발행받는 자에게 대금을 청구할 때 사용.
	포워더	• House는 Freight Collect이고 Master는 Prepaid 상황에서는 수출지 포워더가 선사에게 O/F 결제하고 수입지 파트너 포워더에게 Profit Share 금액 고려하여 Debit Note 발행.
	무역회사	• 미수금 청구서
Credit Note	의미	• 발행하는 자가 발행받는 자에게 대금을 지급할 때 사용.
	포워더	• House와 Master 모두 Freight Collect 상황이면 수입지 포워더가 선사에게 Freight 지불하고, 수입지 포워더가 수출지 파트너 포워더에게 Profit Share 금액에 대해서 Credit Note 발행.
	무역회사	• 전체 거래 금액 중 불량품 금액의 환불 • 커미션 지급하는 경우

[항공 화물]
수출지 포워더와 수출지 항공 콘솔사 간의 거래에서 Air Freight와 할증료(Surcharge)는 99% Prpaid 진행.
이때 실화주와 포워더 간의 거래에서는 Price Term을 기초로 Air Freight Prepaid 혹은 Collect 결정.

(LCL) Master 운송서류의 Freight Prepaid or Collect

1 • 수출입 자 간의 매매계약 Freight Collect 조건(e.g. FOB)

2 • 콘솔사 지정권리는 실화주 영업한 수입지 포워더에게 있음
 • 수입지 콘솔사 지정

3 • 수입지 콘솔사의 수출지 파트너 콘솔사 정보 전달

4 • 지정된 콘솔사로 Shipment Booking

EXW, F-Terms	C-Terms, D-Terms	예 외
• 수입지 포워더 영업화물(Free Cargo) • 수입지 포워더가 콘솔사 지정 • 콘솔사 B/L Freight Collect, 포워더 B/L Freight Collect	• 수출지 포워더 영업화물(Free Cargo) • 수출지 포워더가 콘솔사 지정 • 콘솔사 B/L Freight Prepaid, 포워더 B/L Freight Prepaid	• EXW, F-Terms 임에도 수출지 포워더가 콘솔사 지정하는 경우 있음 • 콘솔사 B/L Freight Prepaid, 포워더 B/L Freight Collect

1-4강
HS Code 개념과 활용

HS 품목분류표(속견표)

3402.90-3000 (조제 청정제)	다른 국가의 HS 품목분류 체계
• 34 : 류(Chapter)　　　　　(앞 2자리) • 3402 : 호(Heading)　　　　(앞 4자리) • 3402.90 : 소호(Subheading)　(앞 6자리) • 3402.90-3000 : 우리나라 HSK　(전체 10자리)	• EU (8단위)　　　3402.90-10 • 일본 (9단위)　　3402.90-010 • 미국 (10단위)　　3402.90-3000

	0	1	2	3	4	5	6	7	8	9
0		산동물	육과식용 설육	어패류	낙농품· 조란·천연	기타 동물성 생산품	산수목·꽃	채소	과실· 견과류	커피·향신료
10	곡물	밀가루·전분	채유용종자· 인삼	식물성엑스	기타식물성 생산품	동식물성 유지	육·어류 조제품	당류 설탕과자	코코아 초코렛	곡물·곡분의 주제품과 빵류
20	채소·과실의 조제품	기타의 조제식료품	음료·주류·식 초	조제사료	담배	토석류·소금	광·슬랙·회	광물성 연료 에너지	무기화합물	유기화합물
30	의료용품	비료	염료·안료,페 인트·잉크	향료 화장품	비누, 계면활 성제, 왁스	카세인 알부 민 변성전분 효소	화약류·성냥	필름인화지 사진용재료	각종 화학공 업 생산품	플라스틱과 그제품
40	고무와 그 제품	원피가죽	가죽제품	모피·모피제 품	목재·목탄	코르크와 그 제품	조물재료의 제품	펄프	지와 판지	서적·신문 인 쇄물
50	견·견사 견직물	양모·수모	면·면사 면직물	마류의사와 직물	인조 필라멘 트 섬유	인조스테이 플 섬유	워딩부직포	양탄자	특수·직물	침투 도포한 직물
60	편물	의류 (편물제)	의류 (편물제01외)	기타 섬유제 품,넝마	신발류	모자류	우산·지팡이	조제 우모 인 조제품	석·시멘트 석 면제품	도자 제품 직 물
70	유리	귀석·반귀석, 귀금속	철강	철강제품	동과그제품	니켈과 그 제 품	알루미늄과 그 제품	(유보)	연과 그 제품	아연과 그 제품
80	주석과 그 제품	기타의 비금속	비금속제공구 스푼·포크	각종 비금속 제품	보일러 기계 류	전기기기 TV·VTR	철도차량	일반차량	항공기	선박
90	광학/의료 측정·	시계	악기	무기	가구류 조명기	완구· 운동용품	잡품	예술품		

수출(입)신고하기 전에 HS Code 확인

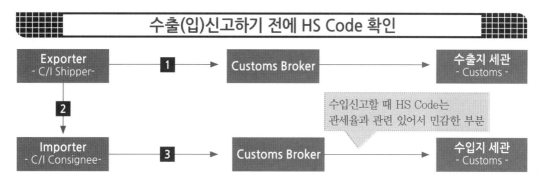

■ • 수출신고 의뢰(수출지 세관이 인정하는 HS Code 확인 필요)
2 • 선적서류(C/I, P/L 및 운송서류 등) Shipping Advice
3 • 수입신고 의뢰(수입지 세관이 인정하는 HS Code 확인 필요)

■ HS Code 확인 절차

[사전 준비 사항] 제품사진, 용도(설명서), 성분·재질 정보

[HS Code 확인]

- (방법 a) 관세청 고객지원센터(Tel. 125) 활용 https://call.customs.go.kr
- (방법 b) 관세사에게 직접 문의
- (방법 c) 관세청 관세평가분류원 활용 http://www.customs.go.kr/cvnci/main.do

가공 정도에 따른 품목분류의 흐름

- HS6 단위가 변경되더라도 단순한 가공활동으로 분류되는 경우는 원산지 변경되지 않음 「대외무역관리규정」 제85조 제8항

품목번호				한글품명
09				커피, 차, 향신료
......				
0901				커피(볶은 것인지 또는 카페인을 제거한 것인지의 여부를 불문한다)·커피의 각과 피 및 커피를 함유한 커피 대용물
0901	1			커피(볶지 아니한 것에 한한다)
	11	00	00	카페인을 제거하지 않은 것
	12	00	00	카페인을 제거한 것
0901	2			커피(볶은 것에 한한다)
	21	00	00	카페인을 제거하지 않은 것
	22	00	00	카페인을 제거한 것
0901	90			기타
	90	10	00	커피의 껍데기와 껍질
	90	20	00	커피를 함유한 커피 대용물
0902				차류(가향한 것인지의 여부를 불문한다)

HS Code 검색(관세법령정보포털)

| 법령 | 관세정보 | ① 세계HS | 관세평가 | 편의기능 | 새소식 | 정보공개 | 전체메뉴 ≡ |

HS정보 ② 속견표
HS 가이드 HS해설서
품목분류 국내사례 관세율표
품목분류 외국사례 HS비교
세계HS개정표

자주찾는 서비스를 빠르게 이용할수 있습니다.
통합법령정보에서 추천합니다.

세계HS

| ☰ | ★ |

HS정보

- 속견표
- HS해설서
- 관세율표
- HS비교
- 세계HS개정표

HS 가이드

국내관세율상세(UI-ULS-0201-007Q)

Home · 세계HS · HS정보 · 관세율표

제18부 광학 ... ⬆ 해설서 > 91류 시계와 ... ⬆ 해설서 > 9102호 손 ... ⬆ 해설서 ③ 검색 9102.11-2000 🔍

9102	손목시계·회중시계와 ...
9102 1	손목시계(전기구동식...
9102 11	기계식 표시부만을 갖..
9102 11 1000	시각장애인용
9102 11 2000	문자판·밴드 등을 귀..
9102 11 90	기타
9102 11 9010	밧데리·축전지 구동...

	국가	한국	해당년도	2017년
	품목번호	9102.11-2000	단위(중량/수량)	KG / U 단위표기
품명	국문	문자판·밴드 등을 귀금속으로 만든 것이나 귀금속을 입힌 금속으로 만든 것
	영문	With dials, bands or similar of precious metal or of metal clad with precious metal
	간이정액환급	
	원산지	원산지표시대상 (Y) [적정표시방법]

구분기호	2017년	2016년	2015년	2014년	2013년	관세구분 ⎘
A	8%	8%	8%	8%	8%	기본세율
C	16%	16%	16%	16%	16%	WTO협정세율
FAS1	0%	0%	0%	0%	0%	한·아세안 FTA협정세율
FUS1	0%	0%	0%	0%	0%	한·미 FTA 협정세율

구분	개별소비세 기본 : A	내국세율	20%
세종부호	422000	개소세과세기준가격	2,000,000원
농특세과세여부	N	기준일자	2015-11-27 ~ 2017-12-31

내국세 🗗

※ **HS 10단위 세율은 민원인 편의를 위해 제공하는 것으로 법적 효과가 없으니 참고만 하시기 바랍니다.**

❚ **요건사항**

• 수입

세관장확인 🗗	
수출입공고 🗗	
통합공고	1. 폐기물부담금납부대상제품은 수입 후 한국환경공단에 납부 대상여부를 확인받아야 하며, 재활용의무대상제품, 포장재일 경우 매년 4월 15일까지 전년도의 수입실적을 한국환경공단에 제출하여야 함 **[자원의절약과재활용촉진에관한법률]**

• 수출

조회결과가 존재하지 않습니다.

〈**수출입공고**〉 수출,수입 금지 품목(ex. 고래고기)과 제한 품목 지정

〈**통합공고**〉 지정 기관으로부터의 요건확인이 필요한 수출입 품목을 정하고 있음.

• 수입 건의 요건확인은 '세관장확인' 품목과 비확인 품목으로 구분.
• '세관장확인' 품목) 수입신고 이전에 요건확인 득해야 수입신고 가능
• 수출 건은 대부분의 HS Code에서 수출요건 요구하지 않음(해당 품목을 수입하는 상대국에서 요구될 것)

간이정액환급액과 원산지표기 대상 물품 유무

■ 점화플러그

국가	한국		해당년도	2020년
품목번호	8511.10-9000		단위(중량/수량)	KG / U 단위표기
품명	국문	기타		
	영문	Other		
간이정액환급	140 원 (2020-01-01 ~) (10,000원당 환급액)			
원산지 ⊡	원산지표시대상 (Y)			

[간이정액환급액] 국내 제조 물품의 수출 이행에 따른 제조사 환급

　　A. 간이정액환급 대상 품목
　　　　– 수출신고필증 '46 총신고가격(FOB)' 1만원 당 간이정액환급액 환급 신청 가능
　　　　– 수출신고필증 : '3 제조사'란에 실제 제조사, '12 결제방법' 유상 신고 등 조건 갖춰야
　　　　– 환급신청인 : 제조사, 중소기업, 공장등록증 등 필요

　　B. 간이정액환급 비대상 품목
　　　　– 개별환급 신청해야.(간이정액환급 신청 불가)

[원산지 표시 유무 구분 코드]　Y : (원산지표시) 현품 및 포장
　　　　　　　　　　　　　　　　S : (미표시) 원산지표시대상품목 아님
　　　　　　　　　　　　　　　　G : (원산지표시) 현품에만
　　　　　　　　　　　　　　　　B : (원산지표시) 포장에만

원산지증명서와 현품의 원산지 표기

원산지증명서(C/O, Certificate of Origin)	
비특혜(일반) C/O	특혜 C/O (FTA C/O가 대표적)
• (필요성) 현품의 원산지를 증명 But 수입국에서 관세 혜택받지 못함 • (발행자) Issued by Chamber of Commerce	• (필요성) 현품의 원산지를 증명 and 수입국에서 FTA 협정세율 적용받기 위한 기초 서류 • (발행자) FTA 협정마다 상이함. 자율발급 or 기관발급

「대외무역관리규정」

제76조(수입 물품 원산지 표시의 일반원칙) ① 수입 물품의 원산지는 다음 각 호의 어느 하나에 해당되는 방식으로 한글, 한자 또는 영문으로 표시할 수 있다.

1. '원산지: 국명' 또는 '국명 산(産)'
2. 'Made in 국명' 또는 'Product of 국명'
3. 'Made by 물품 제조자의 회사명, 주소, 국명' 4. 'Country of Origin : 국명' 5. 영 제61조의 원산지와 동일한 경우로서 국제상거래관행상 타당한 것으로 관세청장이 인정하는 방식

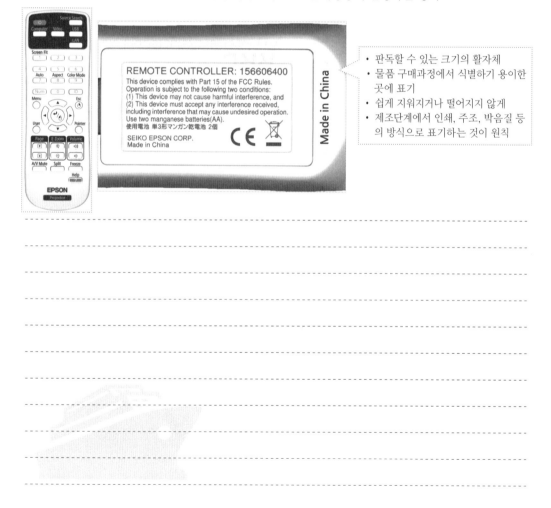

• 판독할 수 있는 크기의 활자체
• 물품 구매과정에서 식별하기 용이한 곳에 표기
• 쉽게 지워지거나 떨어지지 않게
• 제조단계에서 인쇄, 주조, 박음질 등의 방식으로 표기하는 것이 원칙

FTA 협정세율 받기 위한 조건

[운송서류 Port of Loading]
- FTA 수출체약국 Port
- P.O.L.이 인접 국가 Port일 때는 Place of Receipt이 FTA 수출체약국으로 표기되어야

[운송서류 Port of Discharge]
- FTA 수입체약국 Port
- P.O.D.가 인접 국가 Port일 때는 Place of Delivery가 수입체약국 Port로 표기되어야

  여러 항구 경유(혹은 환적) →

Door | CY CFS | On Board | 입항 | CY CFS | Door

[FTA C/O]
- FTA 수출체약국에서 On Board 전에 원산지 결정기준 충족 사실 입증

[운송서류(B/L, 화물운송장)]
- 직접(Direct) 운송 충족 판단 기준
- On Board 후 FTA 수입체약국까지의 운송과정 중에 추가공정 사실 없었음을 입증해야
- 즉, FTA C/O 상의 원산지 변동 사실 없음을 입증하는 서류

| Genoa | Valencia | Malta | Suez Canel | | Singapore | Ningbo | Shanghai | Busan |

Port of Loading

Port of Discharge

직접운송 충족을 위한 Through B/L 발행 사례

구 분		한·중 FTA	한·아세안 FTA	한·EFTA FTA
FTA C/O 원산지		• 중국	• 라오스	• 스위스
해상 운송 Route		• 중국 심천 → 한국	• 라오스(내륙국가) → 한국	• 스위스(내륙국가) → 한국
운송서류	Place of Receipt	• Shenzhen, China	• 공란	• 스위스 내륙 지점
	Port of Loading	• Hong Kong Port	• Leam Chabang Port, Thailand	• Koper Port, Slovenia
	Port of Discharge	• Busan Port, Korea	• Busan Port, Korea	• Busan Port, Korea
	Port of Delivery	• 공란	• 공란	• 공란
직접운송 충족 여부		• 충족	• 불충족(Blank 구간 있음)	• 충족

[직접운송 충족 조건]
- FTA 수출체약국과 FTA 수입체약국 사이에 운송서류가 1회 발행되어야 하며, 운송서류상으로 Blank 구간 없어야
- 즉, Shipment Booking하는 시점에 당해 물품이 FTA 원산지 국가(수출체약국)에 위치하고 있어야

[용어]
- (FTA 수출체약국) FTA C/O가 발행된 국가로서 원산지 국가
- (FTA 수입체약국) FTA C/O를 기초로 FTA 협정세율을 적용받는 국가

FTA C/O의 발행

> • FTA 협정별로 C/O의 양식과 기재 요령이 상이함

\<FTA C/O의 Shipper\>
FTA 수출체약국 위치 + 원산지입증 가능한 자

\<FTA C/O의 Consignee\>
FTA 수입체약국 위치 + FTA 협정세율 적용 받는 자

EDUTRADEHUB

#000 XX building 111-1 Nonhyundong Kangnamgu Seoul Korea Tel: (02) 0000-0000   Fax: (02) 0000-0000

Shipper

EDUTRADEHUB
#501 Samwha building 213-7 Nonhyundong
Kangnamgu Seoul Korea
Tel: (02) 0000-0000   Fax: (02) 0000-0000

Consignee

KASTON
ABC 2 NL-1322 BC AAA NETHERLANDS
Tel : +31 (0) 00 00 0000 Fax : +31 (0) 00 00 0000

INVOICE

Number / Date
IV-13029-A / May. 10. 2013

Customer P.O. No. / Date
AA001   / Apr. 28. 2013

Customer No.
A-001

Your Contact Person
David Choi / +82 2 0000 0000
E-Mail : david@edutradehub.com

Payment Term : T/T 35 Days After B/L Date   Price Term : FOB Busan Port. Korea

No	Description	Quantity	U'Price / pc	Value/USD	Remarks
1	Baby Carrier	50 CTNs (6 pcs/CTN)	EUR 39.00	EUR 11,700.00	KR
Total Amount				**EUR** **11,700.00**	

EDUTRADEHUB

— Preferential Declaration of Origin —

The exporter of the products covered by this document (010-13-000000) declares that,
except where otherwise clearly indicated, these products are of KR preferential origin.

Original(Duplicate/Triplicate)

1. Goods Consigned from(Exporter's business name, address, country)

2. Goods Consigned to(Consignee's name, address, country)

Reference No.

**KOREA-ASEAN FREE TRADE AREA
PREFERENTIAL TARIFF
CERTIFICATE OF ORIGIN**
**(Combined Declaration and Certificate)
FORM AK**

Issued in _____ (country)
See Notes Overleaf

3. Means of transport and route(as far as known)
Departure date
Vessel's name/Aircraft etc.
Port of Discharge

4. For Official Use
☐ Preferential Treatment Given Under KOREA-ASEAN Free Trade Area Preferential Tariff
☐ Preferential Treatment Not Given (Please state reason/s)

Signature of Authorized Signatory of the Importing Country

5. Item number	6. Marks and numbers on packages	7. Number and type of packages, description of goods(including quantity where appropriate and HS number of the importing country)	8. Origin criterion (see notes overleaf)	9. Gross weight or other quantity and Value (FOB only when RVC criterion is used)	10. Number and date of invoices
///////	/////////////	CERAMIC Goods 100 BOX (Size : 3mm-4mm) [HS CODE : 6903.20-9000] //////////////////////	CTH /////////	1,800 KGS //////////////////	IN-11035 2011-08-25 /////////////

11. Declaration by the exporter
The undersigned hereby declares
statements are correct; that all the g
_____ THE REPUBLIC
                                    (Count
and that they comply with the origin
goods in the KOREA-ASEAN Free Tra
goods exported to
_____ MALAYSIA
(Importing Country)
SEOUL KOREA 12 AUG 2011
Place and date, signature of authorized signatory

Assistant Manager
Young-Ju. Kim

Place and date, signature and stamp of certifying authority

13. ☐ Third Country Invoicing   ☐ Exhibition   ☐ Back-to-Back C/O

\<FTA C/O Description 상의 물품\>
FTA 원산지결정기준을 충족한 원산지 물품.
비원산지 물품이 FTA C/O에 기재되어 있으면 부적절 할 것.
FTA C/O 상의 Shipper는 원산지 입증 서류 갖추어 사후검증 대비 해야 할 것.

식품 등의 수입신고 절차

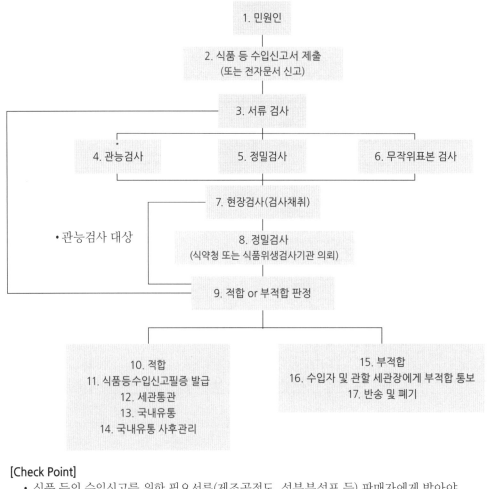

1. 민원인

2. 식품 등 수입신고서 제출
(또는 전자문서 신고)

3. 서류 검사

4. 관능검사   5. 정밀검사   6. 무작위표본 검사

7. 현장검사(검사채취)

• 관능검사 대상

8. 정밀검사
(식약청 또는 식품위생검사기관 의뢰)

9. 적합 or 부적합 판정

10. 적합
11. 식품등수입신고필증 발급
12. 세관통관
13. 국내유통
14. 국내유통 사후관리

15. 부적합
16. 수입자 및 관할 세관장에게 부적합 통보
17. 반송 및 폐기

[Check Point]
• 식품 등의 수입신고를 위한 필요서류(제조공정도, 성분분석표 등) 판매자에게 받아야
• 현품에 한글 표기사항 적합하게 표기되어 있어야
• 요건 받기 위한 절차와 비용(대행비, 보세창고료 등) 사전 확인 필요

수출 물품의 전략물자 판정 절차(수출허가 or 상황허가)

■ Step 1 판정(전략물자 여부)

자가판정	• 수출자가 전략물자관리시스템에서 온라인 신청 • 판정결과 실시간 확인 가능 (자가판정서 발행)
사전판정	• 수출자가 전략물자 해당 여부를 전략물자관리원(판정기관)에 판정 신청 • 판정기관은 판정신청서를 접수한 날부터 15일 이내에 전략물자 등의 해당 여부를 판정해야(전문판정서 발행)

■ Step 2 수출물품 전략물자 (비)해당

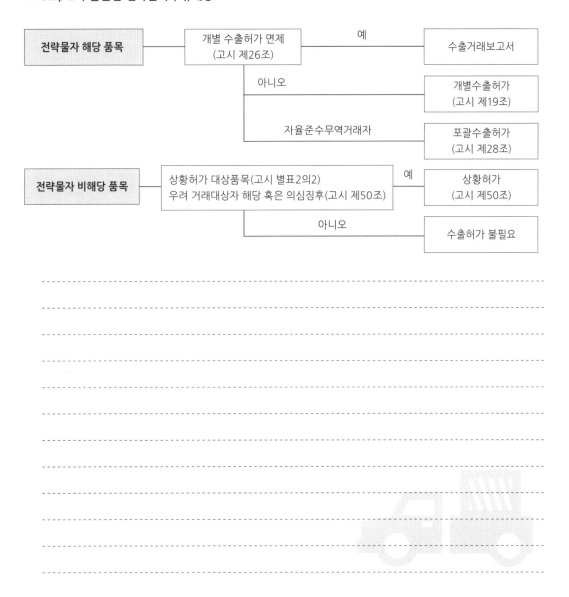

제 2 강
수출입 통관 절차,
수입세액 계산 및 관세환급 이해

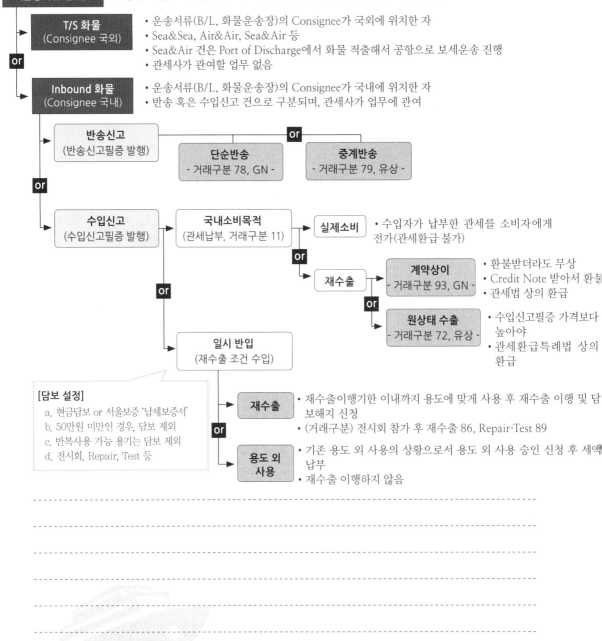

반송과 재수출의 업무 진행 절차

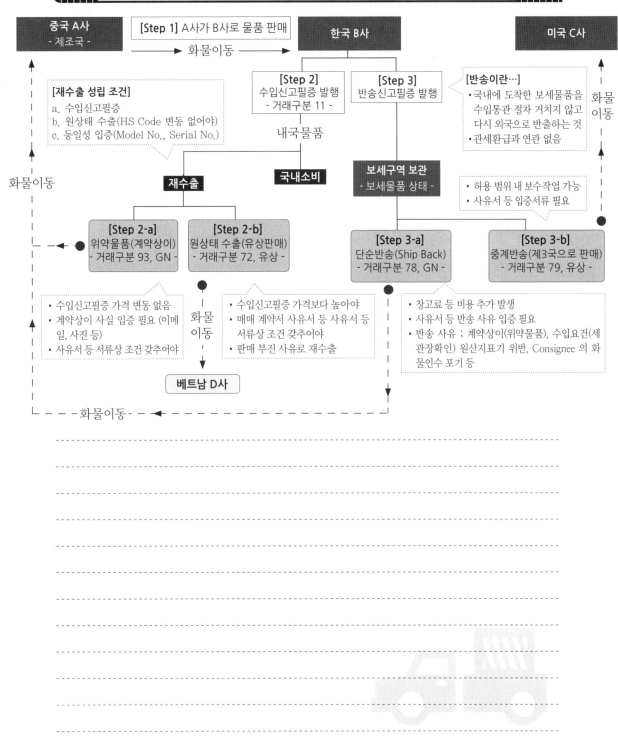

| 중국 A사 - 제조국 - | [Step 1] A사가 B사로 물품 판매 → 화물이동 | 한국 B사 | 미국 C사 |

[재수출 성립 조건]
a. 수입신고필증
b. 원상태 수출(HS Code 변동 없어야)
c. 동일성 입증(Model No., Serial No.)

[Step 2] 수입신고필증 발행 - 거래구분 11 -

[Step 3] 반송신고필증 발행

[반송이란…]
• 국내에 도착한 보세물품을 수입통관 절차 거치지 않고 다시 외국으로 반출하는 것
• 관세환급과 연관 없음

화물이동

내국물품

재수출   국내소비

보세구역 보관 - 보세물품 상태 -

• 허용 범위 내 보수작업 가능
• 사유서 등 입증서류 필요

화물이동

[Step 2-a] 위약물품(계약상이) - 거래구분 93, GN -

[Step 2-b] 원상태 수출(유상판매) - 거래구분 72, 유상 -

[Step 3-a] 단순반송(Ship Back) - 거래구분 78, GN -

[Step 3-b] 중계반송(제3국으로 판매) - 거래구분 79, 유상 -

• 수입신고필증 가격 변동 없음
• 계약상이 사실 입증 필요 (이메일, 사진 등)
• 사유서 등 서류상 조건 갖추어야

• 수입신고필증 가격보다 높아야
• 매매 계약서 사유서 등 사유서 등 서류상 조건 갖추어야
• 판매 부진 사유로 재수출

화물이동

• 창고료 등 비용 추가 발생
• 사유서 등 반송 사유 입증 필요
• 반송 사유 ; 계약상이(위약물품), 수입요건(세관장확인) 원산지표기 위반, Consignee의 화물인수 포기 등

베트남 D사

– – 화물이동 – – ◀

적하목록 제출(EDI 신고)

구 분		적하목록 제출		수출(입)신고	
		시기	주체	시기	주체
수입 (입항)	해상	• (원칙) 적재항에서 선박에 적재하기 24시간 전 • (실무) 입항 24시간 전	선사	• 입항전 신고, 보세구역도착 전 신고(반입 전), 보세구역장치 후 신고(반입 후)	수입자 or 관세사
	항공	• (원칙) 항공기가 입항하기 4시간 전	항공사		
수출 (출항)	해상	• (원칙) 선박에 적재하기 24시간 전	선사	• 수출지 Door 혹은 반입지에 반입된 이후	수입자 or 관세사
	구분	• 항공기에 적재하기 전, 출항 30분 전 최종 마감	항공사		

■ FCL **수입지포워더** ― EDI 신고 (적하목록신고) ⟶ **부킹선사 (용선선사)** ⟶ **운항선사** ⟶ **입항지세관**
적하신고 적하신고

■ LCL **수입지포워더** ⟶ **콘솔사** ― 적하신고 ⟶ **부킹선사 (용선선사)** ⟶ **운항선사** ⟶ **입항지세관**
실화주   적하신고 적하신고
정보 제공

■ 항공 **수출지포워더** ― Shipment Booking ⟶ **수출지 항공 콘솔사 (IATA 가입)** ⟶ **항공사** ⟶ **입항지세관**
적하신고 적하신고

수입신고 시기에 대한 이해

반송 (단순 or 중계)		재수출 (계약상이 or 원상태)		

보세구역
(CY, CFS) → 수입통관 → Buyer's Door → 국내소비
(관세전가) → 국내
거래처

입항적하목록 제출 | 반입 전 수입신고 | 반입 후 수입신고
입항 전 수입신고

입항적하목록 신고 ── 적하심사 완료 ── 하선신고수리 ── 접안 ── 보세구역 반입 ── 보세구역 반출

- 입항 전 신고
- 입항적하목록 신고와 하선신고 사이

- 반입 전 신고

- 반입 후 신고

구 분	해상 FCL	해상 LCL	항공	수입요건 無	수입요건 有
입항 전	O	x	O	O	△
보세구역 도착 전	O	△	O	O	△
보세구역 장치 후	O	O	O	O	O

- 해상 FCL 건에서 '보세구역'은 CY, 해상 LCL 건에서 '보세구역'은 CFS 정도로 이해하면 적당.
- 수입요건이란 '세관장확인물품'으로서 세관에 수입신고 전에 요건 확인을 받아야 함.

[수입신고 수리 시점]
- FCL은 입항전 신고 가능하며, 입항전 신고 건은 세액 납부하면 보세구역에 반입되기 전에 수입신고 수리
- LCL 화물은 입항 전 신고 불가하며 반입 전 신고해서 CFS에 반입 전에 세액 납부하더라도 CFS에 반입되어야

수입신고 거래구분

부호	한글명	한글약자명
11	일반형태 수입	일반형태 수입
83	외국검사.수리 목적 반출물품수입(선.기 제외)	수리된 물품
88	수출 물품 수리 후 재반출 위해 수입	수출물품 수리용
86	국내개최 국제행사, 체육대회, 전시회, 박람회, 공연 일시 반입 물품	국내 개최 행사물품
87	무상으로 반입하는 상품의 견품 및 광고용품	견품 및 광고용품
94	기타 수입승인 면제물품	기타 수입 승인 면제

(1)신고번호 11700-20-100708M	(2)신고일 2020-02-24	(3)세관.과 040-12	(6)입항일 2020-02-24	(7)전자인보이스 제출번호
(4)B/L(AWB)번호 SL8812333	(5)화물관리번호 20OZ001106I-001-0019		(8)반입일 2020-02-24	(9)징수형태 11

(10)신 고 인	ABC관세사사무실 홍길동		(15)통관계획 B	(19)원산지증명서	(21)총중량
(11)수 입 자	Kaston (Kaston-0-00-0-00-0 A)		입항전신고	유무 Y	350 KG
(12)납세의무자	(Kaston-0-00-0-00-0 / 211-87-00000)		(16)신고구분 B	(20)가격신고서	(22)총포장갯수
(주소)	서울 강남 논현 000-0 XX B/D #000		일반서류신고	유무 Y	2 CT
(상호)	Kaston		(17)거래구분 11	(23)국내도착항 ICN	(24)운송형태
(성명)	최주호		일반형태수입	인천공항	40-ETC
(13)운송주선인	굿 프렌즈 로직스(GFLX)		(18)종류 21	(25)적출기 GB U.K	
(14)해외거래처	EDUTRADEHUB		일반수입(내수용)	(26)선기명 OZ784 KR	
	EDUTRADE115U		(27)MASTER B/L 번호 98811203234		(28)운수기관부호
(29)검사(반입)장소	04077007-20(아시아나항공(주)인천화물서비스)				

• 화물관리번호 = 적하목록관리번호(MRN, 11자리) + Master B/L 일련번호(MSN, 4자리) + House B/L 일련번호(HSN, 4자리)

유상과 무상의 개념

구 분	유상	무상
수출입 신고	• 정상 가격으로 신고해야	• 정상 가격으로 신고해야 • 무상이라 해서 가격이 0원이라는 의미 아님
세액 납부 (면세 조건 제외)	• 수입신고 물품의 HS Code상 관세율이 0%이지 않는 이상 과세	• 좌동
결제	• 외국환은행 통해서 결제 진행	• 결제하지 않고 상품 거래만

구 분	C/I(Commercial Invoice)	수입신고필증	수출신고필증
유상	• Payment Term : T/T or L/C 등	• 54 결제방법 ; TT or LS or LU 등	• 12 결제방법 : TT or LS or LU 등
무상	• Free of Charge(F.O.C.) • No Commercial Value(N.C.V.)	• 54 결제금액 : GN	• 12 결제금액 : GN

세관

• 수출신고
• 유무상 관계 없이 신고

Exporter
(C/I Shipper)

• 유상 건, 외국환 수령

외국환은행

[매매계약서]
Payment Term : T/T 100% with Order

세관

• 수입신고
• 유무상 관계 없이 신고

Exporter
(C/I Shipper)

• 유상 건, 외국환 지급

외국환은행

Payment Term : T/T 35 Days After B/L Date   Price Term : FOB Shanghai Port, China

Description	Quantity	Unit Price	Value/USD
Puppy Pads. Size : 40*50cm, 3.5G	2,000 bag	USD 5.00	USD 10,000.00
Pet Treats (Sample, Free of Charge)	5 bag	USD 1.00	USD 5.00
		Total Amount	USD 10,000.00

- Free of Charge 금액은 C/I Amount에서 제외
- Free of Charge 건 역시 수입 신고해야 하며, C/I 단가가 Under Value 되었다면 정상가로 신고해야

과세가격 결정방법	
제1방법	• 거래가격을 기초로 한 과세가격 결정(관세법 제30조)
제2방법	• 동종·동질물품의 거래가격을 기초로 한 과세가격 결정(관세법 제31조)
제3방법	• 유사물품의 거래가격을 기초로 한 과세가격 결정(관세법 제32조)
제4방법	• 국내판매가격을 기초로 한 과세가격 결정(관세법 제33조)
제5방법	• 산정가격을 기초로 한 과세가격 결정(관세법 제34조)
제6방법	• 합리적인 기준에 의한 과세가격 결정(관세법 제35조)

수입신고 내용 Amend와 FTA 사후협정세율

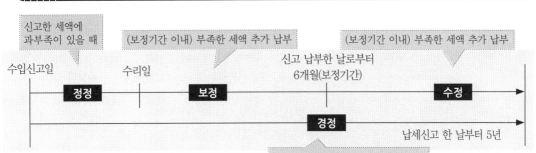

- 정정, 보정, 수정, 경정 청구는 당해 건의 수입신고서를 작성 대행한 관세사무실로 요청해야
- 보정 및 수정 신고 후 부족한 세액의 납부 기한은 1일(추가 납부 세액 확보 후 신고해야)

■ FTA 사후협정세율 신청

입항적하목록 제출 & 적하심사 완료	수입신고 (기본세율 or WTO 협정세율)	수입신고 수리 (수입신고필증 발행)	사후협정세율 적용 신청 (경정 청구, 과오납 환급)

- FTA C/O 미확보(원본 or 사본)
- 운송서류상으로 직접운송 충족

- 수입신고 수리일로부터 1년 이내에 신청해야
- 관세환급 즉시 되지 않음(상당시간 소요)

수입관세의 납부기한과 사후(월별)납부

■ 사전납부 방식

보세구역 반입 → 수입신고서 제출 (신고납부) → 결제통보 (by 관할지 세관) → 관세 등 납부 기한 (15일 이내) → 신고 수리 → 보세구역에서 화물 반출 (D/O 필요)

- 보세구역 반입일로부터 30일 이내에
- 수입신고 or 반송신고 해야

- 결제통보일로부터 15일 이내 납부해야
- But 실무에서는 25일 이내 납부

- 수입신고 수리일로부터
- 15일 이내 반출해야

(FCL) 수입신고 기한 및 화물 반출 등의 관리						
MB/L No.	**선사**	**CY 반입일**	**컨테이너**	**반입 터미널**	**수입신고기한**	**세액납부기한**
HB/L No.		**CY 반출일**	**Storage Free Time**	**DEM Free Time**	**수입신고 수리일**	**반출기한**
TYSPCH112033	팬오션	2018-12-07	40ft DV x 1	SNCT (선광터미널)	2019-01-06	2019-01-01
XHQDINC1800007		2018-12-07	10 Days	15 Days	2018-12-07	2018-12-22

■ 사후납부 방식

수입신고 수리일 ──────── [사후납부 업체] 세액 납부 기한 ──────── [월별납부 업체] 세액 납부 기한

3월 13일

수리일 기준으로 15일 이내

납부기한 15일이 속하는 월(Month)의 말일

수입화물진행정보 조회(관세청 유니패스)

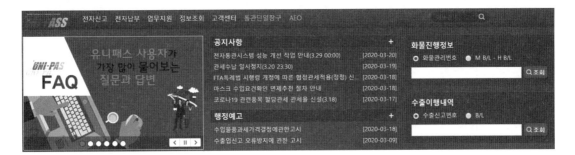

■ FCL, House 발행 건

화물관리번호	18PoBURE14i-5000-0000	진행상태	반출완료	선사/항공사	팬오션(주)		
M B/L-H B/L	TYSPCH112033 - XHQDINC1800007	화물구분	수입 일반화물	선박/항공편명	REVERENCE		
통관진행상태	수입신고수리	처리일시	2018-12-07 16:48:01	선박국적	바하마	선박대리점	PANOCEAN
품명	Telephone Answering Machine			적재항	CNTAO:Qingdao, CN		
포장개수	765 GT	총 중량	10,000 KG	양륙항	KRINC: 인천항	입항세관	인천세관
용적	68	B/L유형	Consol	입항일	2018-12-07	항차	1514
관리대상지정 여부	N	컨테이너 개수	1	반출의무 과태료	N	신고지연 가산세	N
특수화물코드		컨테이너 번호	TYLU0120011				

- House 발행 건은 'B/L 유형 : Consol', Line B/L 건은 'Simple'
- 관리대상지정 화물은 '관리대상지정 여부' Y, 비지정 화물은 'N'

No	처리단계	장치장/장치위치	포장개수	반출입(처리)일시
	처리일시	장치장명	중량	반출입(처리)내용
11	반출신고	<u>02012014</u>	765 GT	2018-12-07 16:46:36
	2018-12-07 16:48:01	선광신컨테이너터미널 보세창고	10,000 KG	수입신고 수리 후 반출
10	반입신고	<u>02012014</u>	765 GT	2018-12-07 15:03:14
	2018-12-07 15:10:18	선광신컨테이너터미널 보세창고	10,000 KG	입항 반입
	[부가사항] 선광신컨테이너터미널 보세창고의 장치기간은 최대 2개월입니다.			
9	수입신고수리	<u>02012014</u>	765 GT	
	2018-12-07 14:01:42	선광신컨테이너터미널 보세창고	10,000 KG	
8	입항적하목록 운항정보 정정			
	2018-12-07 11:46:41		KG	
7	입항보고 수리			
	2018-12-07 11:46:41		KG	
6	하선신고 수리	<u>02012014</u>	765 GT	
	2018-12-06 17:03:46	선광신컨테이너터미널 보세창고	10,000 KG	
5	수입(사용소비) 결제통보	<u>02012014</u>/입항전수입	765 GT	
	2018-12-06 16:53:27	선광신컨테이너터미널 보세창고	10,000 KG	
4	입항적하목록 심사완료	<u>02012014</u>	765 GT	
	2018-12-06 16:31:28	선광신컨테이너터미널 보세창고	10,000 KG	Seoul Logics
3	수입(사용소비) 심사진행	<u>02012014</u>	765 GT	
	2018-12-06 15:42:20	선광신컨테이너터미널 보세창고	10,000 KG	
2	수입신고	<u>02012014</u>/입항 전 수입	765 GT	
	2018-12-06 15:42:15	선광신컨테이너터미널 보세창고	10,000 KG	
	[안내사항] 선광신컨테이너터미널 보세창고는 수입신고 수리일로부터 15일 이내에 물품을 반출하여야 하며, 미반출 시 과태료가 부가됩니다.			
1	입항적하목록 제출	<u>02012014</u>	765 GT	
	2018-12-06 13:59:02	선광신컨테이너터미널 보세창고	10,000 KG	

■ LCL 화물, 검역받는 품목

No	처리단계	장치장/장치위치	포장개수	반출입(처리)일시
	처리일시	장치장명	중량	반출입(처리)내용
17	반출신고	2002001	39 GT	2019-03-27 13:03
	2019-03-27 13:11	농림축산검역본부 지정장치장	568.5 KG	수입신고 수리 후 반출
16	수입신고수리	2002001	39 GT	
	2019-03-27 11:34	농림축산검역본부 지정장치장	568.5 KG	
15	수입신고	2002001	39 GT	
	2019-03-26 15:39	농림축산검역본부 지정장치장	568.5 KG	
14	검사/검역 동물검역(합격)	2002001	0	2019-03-26 0:00
	2019-03-26 13:23	농림축산검역본부 지정장치장	450 KG	
	[부가사항] 최근 검사/검역 신청부터 결과 과정까지의 평균 소요시간은 21일입니다.			
13	반입신고	02002001/001	39 GT	2019-03-21 13:57
	2019-03-21 13:58	농림축산검역본부 지정장치장	568.5 KG	보세운송 반입
	[부가사항] 농림축산검역본부 지정장치장의 장치기간은 최대 6 개월입니다.			
12	반출신고	2011202	39 GT	2019-03-21 11:12
	2019-03-21 11:15	(주)흥아로지스틱스 보세창고	568.5 KG	보세운송 반출
11	보세운송 신고 수리	2011202	39 GT	
	2019-03-20 17:19	(주)흥아로지스틱스 보세창고	568.5 KG	
10	보세운송 신고 접수	2011202	39 GT	
	2019-03-20 16:44	(주)흥아로지스틱스 보세창고	568.5 KG	
9	반입신고	02011202/B04	39 GT	2019-03-20 9:43
	2019-03-20 9:45	(주)흥아로지스틱스 보세창고	568.5 KG	보세운송 반입
	[부가사항] (주)흥아로지스틱스 보세창고의 장치기간은 최대 6 개월입니다.			
8	반출신고	2012007	39 GT	2019-03-20 8:29
	2019-03-20 8:31	㈜E1컨테이너터미널 보세창고	568.5 KG	보세운송 반출
7	반입신고	2012007	39 GT	2019-03-20 2:22
	2019-03-20 2:23	㈜E1컨테이너터미널 보세창고	568.5 KG	입항 반입
	[부가사항] ㈜E1컨테이너터미널 보세창고의 장치기간은 최대 2 개월입니다.			
6	입항보고 수리			
	2019-03-19 15:00		KG	
5	하선신고 수리	2012007	39 GT	
	2019-03-19 14:00	㈜E1컨테이너터미널 보세창고	568.5 KG	
4	보세운송 신고 수리	02012007/입항 전 운송	39 GT	
	2019-03-19 13:31	㈜E1컨테이너터미널 보세창고	568.5 KG	
3	입항적하목록 심사완료	2011202	39 GT	
	2019-03-19 13:28	(주)흥아로지스틱스 보세창고	568.5 KG	
2	보세운송 신고 접수	02012007/입항전운송	39 GT	
	2019-03-19 11:11	㈜E1컨테이너터미널 보세창고	568.5 KG	
1	입항적하목록 제출	2011202	39 GT	
	2019-03-19 10:05	(주)흥아로지스틱스 보세창고	568.5 KG	

■ 항공화물의 수입진행 정보

No	처리단계	장치장/장치위치	포장개수	반출입(처리)일시
	처리일시	장치장명	중량	반출입(처리)내용
12	반출신고	4077001	2 CT	2019-11-19 16:46
	2019-11-19 16:46	아시아나에어포트(주) 1	1,491 KG	수입신고 수리 후 반출
11	수입신고 수리	4077001	2 CT	
	2019-11-19 15:51	아시아나에어포트(주) 1	1,491 KG	
10	반입신고	04077001/HVY501	2 CT	2019-11-19 15:51
	2019-11-19 15:51	아시아나에어포트(주) 1	1,491 KG	입항 반입
	[부가사항] 아시아나에어포트(주) 1의 장치기간은 최대 3개월입니다.			
9	하기결과 보고	OL/OL	1	2019-11-19 15:41
	2019-11-19 15:41	OL	0 KG	
8	수입(사용소비) 결재통보	4077001	2 CT	
	2019-11-19 13:12	아시아나에어포트(주) 1	1,491 KG	
7	수입신고	4077001	2 CT	
	2019-11-19 12:12	아시아나에어포트(주) 1	1,491 KG	
	[안내사항] 아시아나에어포트(주) 1은 수입신고 수리일로부터 15일 이내에 물품을 반출하여야 하며, 미반출 시 과태료가 부가됩니다.			
6	입항적하목록 운항정보 정정			
	2019-11-19 4:01		KG	
5	입항보고 수리			
	2019-11-19 4:01		KG	
4	하기신고 수리	4077001	2 CT	
	2019-11-19 3:21	아시아나에어포트(주) 1	1,491 KG	
3	입항보고 제출			
	2019-11-18 23:08		KG	
2	입항적하목록 심사완료	4077001	2 CT	
	2019-11-18 23:01	아시아나에어포트(주) 1	1,491 KG	
1	입항적하목록 제출	4077001	2 CT	
	2019-11-18 22:21	아시아나에어포트(주) 1	1,491 KG	

해상 수입화물의 보세구역 반출입

■ **FCL 수입 화물** · FCL은 CY에서 반출 되기 전에 D/O 발행되어져야
 (Master D/O 필요, 일반적으로 House D/O는 운송사 및 보세구역에서 확인하지 않음)
· 입항 전 수입신고 건은 Paperless 지정된 후 세액 납부하면 입항 전에도 수입신고 수리
 (관리대상 건 제외)

1 · 차상반출 건　　　　**2** · CY 반입 후 컨테이너 반출　　　　**3** · 관리대상 지정 화물

4 · CFS 반입 필요 상황(보수작업, 분할통관, 세관장 확인대상 등)
· Consignee가 CFS 혹은 보세창고 지정 가능

> · 관리대상 건, X-ray 검사장은 CY내에
> 있지만 지정보세창고는 터미널 밖에 있
> 으니 D/O 발행되어져야 반출 가능

■ **LCL 수입 화물** · CFS에서 반출 되기 전에 D/O 발행되어져야 (D/O 없이 CFS로 보세운송)
· 수입신고 수리는 세액 납부하고 CFS에서 반입 잡혀야 가능

1 · (기본) 콘솔사가 지정한 CFS로 반입, Consignee가 CFS 지정 불가

2 · 관리대상 지정 화물

보세구역에서의 화물 반출 조건(수입신고필증 및 D/O 발행)

외국(보세)물품을 내국물품으로

수입신고
(C/I 기초로 진행)

관리대상 지정화물은
지정보세창고에서 화물 검사받아야

C/I Consignee → **관세사무실** → **관할지 세관**
(수입신고필증의 수입자)　(수입신고서 작성 및 제출)　(수입신고 당시 화물의 위치 관할세관)

수입신고필증 발행 ← **세관의 결제통보와 세액납부** ← **Paperless**
(더 이상 보세물품 아님)　(관세, 부가세 등의 내국세)

서류제출

물품검사

- (FCL) X-ray or 개장 검사
- (LCL) CFS에서 검사
- 원산지 표기 적정성 등 확인

보세구역에서의 반출 조건

D/O 발행
(운송서류 기초로)

Final Destination

운송인
(e.g. 포워더)

1) Arrival Notice (A/N, 도착통지) → 운송서류의 Notify

2) 운송비 청구 → 운송서류의 Consignee

3) Delivery Order(D/O) 발행 요청

4) D/O 발행

5) 화물반출 (D/O 필요)

　　a) 수입신고필증 발행된 경우 : 내국물품 상태로 반출
　　b) 보세운송 건 : 타 보세구역으로의 보세운송 진행

보세
구역

통관예상비 및 운송비 인보이스

■ 운송비 인보이스(포워더 발행)

VESSEL / VOY	: COSCO NAPOL1	REF. NO. :
P.O.L.	: ROTTERDAM NETHERLAND	M. B/L NO. :
P.O.D.	: BUSAN PORT	ON BOARD/ARRIVAL :
WEIGHT	: 360 KG	PKG'S : 5 GT
MEASUREMENT	: 7.5 CBM	TERM : CFS/CFS

■ 통관 예상비(관세사무실 발생)

1. 화주 (납세의무자) : Edutradehub

2. 비용내역

비용구분 / B/L번호	S00018500
관 세	2,582,450
부 가 세	4,231,250
세액합계	6,813,700
운 송 료	509,419
보 관 료	300,000
내륙운비	250,000
통관수수료	52,470
보수작업료	35,000
검역대행수수료	-
합 계	7,960,589
송금액(B)	
잔액(B-A)	-

DESCRIPTION	CURR	RATE	FOREIGN AMOUNT	EX-RATE	KRW
O/FREIGHT	USD	25.00	187.50	1,050.00	196,875
B.A.F.	USD	12.00	90.00	1,050.00	94,500
C.A.F.	USD	28.69	28.69	1,050.00	30,122
HANDLING CHG	USD	50.00	50.00	1,050.00	52,500
DOCUMENT FEE	KRW	25,000			25,000
C.F.S.	KRW	12,000			90,000
WHARGAGE	KRW	323			2,423
CONTAINER CLEANING FEE	KRW	800			6,000
INSURANCE CHG	KRW	12,000			12,000
				KRW	509,419

TOTAL(A)
7,960,589
7,960,589

운송비 결제하면 D/O 발행

화물인도지시서(Delivery Order)

DELIVERY ORDER

문서구분 : 화주용
발급업체 : 한국 로지스틱스㈜

D/O No.	**Issue Date**
E20133816	2020-02-06 09:45:30
B/L No.	**운송구분**
E20133816	
MRN-MSN_HSN	**Vessel Arrival Date**
20KMTCMK05I-1012-0001	2020-02-03
Vessel	**Voyage No.**
MALIAKOS	1920N
Consignee	TO THE ORDER OF WOORI BANK
Notify	EDUTRADEHUB

Unloading Are	Allocation Are
02077002 - 인천컨테이너터미널	02077002 - 인천컨테이너터미널
Port of Loading	**Total Package**
CNHUA	60 / GT
Port of Discharge	**Total Weight**
KRINC	60,060.000 / KG
Port of Delivery	**Total Measure**
	60.000 / MTQ

Rep. Commodity
Copper Tube

Remark
부산/광양으로 입항한 40GP는 부곡 반납 불가합니다.

Total Q'ty of Container : 3

Demurrage Free-Time :

Detention Free-Time :

Container Detail (Dem : Demurrage, Det : Detention)

Container No. / Type / Dem Free-Time / Det Free-Time

DFSU1922227 / 20GP / 20200218

GAOU2037312 / 20GP / 20200218

TSSU2016763 / 20GP / 20200218

Final Destination

경기도 광명시 OOO로 14 에듀트레이드허브

Tel. 02-0000-0000

Fax. 02-0000-0000

Signed by

2-2강
과세가격의 이해와 가격조건별 관부가세 계산 과정

총과세가격에 대한 개념

■ **총과세가격**
- CIF에 근접하는 가격
- 수입지로서 우리나라의 항구(공항)에 배(항공기)가 접안해서 화물을 양하하기 직전까지 발생되는 모든 비용
- C/I 총액, 과세환율, 운송비, 적하보험료, 가산금액(생산지원비) 및 공제금액 확인 필요
- Freight의 할증료는 총과세가격에 가산되나, CIC(Container Inbalance Charge)는 공제되는 할증료

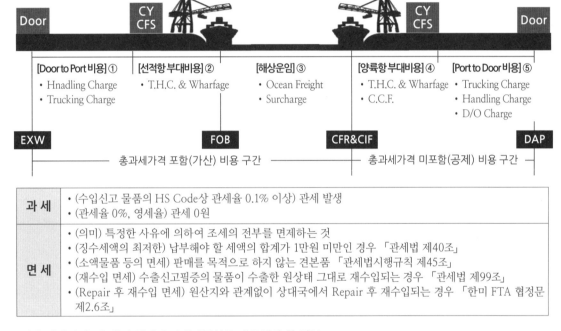

Door	CY CFS		CY CFS	Door

[Door to Port 비용] ①	[선적항 부대비용] ②	[해상운임] ③	[양륙항 부대비용] ④	[Port to Door 비용] ⑤
• Hnadling Charge • Trucking Charge	• T.H.C. & Wharfage	• Ocean Freight • Surcharge	• T.H.C. & Wharfage • C.C.F.	• Trucking Charge • Handling Charge • D/O Charge

EXW · · · · · · FOB · · · · · · CFR&CIF · · · · · · DAP

───── 총과세가격 포함(가산) 비용 구간 ───── 총과세가격 미포함(공제) 비용 구간 ─────

과세	• (수입신고 물품의 HS Code상 관세율 0.1% 이상) 관세 발생 • (관세율 0%, 영세율) 관세 0원
면세	• (의미) 특정한 사유에 의하여 조세의 전부를 면제하는 것 • (징수세액의 최저한) 납부해야 할 세액의 합계가 1만원 미만인 경우 「관세법 제40조」 • (소액물품 등의 면세) 판매를 목적으로 하지 않는 견본품 「관세법시행규칙 제45조」 • (재수입 면세) 수출신고필증의 물품이 수출한 원상태 그대로 재수입되는 경우 「관세법 제99조」 • (Repair 후 재수입 면세) 원산지와 관계없이 상대국에서 Repair 후 재수입되는 경우 「한미 FTA 협정문 제2.6조」

['총과세가격' 계산] 수입자가 관세사무실로 제공해야 할 정보
a. 수입자가 수출자에게 결제하는 물품의 결제금액을 확인할 수 있는 C/I
b. 수입자가 포워더에게 청구받은 운송비 청구서
c. 적하보험료
d. 이외 물품이 수입지 항구/공항에 접안하기 전에 수입자가 수출자, 포워더, 적하보험사 이외의 자에게 지급한 금액 내역

수입 세액(관부가세) 계산 과정 - FOB 조건

■ 세액 계산
- 관세 = 총과세가격(CIF에 근접하는 가격) x 신고물품의 관세율
- 부가세 = (총과세가격 + 관세 + 개소세등 기타 내국세) x 부가세율 10%
- 관세율이 0%이면 과세는 0원이나, 부가세는 발생

- C/I Amount : USD23,000
- Price Term : FOB Rotterdam Port

FOB

- 운송비 청구서 : 662,300원
- 수입지 포워더가 Consignee에게 청구하는 물류비

• 관세 1,996,198원 = 총과세가격(USD23,000 x 1,070.51원)+(330,750원+0원) x 8%

(49)세종	(50)세율(구분)	(51)감면율	(52)세액		(53)감면분납부호	감면액	*내국세종부호
관	8.00(A 가가)		1,996,198				
부	10.00(A)		2,694,868				
(54)결제금액 (인도조건-통화종류-금액-결제방법)			FOB - USD - 23,000 - TT			(56)환 율	1,070.51
(55)총과세가격	$ 23,309	(57)운 임	330,750	(59)가산금액		(64)납부번호	
	₩ 24,952,480	(58)보험료		(60)공제금액		(65)부가가치세과표	26,948,678
(61)세종	(62)세 액	※ 관세사기재란			(66) 세관기재란		
관 세	1,996,198						
개별소비세							
교 통 세							
주 세							
교 육 세							
농 특 세							
부 가 세	2,694,868						
신고지연가산세							
미신고가산세							
(63)총세액합계	4,691,066	(67)담당자	홍길동	000000	(68)접수일시	2020-10-15	(69)수리일자	2020-10-17

- (54) 결제금액 : 실제 지급액으로서 C/I 총액
- (56) 환율 : 수입신고 시점을 기준으로 그 전주(Last Week) 토요일에 관세청이 고시한 과세환율
- (57) 운임 : '(54) 결제금액'에는 미포함되지만 '(55) 총과세가격'에는 포함되어야 하는 물류비
- (58) 보험료 : 수입자가 적하보험에 가입했을 경우, 적하보험료는 '(55) 총과세가격'에 포함되어야
- (59) 가산금액 : '(54) 결제금액'에는 미포함되지만 '(55) 총과세가격'에는 포함되어야 하는 비용으로서 수입신고 물품이 우리나라의 항구/공항에 도착하기 전에 C/I 금액을 제외되어 수입자가 수출자 혹은 제3자에게 별도 지급한 금액(e.g. 포장비, 금형비, 도면비와 같은 생산지원비 및 적재 전 검사비용 등)
- (60) 공제금액 : '(54) 결제금액'에는 포함되지만 '(55) 총과세가격'에는 미포함되어야 하는 비용으로서 수입신고 물품이 우리나라의 항구/공항에 도착한 이후에 발생되는 비용(e.g. Engineering Fee 등과 같은 설비 설치 비용)

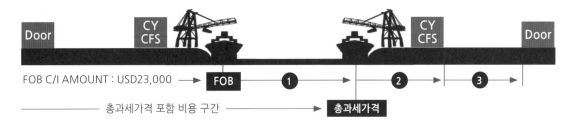

FOB C/I AMOUNT : USD23,000 → **FOB** — **1** → **2** → **3** →

──── 총과세가격 포함 비용 구간 ──── → **총과세가격**

- VESSEL / VOY : KMTC STARSHIP
- P.O.L. : ROTTERDAM PORT, NL
- P.O.D. : BUSAN PORT, KR
- PKG'S : 5GT

- H. B/L NO. : STSLE208891
- WEIGHT : 360 KGS
- MEASUREMENT : 7.5 CBM
- TERM : CFS/CFS

	Description	Rate			EX-Rate	Amount
1	Ocean Freight(O/F)	US$25.00	R/T	US$187.50	1,050.00	₩196,875
	BAF(Bunker Adjustment Factor)	US$12.00	R/T	US$90.00	1,050.00	₩94,500
	CAF(Currency Adjustment Factor)	US$5.00	R/T	US$37.50	1,050.00	₩39,375
2	THC(Terminal Handling Charge)	₩5,500	R/T		1	₩41,250
	W/F(WHARFAGE)	₩335	R/T		1	₩2,513
	CCC (CONTAINER CLEANING CHARGE)	₩2,000	R/T		1	₩15,000
	DRAYGE CHARGE	₩7,500	R/T		1	₩56,250
	CFS Charge	₩6,500	R/T		1	₩48,750
	DOC FEE	₩30,000	PER BL		1	₩30,000
	HANDLING CHARGE	US$50.00	PER BL	US$50.00	1,050.00	₩52,510
3	TRUCKING CHARGE					₩165,000
					Total	₩742,023

주간환율(수출환율&과세환율)의 활용

- **과세환율**
  - 주요 외국환 은행의 월요일부터 금요일까지 최초 고시된 대고객 전신환매도율을 평균하여 결정
  - 매주 토요일 관세청 유니패스를 통해서 공개되며, 적용기간은 일요일 00시부터 토요일 24시까지
  - 토요일 과세환율의 조회는 그 전날(금요일) 오후에 가능
  - 「수입물품 과세가격 결정에 관한 고시」 제3조

SUNDAY	MONDAY	TUESDAY	WEDNESDAY	THURSDAY	FRIDAY	SATURDAY
1	2	3	4	5	6	7
8	9	10	11	12 입항일	13	14
15	16	17 수입신고일	18	19	20	21

구 분		설 명
주간환율	과세환율	• (수입신고) '55 총과세가격' 계산할 때
	수출환율	• (수출신고) '54 총신고가격(FOB)' 계산할 때
C/I 총액 결제 환율		• (수출 대금 결제) 결제 당시 은행의 송금 보내실 때 환율 • (수입 대금 결제) 결제 당시 은행의 송금받으실 때 환율
운임 청구 환율		• (Prepaid의 경우) 발송일의 가장 높은 은행의 현행 일람출급 환율 적용 • (Collect의 경우) A/N 받은 날의 최고 은행 현행 일람출급환율 • (참고) KIFFA B/L 이면조항

■ 과세환율 조회(관세청 유니패스)

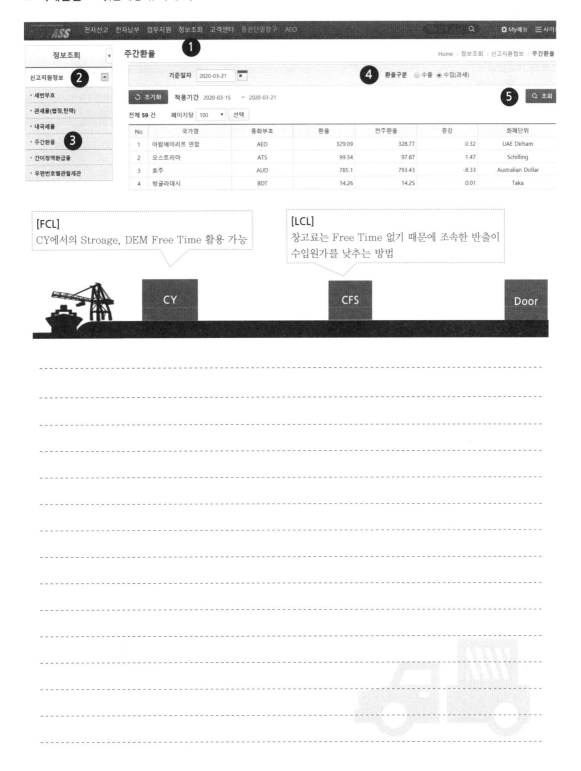

[FCL]
CY에서의 Stroage, DEM Free Time 활용 가능

[LCL]
창고료는 Free Time 없기 때문에 조속한 반출이 수입원가를 낮추는 방법

수입 세액(관부가세) 계산 과정 - EXW 조건

| Door | | CY CFS | | | CY CFS | | Door |

EXW **[수출자 발행 C/I]**
- C/I Amount : USD70,000
- Price Term : EXW Seller's Door

총과세가격

운송비 인보이스
(수입지 포워더 → Consignee)

수출지 Local Charge ─── 해상운임 ─── 항구 부대비용 ─── 내륙운송비

비용 분기점

	ACCOUNT ITEMS & DESCRIPTIONS	20ft DV	Remarks
현지비용	Export Customs Fee	US$35.00	/ BL
	Pick Up Charge	US$700.00	
	VGM Fee	US$150.00	if shipper can not provide VGM
	VGM Submission Fee	US$25.00	/ BL
	Handling Charge	US$50.00	/ BL
해상운임	Ocean Freight	US$1,700.00	/CNTR, TT : About 26 days
국내비용	Container Cleaning Fee	₩25,000	/CNTR
	Terminal Handling Charge	₩130,000	/CNTR
	Wharfage	₩4,420	/CNTR
	DOC Fee	₩40,000	/ BL
	수입통관 수수료	₩30,000	건당, Min Rate 30,000원 or 총과세가격x0.002
	컨테이너 운송료	₩440,000	/CNTR, 부산항 to 용인 처인구 OOO면
	적하보험료	₩14,000	Min 14,000원
	D/O Fee	US$50.00	/ BL

수입 세액(관부가세) 계산 과정 - CFR 조건

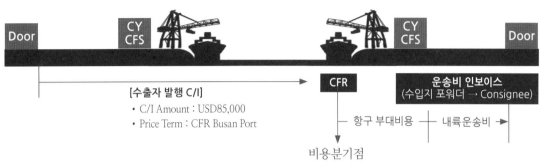

[수출자 발행 C/I]
- C/I Amount : USD85,000
- Price Term : CFR Busan Port

■ CFR 조건에서의 수입신고필증

(54) 결제금액	• CFR - USD - 85,000 - LS	(56) 환율	• 수입신고일의 전 주 토요일 과세환율
(57) 운임	• O/F의 할증료(e.g. BAF 등) • C와 D조건에서 'O/F(A/F)'는 '54 결제금액'에 포함	(58) 보험료	• 적하보험 가입한 경우 보험료 • CIF, CIP일 때는 '54 결제금액'에 보험료 포함
(59) 가산금액	• 금형비, 선적전 검사비, 개발비 등의 생산지원비	(60) 공제금액	• EXW, F 및 C 조건에서는 공제금액 특별히 없음

(54)결제금액 (인도조건-통화종류-금액-결제방법)				(56)환 율	56)환율 과세환율
(55)총과세가격	$	(57)운 임	(59)가산금액	(64)납부번호	
	₩	(58)보험료	(60)공제금액	(65)부가가치세과표	

(57)운임
결제금액에 미포함되었으나, 총과세가격에는 포함되어야 할 물류비

(59)가산금액
결제금액에 미포함되었으나, 총과세가격에는 포함되어야 할 비용(e.g. 생산지원비)

(60)공제금액
결제금액에 포함되었으나, 총과세가격에는 미포함되어야 할 비용(e.g. Engineering Fee)

수입 세액(관부가세) 계산 과정 - CIF 조건

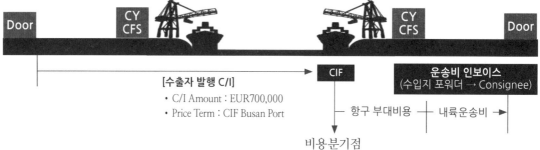

[수출자 발행 C/I]
- C/I Amount : EUR700,000
- Price Term : CIF Busan Port

CIF

운송비 인보이스
(수입지 포워더 → Consignee)

── 항구 부대비용 ── 내륙운송비 ──▶

비용분기점

■ CIF 조건에서의 수입신고필증

(54) 결제금액	• CIF – EUR – 700,000 – LU	(56) 환율	• 수입신고일의 전 주 토요일 과세환율
(57) 운임	• O/F의 할증료(e.g. BAF 등) • C와 D조건에서 'O/F(A/F)'는 '54 결제금액'에 포함	(58) 보험료	• '54 결제금액'에 보험료 포함
(59) 가산금액	• 금형비, 선적전 검사비, 개발비 등의 생산지 원비	(60) 공제금액	• EUR 150,000

Payment Term : Banker's Usance L/C 120 Days after B/L Date   Price Term : CIF Busan Port, Korea

Description	Quantity	Unit Price	Value/EUR
Auto Labeling Machine Type 150	1 Set	EUR 550,000.00	EUR 550,000.00
Engineering Fee			EUR 150,000.00
		Total Amount	EUR 700,000.00

수입 세액(관부가세) 계산 과정 - DAP 조건

Door — CY/CFS — CY/CFS — **Door**

[수출자 발행 C/I]
- C/I Amount : EUR150,000
- Price Term : DAP Buyer's Door

DAP

접안시점

총과세가격 포함 비용 구간 → **총과세가격** ← 총과세가격 공제 비용 구간 →

운송비 인보이스
(수출지 포워더 → Shipper)

비용분기점

■ DAP 조건에서의 수입신고필증

(54) 결제금액	• DAP - EUR - 150,000 - LS	(56) 환율	• 수입신고일의 전 주 토요일 과세환율
(57) 운임	• 기본적으로 D조건에서 할증료 및 O/F는 Shipper에게 청구. 따라서 별도 기재 금액 없음	(58) 보험료	• D조건은 Shipper가 보험가입 선택. 따라서 별도 기재금액 없음
(59) 가산금액	• 금형비, 선적전 검사비, 개발비 등의 생산지원비	(60) 공제금액	• 접안 이후 비용(항구 부대비용 등)은 공제되어야 하나, 객관적인 입증 서류 부재로 공제 불가 • 따라서 D 조건 '54 결제금액'은 모두 '55 총과세가격'에 반영되어 세액 납부해야

Payment Term : L/C at Sight   Price Term : DAP Buyer's Suwon Factory, Korea

Description	Quantity	Unit Price	Value/EUR
Pipe bending machine R5-87(380V/60HZ)	1 Set	EUR 150,000.00	EUR 150,000.00
		Total Amount	EUR 150,000.00

물품 금액 할인(Discount)과 총과세가격

■ 세관은 일반적으로 할인(Discount)을 인정하지 않음

　• 현금 할인, 수량 할인은 인정될 수도.

[대법원 1993.12.7. 93누17881]

구매자가 디스트리뷰터(Distributor) 방식에 따라 판매자가 수행할 용역(판매장설치전시광고 등 사항, 보증유지수리 등 사항)을 자신이 하는 대신 통상의 판매가격보다 **할인된 가격으로 수입한 경우 할인금액이 관세의 과세가격에 포함**된다.

Payment Term : T/T 30% with Order, 70% before Shipment　　　　　　　　Price Term : FOB Shanghai Port, China

Description	Quantity	Unit Price	Value/USD
Puppy Pads. Size : 40*50cm, 3.5G	3,500　bag	USD　　6.50	USD　22,750.00
Pet Treats	3,800　bag	USD　　3.80	USD　14,440.00
Total Amount			USD　37,190.00
Discount 20%			(-) USD　　7,438.00
Total Invoice Amount Less Discount 20%			USD　29,752.00

■ Discount 적용된 수입신고필증

(54) 결제금액	• FOB – USD – 37,190 – TT	(56) 환율	• 수입신고일의 전 주 토요일 과세환율
(55) 총과세가격	• 공제금액 반영	(60) 공제금액	• Discount 된 금액 기재

　• 공제금액에 대한 객관적인 자료를 세관으로 제출해야

무상 수출(GN) 물품의 재수입과 관세 납부

수출신고
(재수입 조건, 무상)

[수출신고필증]
- 해외 전시회 참가 목적, 거래구분 85
- Repair · Test 후 재수입 조건, 거래구분 83
- 결제방법 무상(GN)

↓

재수입 신고
(수입신고필증 발행)

- 수출신고 수리일로부터 2년 이내 다시 수입
- 동일성 입증(Serial No. Model No. Lot No.) 및 원상태 수입(HS Code 수출신고필증과 동일해야)

→ **재수입 면세**
- 관세법 제99조 - → **전시회 참가 후 재수입**
- 거래구분 85, GN -

- 수출신고필증 '결제방법' GN 건이니 재수입할 때 부가세 함께 면세될 수도 (부가세법 시행령 54조)
- 기타 사례 : Test 후 재수입, 반복 사용 가능한 용기의 재수입

→ **해외 임가공물품 등의 감세**
- 관세법 제101조 -

- '감세'란 세액의 일부는 면제하는 것

→ **Repair 후 재수입**
- 거래구분 83, GN -

[관세와 부가세 계산]
- 관세 = 총과세가격(Repair Fee + 왕복운임 + 적하보험료) x 재수입신고 물품의 HS Code 상 관세율
- 부가세 = (총과세가격 + 관세) x 부가세율 10%
- Repair 대상 물품에 대해서는 과거 수입할 때 과세 했기 때문에 재수입할 때는 과세대상 아님
- FTA C/O 및 직접운송 충족되면 FTA 협정세율 적용 가능
- 미국으로 Repair 목적 물품을 수출 후 미국에서 Repair 후 재수입하면 면세 (한·미 FTA 협정문)

[하자보수보증기간] 매매계약서
- (수입신고수리 후 1년 이내) Repair Fee, 왕복운임 및 적하보험료에 대해서 과세하지 않음

→ **해외 임가공물품 수입**
- 거래구분 29, PT -

[관세와 부가세 계산]
- 관세 = 총과세가격(무상 공급한 원재료 가격 + Processing Fee + 왕복운임 + 적하보험료) x 관세율
- 부가세 = (총과세가격 + 관세) x 부가세율 10%
- '기본적으로' 국내에서 해외 제조사에게 무상 수출한 원재료의 가격 역시 총과세가격에 포함
- FTA C/O 및 직접운송 충족되면, FTA 협정세율 적용 가능

■ 재수입에 따른 관부가세 면세 조건

재수입	설 명
성립 조건	• 수출 사실 입증 : 수출신고필증. • 국외 공정(및 사용) 사실 없어야 : 수출신고필증의 품명, 단가 및 HS Code(세번부호) 변동 없어야. • 동일성 입증 : 수출신고필증의 Serial No(존재한다면)와 재수입 물품의 Serial No.가 동일해야.
관세 면세 조건	• 수출신고 수리일로부터 2년 이내에 재수입되어야. • 수출 이행 후 관세환급 받은 경우, 반환해야 재수입 관세 면세 적용 가능.
부가세 면세 조건	• 수출신고필증의 '결제방법'이 무상(GN)이면, 기본적으로 면세. • 그러나 부가가치세법에서 규정하는 소비 권한 불이전 사실을 화주가 입증해야 하는데, 이를 입증하기 어렵기 때문에 부가세 납부하고 향후에 공제받는 사례가 많음.

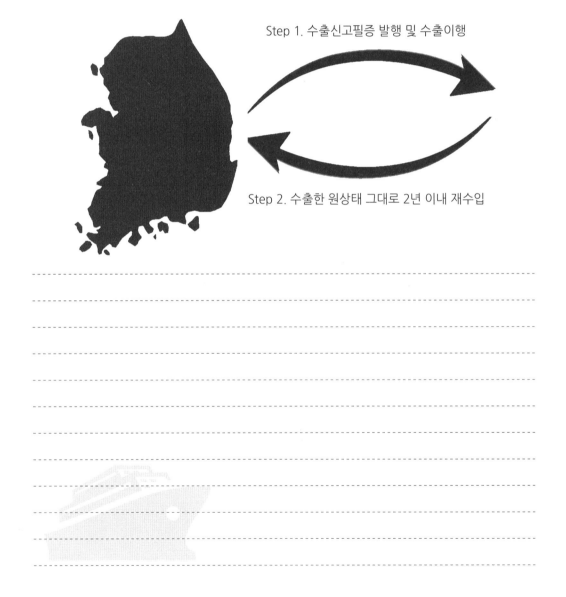

Step 1. 수출신고필증 발행 및 수출이행

Step 2. 수출한 원상태 그대로 2년 이내 재수입

수입신고필증 Repair 후 재수입

(1)신고번호 11700-19-100532M	(2)신고일 2019-10-01	(3)세관.과 040-12	(6)입항일 2019-09-20	(7)전자인보이스 제출번호

(4)B/L(AWB)번호 KKK20335674	(5)화물관리번호 19CI04I9KII-0011-0001	(8)반입일 2019-09-20	(9)징수형태 11

(10)신 고 인	ABC관세사사무실 홍길동	(15)통관계획 F 도착후부두직반출	(19)원산지증명서 유무 N	(21)총중량 280 KG

(11)수 입 자　Kaston (Kaston-0-00-0-00-0 A)
(12)납세의무자　(Kaston-0-00-0-00-0 / 211-87-00000)
　(주소)　서울 강남 논현 000-0 XX B/D #000
　(상호)　Kaston
　(성명)　최주호
(13)운송주선인　굿 프렌즈 로직스(GFLX)
(14)해외거래처　EDUTRADEHUB
　　　　　　　　EDUTRADE115U

(16)신고구분 B 일반서류신고	(20)가격신고서 유무 Y	(22)총포장갯수 1 CT

(17)거래구분 83 수리된 물품	(23)국내도착항 ICN 인천공항	(24)운송형태 40-ETC

(18)종류 21 일반수입(내수용)	(25)적출기 US U.S.A.	

(26)선기명　AA280　US
(27)MASTER B/L 번호 291112233000　(28)운수기관부호

(29)검사(반입)장소　04077006-1925473320(한국공항(주))

● 품명.규격 (란번호/총란수 : 001/001)

(30)품　명	MACHINE FOR BALANCING MECHANICAL PARTS	(32)상　표	NO
(31)거래품명	USED STATICS BALANCE		

(33)모델·규격	(34)성분	(35)수량	(36)단가 (USD)	(37)금액 (USD)
(NO. 01) BALANCING PARTS		1　EA	100,000	100,000
(NO. 2) REPAIR CHARGE		1　EA	5,717	5,717

(38)세번부호 9031.10-0000	(40)순중량 230 KG	(43)C/S 검사 S 생략	(45)사후기관

(49)세종	(50)세율(구분)	(51)감면율	(52)세액	(53)감면분납부호	감면액	*내국세종부호
관	0.00 (CIT다가)	100.00	0	A101000102	0	
부	10.00 (A)	100.00	0	K120200	12,125,196	

(54)결제금액 (인도조건-통화종류-금액-결제방법)	DAP - USD - 5,715 - GN	(56)환 율	1,206.67

(55)총과세가격	$	106,227	(57)운 임	0	(59)가산금액	618,400	(64)납부번호	040-11-19-15211011
	₩	128,181,518	(58)보험료	0	(60)공제금액	0	(65)부가가치세과표	0

(61)세종	(62)세 액	※ 관세사기재란	(66) 세관기재란
관　세	0	재수입면세001란 : 11700-19-202200X-001-01	- 사후심사결과에 따라 적용세율 변경될 수 있음
개별소비세	0	왕복운임 적용 309,200원 X 2 = 618,400원	- 관세법 제157조의 2에 따라 화주 또는 반입자는 수입신
교 통 세	0		고 수리 후 15일 이내 수입화물을 반출하여야 함.(위반시
주　세	0		과태료 부과)
교 육 세	0		
농 특 세	0		
부 가 세	0		
신고지연가산세	0		
미신고가산세	0		

(63)총세액합계	0	(67)담당자	홍길동	000000	(68)접수일시	2019-10-01	(69)수리일자	2019-10-01

수출신고 요청할 때 관세사무실로 전달해야 할 내용

■ 제출해야 할 서류

신규 수출자 (or 신규 해외 거래처)	• 수출자의 사업자등록증 • 위임장 작성 for 수출자의 '통관고유부호' 신청 or 해외거래처 부호 신규 신청
C/I, P/L 제출	• (C/I) Shipper, Consignee, Payment&Price Term, Amount, C/I No. 품명, Model No.(Serial No., Lot No.), 가격정보 등 • (P/L) Net Weight, Gross Weight 등

■ 전달해야 할 내용(E-mail)

수출신고 사유	• 수출하는 사유(이유) 설명 필요. 거래구분 결정하는 데 기초 정보 • 수출신고 사유에 따라서 '거래구분' 결정 및 사유서 제출 필요할 수도
물품소재지	• 수출신고 시점에 신고 대상 물품이 위치하고 있는 장소의 주소(관할지 세관으로 신고)
적재예정 보세구역	• 포워더에 Shipment Booking 후 전달받는 보세구역 Code를 관세사무실로 전달 • 수출신고 시점이 Shipment Booking 이전이라면 미정으로 '세관부호 + 99999'로 신고
선적 정보	• 적재항, 목적국(적재예정일 정보는 제공하지 않아도 됨) • 신고된 적재항이 아닌 다른 적재항에서 선적되거나 신고된 목적국이 아닌 다른 국가로 수출되더라도 적재항과 목적국은 필수 정정 사항이 아님
운임과 보험료	**[C/I의 Price Term에 따라서]** • C 혹은 D-Terms 중 하나일 때 : 수출지 포워더가 수출자에게 청구한 운임(O/F, A/F) 전달 • CIF, CIP 중 하나일 때 : 운임과 보험료 함께 전달 • EXW, F-Terms 중 하나일 때는 해당 사항 없음
관세환급 신청할 경우	• 수출 이행 후 수출신고필증 기초로 관세환급 신청 가능하도록 수출신고 해야 • (국내 제조 물품의 수출) 실제 제조사 정보, 간이정액환급 업체일 때 HS Code 등

대표적인 수출 거래구분(관세법령정보포털)

부 호	한글명
92	무상으로 반출하는 상품의 견품 및 광고용품
72	외국물품을 수입통관후 원상태로 수출
90	수출된 물품이 계약내용과 상이하여 반출하는 물품
93	수입된 물품이 계약내용과 상이하여 반출하는 물품
89	수리,검사,기타사유로 반입되어 작업 후 다시 반출되는 물품
85	외국에서 개최 국제행사 참가하기 위해 무상 반출하는 물품
83	외국에서 수리,검사 목적으로 반출하는 물품(선,기 제외)
78	외국으로부터 보세구역에 반입된 물품으로 다시 반송되는 물품
29	위탁가공(국외가공)을 위한 원자재 수출
11	일반형태 수출
15	전자상거래에 의한 수출
79	중계무역수출
91	해외 이주자가 반출하는 원자재,시설재,장비등의 물품의 수출
94	기타 수출승인 면제 물품

수출통관 절차

[서류 제출 건 사례]
- 최초 수출회사
- 재수출(위약물품 or 원상태 유상 등)
- 재수입 조건부 수출신고(해외 전시회, Repair 후 재수입)

[적재의무기한]
- 수출신고 수리일로부터 30일 이내
- 1년의 범위 내에서 연장 신청 가능(30일 단위)
- (보세구역 반입) 수출신고 취하해야 할 수도

관세사무실 → **관할지 세관** (수원세관) →
- **서류제출**
- **Paperless** (자동 수리)
- **물품검사** (신고지 or 적재지)
→ **신고 수리** (적재 전 수출신고필증) → **On Board** (수출이행 수출신고필증) → **관세환급 신청** (수출화주 or 제조사)

1 ↕

Exporter — **2** → **포워더** → **운송서류 발행** (B/L, 화물운송장)

3 ↕

[물품소재지] 수원공장 — 내륙운송 → **[반입지] CFS, CY**

1
- 수출신고 의뢰
- C/I, P/L 등 필요 서류 및 정보 전달

2
- Shipment Booking
- DOC CLS까지 P/L 및 수출신고필증 (번호) 전달
- CGO CLS까지 반입지에 화물 반입

3
- 공장으로 작업 지시
- 컨테이너 작업 조율

물품 소재지와 적재지 검사

■ 물품소재지와 수출신고 시기

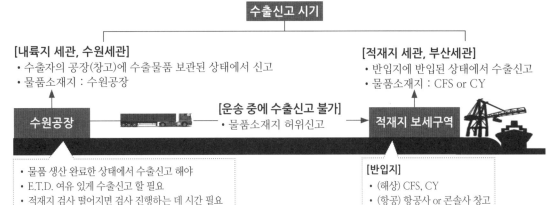

수출신고 시기

[내륙지 세관, 수원세관]
• 수출자의 공장(창고)에 수출물품 보관된 상태에서 신고
• 물품소재지 : 수원공장

[적재지 세관, 부산세관]
• 반입지에 반입된 상태에서 수출신고
• 물품소재지 : CFS or CY

수원공장

[운송 중에 수출신고 불가]
• 물품소재지 허위신고

적재지 보세구역

• 물품 생산 완료한 상태에서 수출신고 해야
• E.T.D. 여유 있게 수출신고 할 필요
• 적재지 검사 떨어지면 검사 진행하는 데 시간 필요

[반입지]
• (해상) CFS, CY
• (항공) 항공사 or 콘솔사 창고

■ 적재지 검사

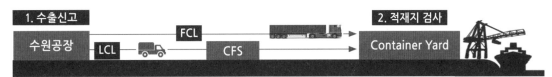

1. 수출신고

수원공장 — LCL — **FCL** — **CFS** — **Container Yard**

2. 적재지 검사

1 • 수원세관으로 수출신고(물품소재지 : 수원공장)
• 적재지 검사 지정

2 • (FCL) CY에서 적재지 검사
• (LCL) CFS에서 작업 후 CY 반입된 상태에서 적재지 검사

수출통관 사무처리에 관한 고시
[별표 9] 적재지검사 안내문 (제22조제4항 관련)
동 물품은 적재지검사 대상으로 선박·항공기에 적재전 보세구역 반입후 적재지 관할세관에 검사 요청하고 물품검사를 받아야 하며, 위반시 관세법 제276조제4항제7호에 따라 처벌(1천만원 이하 벌금)받을 수 있음.

유상 판매 수출(거래구분 11) 물품의 하자로 인한 재수입

수출신고
(한국)

[수출신고필증]
• 유상 판매(거래구분 11)

하자발생
(상대국)

• 한국으로 Return해야 하는 상황 발생
• 하자 사유에 대한 입증 자료(사진, 이메일 내용 등) 확보 필요

재수입
(한국)

1-a) 대체품 수출
- 실제 대체품 -

• 거래구분 90
• 결제방법 GN(무상)
• 관세환급 가능
  (환특법 시행규칙 제2조제1항 제3호)
• Repair 무상 지원의 경우

1) 제품 하자 클레임 반품
- 재수입 사유 -

• 재수입 조건과 사유 타당해야
• 사유서와 사유서 입증서류 필요
• 재수입 관세 면세받을 수도
• 부가세 납부해야(향후 공제받을 수)
• 수입신고필증 거래구분 89(크레임 물품반입)
• 결제방법 GN(무상, Free of Charge)

1-b) 대체품 수출
- Repair 후 재수출 -

• 거래구분 90
• 결제방법 GN(무상)

[상황 변경]
• Repair 가능하다고 판단

1-c) 수리 후 재반출
- Repair 후 재수출 -

• Repair 유상
• C/I에 거래물품(GN)과 Repair Fee(유상) 구분
• 거래구분 89
• 결제방법 GN(무상)
• 수입신고필증 세관에 제출하여 보충 설명 필요

2) Repair 후 재수출
- 재수입 사유 -

• 사유서와 사유서 입증서류 필요
• 세액 만큼의 담보제공 필요(보통 서울보증 '납세보증서')
• Repair 기간 고려하여 세관에서 재수출 이행기한 제시
• 수입신고필증 거래구분 88(수출물품수리용)
• 결제방법 GN(무상)

2-a) 수리 후 재반출
- Repair 후 재수출 -

• Repair 유상
• C/I에 거래물품(GN)과 Repair Fee(유상) 구분
• 거래구분 89
• 결제방법 GN(무상)
• Repair 후 재수출 후 이행보고 및 담보해지 (재수출 이행기한 內)

2-b) 수리 불가 판정
- 용도 외 사용 승인 -

• 용도 외 사용 승인 신청 필요
• 세액 즉시 납부

동시포장의 개념과 사례

■ **개념** • 2건 이상 복수의 수출신고필증을 단일 포장 단위로 포장해서 운송서류(B/L, 화물운송장) 1회 발행되는 건

■ **사례 1**

[1st 수출신고필증]
• 수출화주 : Edutradehub
• 해외거래처 : Kaston
• 수량 : 5 CTNs
• 신고번호 : 11003-20-000008X

[2nd 수출신고필증]
• 수출화주 : Edutradehub
• 해외거래처 : Kaston
• 수량 : 2 CTNs
• 신고번호 : 11003-20-000009X

2건의 수출신고 화물 묶어서
단일 포장(1Pallet)

[단일 운송서류]
• 1 Pallet으로 운송서류 발행

2nd 수출신고필증 신고인 기재란에 1st 수출
신고필증 신고번호와 함께 동시포장 멘트 기재

■ **사례 2**

[1st 수출신고필증]
• 수출화주 : Edutradehub
• 해외거래처 : Kaston
• 수량 : 5 Pallets

[2nd 수출신고필증]
• 수출화주 : Edutradehub
• 해외거래처 : Kaston
• 수량 : 2 CTNs

5번째 Pallet에 2nd 수출신고
필증 화물 2 CTNs 함께 포장

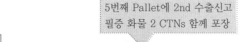

[단일 운송서류]
• 5 Pallet으로 운송서류 발행

관세환급 관련 규정에 대한 이해

관세법
- 계약상이 물품 등에 대한 관세환급 (위약물품)
  - 반송 : 납부한 관세 없으니 환급 X
  - 재수출 : 관세 납부했으니 환급 O
- 과오납 환급 (경정청구)
  - 수입 신고 수리 후, 신고 내역 변경 사실 있어 기 납부한 관세 환급 건
  - HS Code, 수량 및 가격 등 변경 신고할 수도
  - 수입 신고 수리 후 FTA C/O 인수해서 사후협정세율 신청 건

관세환급특례법 (유상 신고해야)
- 원상태 수출 (수입신고 물품 관세환급)
- 국내 제조 후 수출 (원재료 관세환급)
  - 개별환급
    - 대기업 및 직전 2년도 환급액 6억 초과 중소기업
    - 간이정액환급액 내역 없는 품목
  - 간이정액환급
    - 간이정액환급액 내역 있는 품목
    - 중소업체를 위한 지원제도

개별환급	생산품 생산에 투입된 원재료 내역(BOM, Bill of Material)과 수입 원재료의 소요량 계산서 등을 작성해서 수출물품에 투입된 수입 원재료의 관세를 정확히 환급 신청하는 방법
간이정액환급	수출물품의 HS Code에 FOB 1만원당 국가가 정해둔 환급액을 환급받는 방법

(23년 1월 1일부터) 환급 신청 기간 5년, 환특법 14조

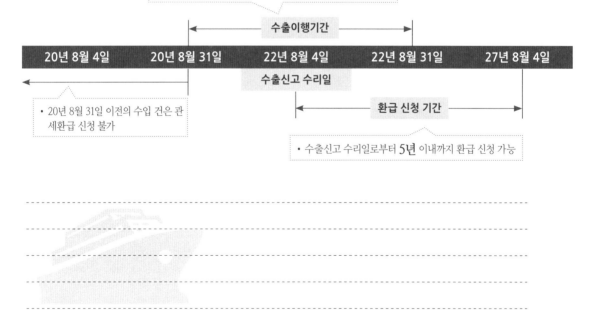

- 환특법 상의 수출이행기간 2년(소급 적용)
- 본 기간 이내에 수입된 물품에 대해서만 수출이행 후 관세환급 신청 가능

수출이행기간

20년 8월 4일	20년 8월 31일	22년 8월 4일	22년 8월 31일	27년 8월 4일

수출신고 수리일

- 20년 8월 31일 이전의 수입 건은 관세환급 신청 불가

환급 신청 기간

- 수출신고 수리일로부터 5년 이내까지 환급 신청 가능

계약상의 물품(위약물품) 재수출과 대체품(Replacement)

수입신고 (수입신고필증 발행)
- 유상 수입신고, 거래구분 11
- 국내소비 목적 수입신고

or

계약상이(위약)
- 불량 or 계약과 상이한 물품

실제소비
- 수입자가 납부한 관세를 소비자에게 전가(관세환급 불가)

Claim (by E-mail)
- Claim Note 발행, 사진(동영상) 자료 첨부
- 환불, 대체품(Replacement) 및 반품 등 협의

or

계약상이 화물의 처리

or

재수출 신고
- 거래구분 93(수입된 물품이 계약내용과 상이하여 반출하는 물품), 무상(GN)
- 환불받는 경우라도 무상 신고, Credit Note 받아서 환불
- 수입신고 수리일로부터 1년 이내에 보세구역 반입 후 수출신고 (수출신고 시기 : 보세구역 반입 후, 화주 Door에서 수출신고 불가)
- 필요서류 : 수입신고필증, 계약상이 입증서류(이메일, 사진/동영상 자료 등), 사유서
- 재수출 조건 : 수입한 원상태 그대로 재수출(수입신고필증 HS Code = 수출신고 HS Code) 동일성 입증(수입신고필증 Serial/Lot/Model No.가 수출신고 할 때와 동일 할 것)
- 관세법 상의 환급 : 환급 신청하면 수입할 때의 매입 부가세도 함께 환급 수출신고 수리일로부터 5년 이내 환급 신청 가능
- 대체품(Replacement) 수입과 별개의 행위

폐기처분
- 수입신고 수리일로부터 1년 이내에 보세구역 반입 후 폐기처분
- 수입자 Door에서 보세구역까지의 운송비 및 폐기처분 비용 발생
- 보세구역에서 폐기처분 후 관세환급 신청 가능

대체품 or 환불

or

대체품 수입 (Replacement)
- 거래구분 93(대체 위하여 반입하는 물품,누락,부족품 보충 위한 반입물품), 무상(GN)
- 계약상이 물품을 보충할 필요가 있을 때 정상 물품을 수입해야
- 수입신고 및 세액 납부(재수출 혹은 폐기처분 건과 연관 없음. 별개의 건)
- 재수출 혹은 폐기처분 후 관세환급 신청하지 않았다는 이유로 대체품 수입 면세 불가

환불 (Refund)
- Buyer가 대체품을 원치 않는 경우, 계약상이 물품에 대한 대금 환불 진행
- Seller는 환불하는 자로서 Credit Note를 Buyer에게 발행
- 외국환 은행 통해서 Credit Note를 기초로 환불 대금 입출금 진행

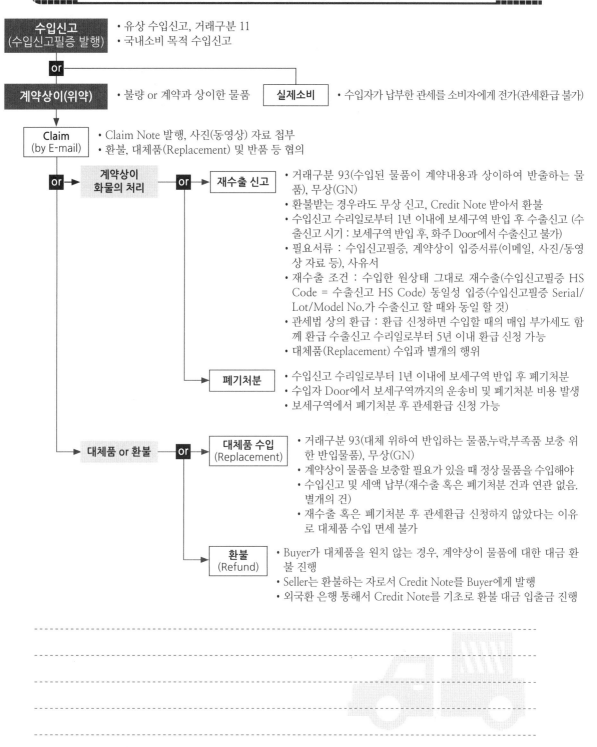

관세환급과 수출신고필증의 발행

구 분			수출신고필증					관세환급 신청기간
			(3)제조사	(25)환급신청인	(41)원산지	(12)결제방법	보관	
관세법	계약상이	해외 제조	미상	수출화주	KR 이외 국가	무상	수출자	5년이내
관세환급 특례법	원상태	해외 제조	미상	수출화주	KR 이외 국가	유상	수출자	2년 이내
	완제품 구입 (기납증 발행X)	국내 제조	제조사	제조사	KR	유상	제조사	
	완제품 구입 (기납증 발행O)		미상*	수출화주	KR	유상	수출자	
	임가공 의뢰		수출자	수출화주	KR	유상	수출자	

(1) 신 고 자 ABC관세사사무실 홍길동	(5)신고번호 11700-20-800111X	(6)세관·과 030-15	(7)신고일자 2020-03-02	(8)신고구분 일반P/L신고	(9)C/S구분 A

(2)수 출 대 행 자 에듀트레이드허브				
(통관고유번호) 에듀트레이드허브-0-00-0-00-0 **수출자구분** C				

(10)거래구분 11 일반형태	(11)종류 A 일반수출	(12)결제방법 TT 단순송금방식
(13)목적국 VN VIETNAM	(14)적재항 KRPUS 부산항	(15)선박회사 (항공사)

수 출 화 주 에듀트레이드허브
(통관고유번호) 에듀트레이드허브-0-00-0-00-0
(주소) 서울 강남 논현 000-0 XX B/D #000
(대표자) 홍길동 (소재지) 111
(사업자등록번호) 211-87-00000

(16)선박명(항공편명)	(17)출항예정일자	(18)적재예정보세구역 3077016
(19)운송형태 10 FC		(20)검사희망일 2020-03-02
(21)물품소재지 48562 부산광역시 남구 신선로 000(용당동)		

(3)제 조 자 카스톤
(통관고유번호) 카스톤-0-00-0-00-0
제조장소 111 산업단지부호 111

(22)L/C번호	(23)물품상태 N
(24)사전임시개청통보여부 N	(25)반송 사유

(4)구 매 자 HANOI MATERIAL
(구매자부호) HAPEVM0001C

(26)환급신청인 2 (1 : 수출대행자/수출화주, 2 : 제조자)
자동간이정액환급 NO

(35)세번부호	3902.10-0000	(36)순중량	42,000 (KG)	(37)수량		(38)신고가격(FOB)	$82,378.59 ₩99,020,710
(39)송품장번호	CI208803	(40)수입신고번호		(41)원산지	KR---N	(42)포장갯수(종류)	79(BG)

[각주] 수출자가 1곳의 제조사로부터 기납증 받아서 수출할 때, 수출신고필증 '(3)제조사'를 '미상'으로 신고하는 관세사무실이 많습니다. 그러나 환급 신청받은 세관에서 제조사 '미상'을 실제 '제조사'로 수정 요청하는 사례가 있습니다. 반면 수출자가 복수의 제조사로부터 기납증 받아서 수출한다면, 수출신고필증 '(3)제조사'는 '미상' 처리하는 것이 맞습니다.

원상태 유상 수출과 분증의 발행

■ 분증(수입세액분할증명서) 발행 과정

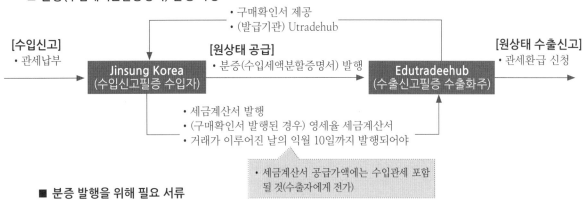

■ 분증 발행을 위해 필요 서류

- (국내 거래 인증서류) 내국신용장, 양도승인서, 구매확인서, 수출신용장 or 수출계약서 등의 서류 중 1개
- (양도일자 확인서류) 세금계산서, 신용카드 매출전표 등의 서류 중 1개, 내국신용장의 경우는 물품수령증
- (참고) 구매자가 공급자에게 분증 요구한다 해서 무조건 발행하는 것 아님

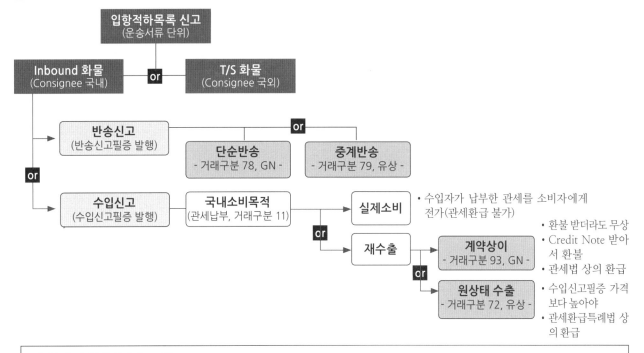

[재수출과 원상태 수출 조건]

- a) 수입신고필증
- b) 국내에서 사용 및 추가 가공 하지 않아야(수입신고필증의 세번부호와 수출신고할 때의 세번부호 일치해야)
- c) 동일성 입증(수입신고필증의 품명 및 모델 번호 or Lot No. or Serial No.가 수출신고 물품의 그것과 일치해야)
- d) 원상태 수출신고 수리일이 속하는 달의 말일부터 소급해서 2년 이내에 수입된 물품의 수출이어야(수출이행기간)
- e) 수입신고필증의 신고가격보다 원상태 수출신고 가격이 높아야(유상 판매를 하는 건이니 마진이 추가되어야 함. 그러나 동일 가격으로 수출신고하는 경우 그 사유를 세관에 입증 필요할 수도)

원상태 유상 수출 건의 수출신고필증

(1) 신 고 자 ABC관세사사무실 홍길동		(5)신고번호 11700-18-408088X	(6)세관·과 016-10	(7)신고일자 2018-12-18	(8)신고구분 J 세관장확인대상	(9)C/S구분 H
(2)수 출 대 행 자 에듀트레이드허브 (통관고유번호) 에듀트레이드허브-0-00-0-00-0 수출자구분 C		(10)거래구분 72 원상태수출		(11)종류 A 일반수출	(12)결제방법 TT 단순송금방식	
		(13)목적국 TW TAIWAN		(14)적재항 ICN 서울/인천	(15)선박회사 (항공사)	
수 출 화 주 에듀트레이드허브 (통관고유번호) 에듀트레이드허브-0-00-0-00-0		(16)선박명(항공편명)		(17)출항예정일자	(18)적재예정보세구역 4099999	
(주소) 서울 강남 논현 000-0 XX B/D #000 (대표자) 홍길동 (소재지) 111		(19)운송형태 40 ETC			(20)검사희망일 2018-12-18	
(사업자등록번호) 211-87-00000		(21)물품소재지 17540 경기도 안성시 OOO읍 OOO로 122				
(3)제 조 자 미상 (통관고유번호) 제조미상-9-99-9-00-0		(22)L/C번호			(23)물품상태 N	
제조장소 40003 산업단지부호 999		(24)사전임시개청통보여부 N		(25)반송 사유		
(4)구 매 자 KASTON (구매자부호) KASTONA0001U		(26)환급신청인 1 (1 : 수출대행자/수출화주, 2 : 제조자) 자동간이정액환급 NO				

(35)세번부호	8479.90-9090	(36)순중량		3.5(KG)	(37)수량		(38)신고가격(FOB)	$366.00 ₩407,691
(39)송품장번호	CI-208803	(40)수입신고번호	1234518F12806M (001)		(41)원산지	TW---N	(42)포장갯수(종류)	1(BO)

※ 신고인기재란	(52)세관기재란
1란은 수입신고번호 1234518F12806M (2018.12.10)호에 의거 2PC 원상태 수출분임	동 물품은 적재지검사 대상으로서 선박, 항공기에 적재하기 전에 보세구역 반입후 적재지 관할세관에 검사 요청하고 물품검사를 받아야 하며, 위반시 관세법 제276조제4항제7호에 따라 처벌(1천만원 이하 벌금) 받을 수 있음.

국내 제조 물품의 수출이행에 따른 관세환급(간이정액환급)

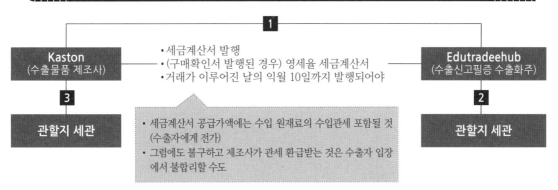

1

| **Kaston**
(수출물품 제조사) | • 세금계산서 발행
• (구매확인서 발행된 경우) 영세율 세금계산서
• 거래가 이루어진 날의 익월 10일까지 발행되어야 | **Edutradeehub**
(수출신고필증 수출화주) |

3 관할지 세관

• 세금계산서 공급가액에는 수입 원재료의 수입관세 포함될 것 (수출자에게 전가)
• 그럼에도 불구하고 제조사가 관세 환급받는 것은 수출자 입장에서 불합리할 수도

2 관할지 세관

1 **[물품 공급 조건]**
- (수출신고필증) 제조사 환급 신청 가능하도록 신고. '(3) 제조사' 실제 제조사 & '세번부호' 제조사가 지정할 수도
- (구매확인서) 수출실적

2 • 수출신고 후 수출신고필증 제조사에게 제공
• 가격 등 삭제 없이 그대로 전맬해야 (해외 거래처, 판매가격 등 노출)

3 • 수출신고필증 기초로 제조사가 관세 환급 신청

구 분	제조사가 수출신고필증 요구하지 않는 경우			제조사가 수출신고필증 요구하는 경우
	관세환급 포기		기납증 발행	
수출신고필증	• (수출화주) 수출자 • (제조사) 미상	• (수출화주) 수출자 • (제조사) 수출자	• (수출화주) 수출자 • (제조사) 미상	• (수출화주) 수출자 • (제조사) 실제 제조사
관세환급 신청인	• 관세환급 불가	• 좌동	• 수출자	• 제조사
세금계산서	• • 관세 전가	• 좌동	• 좌동	• 좌동

복수의 제조사와 수출신고필증

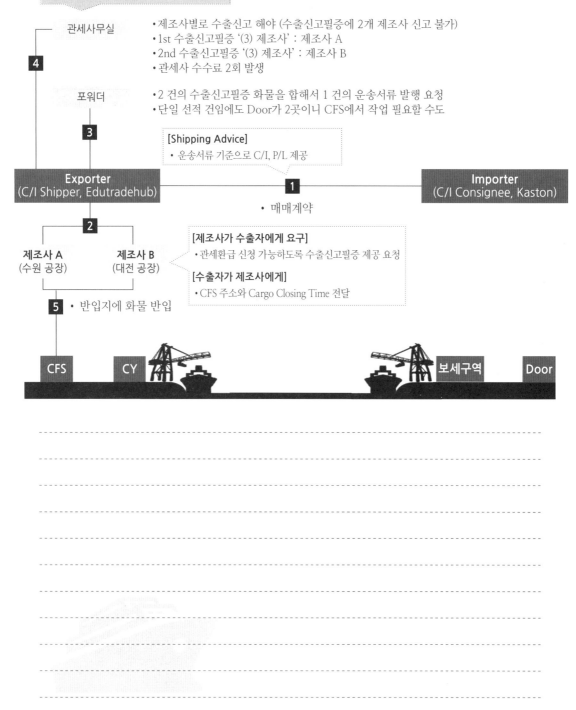

- C/I, P/L은 제조사 별로 구분해서 전달 필요

관세사무실

4

- 제조사별로 수출신고 해야 (수출신고필증에 2개 제조사 신고 불가)
- 1st 수출신고필증 '(3) 제조사' : 제조사 A
- 2nd 수출신고필증 '(3) 제조사' : 제조사 B
- 관세사 수수료 2회 발생

포워더

3

- 2 건의 수출신고필증 화물을 합해서 1 건의 운송서류 발행 요청
- 단일 선적 건임에도 Door가 2곳이니 CFS에서 작업 필요할 수도

[Shipping Advice]
- 운송서류 기준으로 C/I, P/L 제공

Exporter
(C/I Shipper, Edutradehub)

1

Importer
(C/I Consignee, Kaston)

- 매매계약

2

[제조사가 수출자에게 요구]
- 관세환급 신청 가능하도록 수출신고필증 제공 요청

[수출자가 제조사에게]
- CFS 주소와 Cargo Closing Time 전달

제조사 A
(수원 공장)

제조사 B
(대전 공장)

5 · 반입지에 화물 반입

CFS CY 보세구역 Door

제 3 강
해상 및 항공 수출입 과정과
운송서류 처리 절차 이해

FCL 화물 수출 절차 I (Shipment Booking)

Origin			Destination		Vessel			
LOC / TML	E.T.D.		LOC / TML	E.T.A.	Name / VOY	Carrier	Operator	MRN
BUSAN PORT, KR / HANJIN NEW PORT	2020- Mar.- 26		LONG BEACH, CA / TOTAL TERMINALS INTERNATIONAL	2020- Apr.-15	MAERSK ALFIRK / 012N	HMM	MSL	20-MAEU- 0346-E

T/S	T Time	Container Booking No.	Pick up CY	반입지 CY	Door 작업 예정일
Direct	20 Days	40ft DV x 2, OOO00612711	부곡 CY	HANJIN NEW PORT	Mar. 23. PM

DOC CLS	Cargo Cut off Time	도착지		
		Storage Free Time	DEM	DET
Mar. 20, 5:00 PM	Mar. 25, 2:00 AM	10 Days	15 Days	15 Days

- 도착지 Stroage, DEM 및 DET Free Time은 대부분 Master Freight PP이니 수출지 포워더가 선사 영업사원과 조율 Master Freight CC인 경우는 수입지 포워더가 선사 영업사원과 조율

1	• Shipment Booking 정보 전달 (Cut off Time 등)	**2**	• Shipment Booking 정보 전달 • 선사의 Cut off Time 보다 촉박하게 제시
3	• 컨테이너 작업일정 조율 및 작업 지시		
4	• 내륙운송사 수배 및 배차	**5**	• DOC Cut off Time까지 수출신고필증 발행 요청

FCL 화물 수출 절차 II (컨테이너 Door 작업)

• Shipper's Load, Count & Seal

3. [적입 및 고박 작업]
• 지게차와 작업자 대기
• CLP 기초로 적입과 고박 작업 진행
• 작업 중 Damage발생 되지 않게 주의

4. [사진 및 영상 촬영]
• 컨테이너 인수에서 Sealing까지
• 컨테이너 번호, Seal No. Damage 없다는 사실 확인

Door (수원공장) ──────────────────────────→ **작업완료**

2. [컨테이너 인수 등]
• Damage 여부 확인 후 인수해야
• 2대 이상의 컨테이너 Booking한 경우, Door에 도착 시간 분산시켜야
• (컨테이너 기사님 대기 시간) 20ft 2시간, 40ft 3시간

5. [반입]
• CGO CLS까지

1. [컨테이너 픽업]
• 내륙운송 차량 수배
• Sound 컨테이너 픽업 요청(RF는 냄새 확인 필요)
• Container Booking No. 필요

부곡 CY (Pick up CY)

Hanjin New Port CY (반입지 CY)

• Container Booking No.는 선사에게 Shipment Booking 하면 확인 가능

• Portable Dock

[Pallet 포장 필요 이유]
• 지게차 이용 가능(적출입 작업 속도)

[Pallet 이용하지 않고 Carton 포장한 경우]
• 지게차 이용 불가로 인건비 상승
• 컨테이너 개장했을 때 사고 위험

[Seal 변경]
• Door 작업 후 적재지 검사 걸리면 Seal 변경

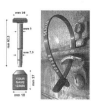

FCL 화물 수입 절차

3. [사진 및 영상 촬영]
- Seal 제거부터 적출 완료까지
- 컨테이너 번호, Seal No. 포함시켜야

Door
(Final Destination) ───────────────────────────→ **작업완료**

2. [적출 작업]
- 지게차 및 작업자 대기
- 2대 이상의 컨테이너의 경우 도착 시간 분산 필요
- 작업 중 Damage 발생하지 않게 주의

4. [반납]
- Damage Fee 청구받을 수도
- 컨테이너 픽업은 Shipper, 반납은 Consignee

5. [반납 관련 비용]
- Drop off CHG : 부곡 CY 반납 비용
- EPS: 컨테이너 Repositioning 비용
- Equipment Positioning Surcharge

1. [CY 반출]
- 수입신고필증 발행
- Consignee의 운송비 결제와 D/O 발행
- 내륙운송 차량 수배

BNCT
(Busan New CNTR Terminal)

반납지 CY
(입항지 or 내륙지)

[Dock 없는 Door]
- 지게차와 화물(이미지에서는 Ton bag) 연결해서 적출 작업 가능

FCL 화물 운송 과정 I (컨테이너 픽업과 반납까지)

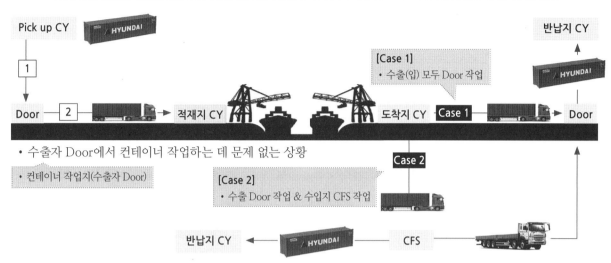

• 수출자 Door에서 컨테이너 작업하는 데 문제 없는 상황

• 컨테이너 작업지(수출자 Door)

[Case 1]
• 수출(입) 모두 Door 작업

[Case 2]
• 수출 Door 작업 & 수입지 CFS 작업

• CFS에서 적출, CFS Charge 발생

■ FCL 화물의 Door 작업과 CFS 활용

구 분	수출지			수입지			비고
	Door 적입 작업	CFS 적입 작업	CY 반입	CY 반입	CFS 적출 작업	Door 적출 작업	
Case 1	O	X	O	O	X	O	
Case 2	O	X	O	O	O	X	분할통관 등
Case 3	X	O	O	O	X	O	제조사 2곳 이상 등
Case 4	X	O	O	O	O	X	

FCL 화물 운송 과정 II (컨테이너 픽업과 반납까지)

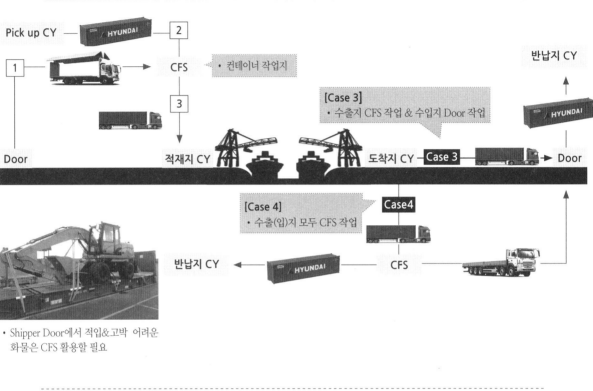

Pick up CY

2

1

CFS

• 컨테이너 작업지

3

Door

적재지 CY

[Case 3]
• 수출지 CFS 작업 & 수입지 Door 작업

반납지 CY

도착지 CY — Case 3

Door

[Case 4]
• 수출(입)지 모두 CFS 작업

Case4

반납지 CY

CFS

Door

• Shipper Door에서 적입&고박 어려운
  화물은 CFS 활용할 필요

CFS를 활용해야 하는 상황 정리

LCL 화물

• 하나의 컨테이너 여러 화주 화물이 혼재되는 건으로서 CFS 필수적으로 사용해야

FCL 화물

[수출지]
    a. 단일 Shipper가 여러 국내 공급자에게 물품 받아서 단일 Consignee에게 발송하는 경우
    b. CBM과 Weight가 20FT DV에 Full로 적입되지는 않으나, LCL 견적보다 FCL 견적이 낮은 경우(R.ton 대략 10)
    c. LCL로 충분히 진행 가능한 CBM과 Weight이지만, 화물의 특성상 혼재가 불가능한 물품의 경우(위험물)
    d. Shiper가 직접 화물 적입 및 Shoring 불가능한 화물의 수출(Weight Cargo, FR 혹은 OT 컨테이너 작업)
    e. 지게차(크레인) 장비 및 (Portable) Dock 시설의 부재
    f. Door에 컨테이너 차량의 접근이 불가한 경우

[수입지]
    a. 컨테이너 운송보다 CFS에서 적출 후 탑차(Cargo Truck) 운송이 저렴한 경우
    b. 최초 수입 건으로서 수입요건(세관장확인 대상 물품)이 요구되는 물품의 수입
    c. 분할통관이 필요한 경우
    d. 수입 신고 전 물품의 상태 확인이 필요한 경우(「보세화물관리에 관한 고시」 별지 제18호 서식)
    e. 수입신고 전 보수작업이 필요한 경우(한글표기사항 부착 & 원산지표기 작업)

[수출지&수입지 공통사항]
    a. 지게차(크레인) 장비 및 (Portable) Dock 시설의 부재
    b. Door에 컨테이너 차량의 접근이 불가한 경우

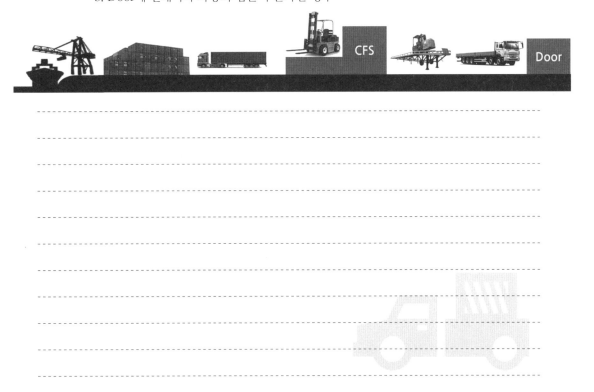

LCL 화물 운송 과정(CFS/CFS)

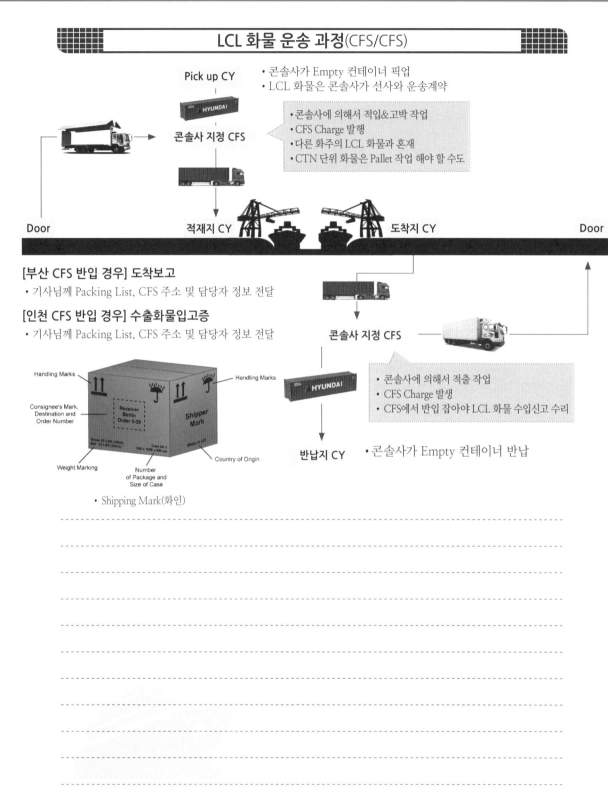

Pick up CY

- 콘솔사가 Empty 컨테이너 픽업
- LCL 화물은 콘솔사가 선사와 운송계약

콘솔사 지정 CFS

- 콘솔사에 의해서 적입&고박 작업
- CFS Charge 발행
- 다른 화주의 LCL 화물과 혼재
- CTN 단위 화물은 Pallet 작업 해야 할 수도

Door 적재지 CY 도착지 CY Door

[부산 CFS 반입 경우] 도착보고
- 기사님께 Packing List, CFS 주소 및 담당자 정보 전달

[인천 CFS 반입 경우] 수출화물입고증
- 기사님께 Packing List, CFS 주소 및 담당자 정보 전달

콘솔사 지정 CFS

- 콘솔사에 의해서 적출 작업
- CFS Charge 발생
- CFS에서 반입 잡아야 LCL 화물 수입신고 수리

반납지 CY

- 콘솔사가 Empty 컨테이너 반납

- Shipping Mark(화인)

항공 화물의 화물 흐름의 이해

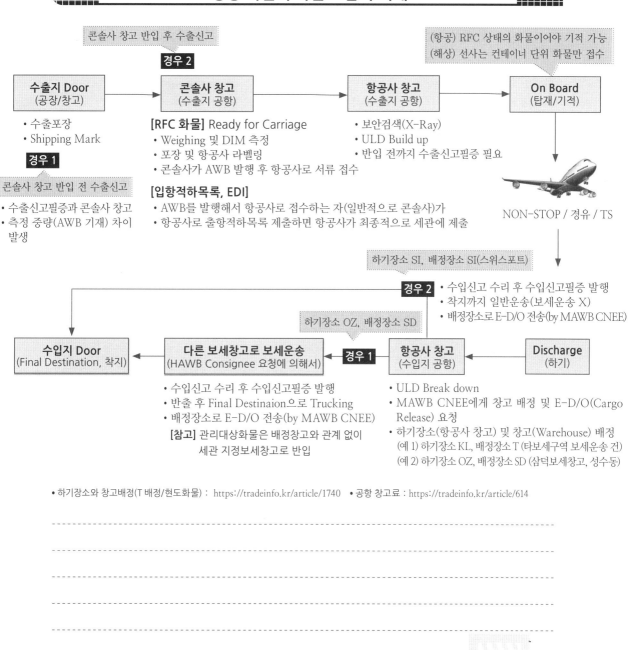

콘솔사 창고 반입 후 수출신고

경우 2

(항공) RFC 상태의 화물이어야 기적 가능
(해상) 선사는 컨테이너 단위 화물만 접수

수출지 Door
(공장/창고)

- 수출포장
- Shipping Mark

경우 1

콘솔사 창고 반입 전 수출신고

- 수출신고필증과 콘솔사 창고
- 측정 중량(AWB 기재) 차이 발생

콘솔사 창고
(수출지 공항)

[RFC 화물] Ready for Carriage
- Weighing 및 DIM 측정
- 포장 및 항공사 라벨링
- 콘솔사가 AWB 발행 후 항공사로 서류 접수

[입항적하목록, EDI]
- AWB를 발행해서 항공사로 접수하는 자(일반적으로 콘솔사)가
- 항공사로 출항적하목록 제출하면 항공사가 최종적으로 세관에 제출

항공사 창고
(수출지 공항)

- 보안검색(X-Ray)
- ULD Build up
- 반입 전까지 수출신고필증 필요

On Board
(탑재/기적)

NON-STOP / 경유 / TS

하기장소 SI, 배정장소 SI(스위스포트)

경우 2

- 수입신고 수리 후 수입신고필증 발행
- 착지까지 일반운송(보세운송 X)
- 배정장소로 E-D/O 전송(by MAWB CNEE)

하기장소 OZ, 배정장소 SD

수입지 Door
(Final Destination, 착지)

다른 보세창고로 보세운송
(HAWB Consignee 요청에 의해서)

- 수입신고 수리 후 수입신고필증 발행
- 반출 후 Final Destinaion으로 Trucking
- 배정장소로 E-D/O 전송(by MAWB CNEE)
[참고] 관리대상화물은 배정창고와 관계 없이 세관 지정보세창고로 반입

경우 1

항공사 창고
(수입지 공항)

Discharge
(하기)

- ULD Break down
- MAWB CNEE에게 창고 배정 및 E-D/O(Cargo Release) 요청
- 하기장소(항공사 창고) 및 창고(Warehouse) 배정
(예 1) 하기장소 KL, 배정장소 T (타보세구역 보세운송 건)
(예 2) 하기장소 OZ, 배정장소 SD (삼덕보세창고, 성수동)

- 하기장소와 창고배정(T 배정/현도화물) : https://tradeinfo.kr/article/1740 • 공항 창고료 : https://tradeinfo.kr/article/614

항공 화물의 운송 과정

(항공) 화물 입고증

Air Waybill No.		
	158-1234 0815	
Destination	FLT/DATE/TIME	Total No. of Pieces
DOH	QR1234/2020-05-22/00:50	1
주식회사 스카이블루 로지스틱스		Origin
		ICN
Hawb No.		Hawb Pcs
SKLXA2002101		1
Hawb Destination		
DOH		

- 화물 하차시 제출 바랍니다.
- 화물 입고증 미지참시 입고 불가 및 하차 지연이 될 수 있습니다.

(하차지) 인천광역시 중구 자유무역로 107번길 (D3) Tel. 032-000-0000

(하차시간) : 08:30 ~ 11:30, 13:30~18:00

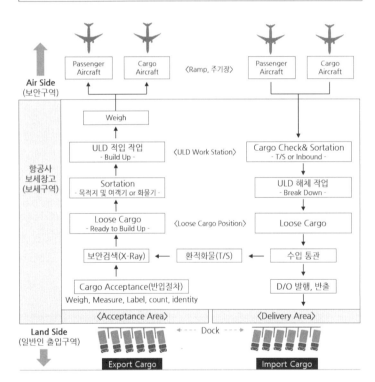

■ **ULD**(Unit Load Device, 단위탑재용기)

Unitized Cargo
(단위화 화물)

- Pallet Type ULD
- 컨테이너 Type ULD

[Loose Cargo]

Bulk Cargo라고도 하며, ULD 작업하지 않는 낱개의 화물로서 항공기의 Bulk Cargo Compartment에 탑재

■ **X-Ray**

항공과 해상 업무 개념과 절차의 차이점

항 공	화물 반입 → AWB 작성해서 기타의 서류와 함께 서류 반입(항공사로 AWB 접수) → ULD Build Up → 항공기에 탑재(On Board)
해 상	화물 반입(CFS or CY, 선사는 컨테이너 상태의 화물 접수하기 때문에 On Board 이전에 컨테이너 상태 만들어야) → 선박에 선적(On Board) → 운송서류 발행(운송인이 운송서류 발행)

운송장의 작성(출처 : 아시아나 항공 국제화물운송약관)

2.1   송하인에 의한 운송장의 작성

2.1.1 송하인은 화물의 위탁과 동시에 아시아나항공이 정하는 양식, 방법 또는 매수에 따라 운송장을 작성하여 아시아나항공에 제출하여야 한다.

그러나 운임 및 요금이 확정되어 있는 경우에는 아시아나항공이 당해 운임 및 요금을 기입한다.

해상 업무

- 선사는 선적지에서 컨테이너 단위화된 화물만을 접수하고, 목적지에서 컨테이너 단위 화물을 인도한다(CY/CY).
- 컨테이너 작업은 FCL과 LCL에 따라서 작업자가 다를 수 있다.

[해상에서의 컨테이너 작업]
(FCL) 화주가 직접 or CFS 활용 선택 가능
(LCL) 선택의 여지 없이 무조건 CFS 활용, 콘솔사 통해야

- Carton   • Pallet

항공 업무

- 항공사는 대리점을 통해서 항공사 라벨링 작업된 포장화물을 인수하여 조업사에 의해서 Build up 작업 진행
- 항공사는 화물과 해당 화물의 AWB 등의 서류를 접수하여 항공기에 On Board 진행

수출신고 중량과 적하목록 중량 오차 허용 범위

[Loose Cargo] (LCL) 수출신고필증 중량과 적하목록 제출 중량은 100% 일치해야 선적 처리
(FCL) +-5% 이내

[AIR 수출] 출항적하목록과 수출신고서의 중량간 불일치의 허용오차를 ±30%
중량 100kg 이하인 물품의 경우 재포장 등으로 인한 중량 증감을 고려, 불일치 허용오차를 50%로 설정

• https://tradeinfo.kr/article/522

파손 화물에 대한 보험 커버 및 수입자의 대처

- 적하보험에서 '포장의 부적절 / 불충분'으로 인한 손해는 결코 보상되지 않으므로, 화물의 특성을 고려하여 가능한 한 견고한 포장을 하는 것이 적절함.
- 보세창고에서는 파손된 화물에 대해서 반입 잡아주지 않으며, LCL 화물은 통관 진행 불가

■ 수입자의 대처

- 포워더에게 Damage Report 요청 후 과실 여부 확인하여 조치
- 통관을 하더라도 상품성 없는 물량은 제외하고 이상 없는 물량만 수입신고 진행 후 상품성 없는 물량에 대해서 수출자와 합의 후 폐기처분 혹은 반송 처리

▲ 차량 전복으로 인한 파손　　　▲ 노즐 이상으로 인한 문제

■ 수출자의 대처

- 패킹 및 적입(Stuffing) 작업할 때 동영상 및 사진 촬영 후 수입자에게 전달
- 클레임통지서(Notice of Claim) 이메일 발송
- Survey Report 첨부(보고서처럼 작성 + 사진 첨부)

Claim Note

Claim Note No. : CN - 12002
Invoice Date : 22-Aug-12

Messers
Harry Trading

We discovered that fifteen cartons of PO-12135 we received the other day from you was wet and torn during shipping. We have enclosed a Survey Report including images.

In accordance with our Sales And Purchase Agreement Article I-2 ,SA-12011, we would like to request you to send us the replacement goods for the these merchandise we received.

And please inform us if you wish us to send you these merchandise or additional proof of the damages.

Thank you

<ANNEXES>
　* Survey Report

James International

3-2강
C/I, P/L의 작성과 운송서류(B/L, 화물운송장) 개념

업무 절차와 무역 관련 서류의 발행 과정

제조사(A)

세금계산서 발행
& 구매확인서(선택)

Exporter (B)

C/I 발행

Importer (C)

세금계산서 발행

구매자 (D)

P/I 발행
(by Exporter) & 협상

계약 성립
매매계약서 발행

C/I, P/L 기초로 수출신고
수출신고필증 발행
& 운송인에게 Shipment Booking

Sound 컨테이너 픽업 후 Door 작업(FCL)
DOC & Cargo Closing 준수

1 ▶ **2** ▶ **3** **4** ▶ **5** ▶ **6**

구입(생산) 원가 계산
세금계산서 발행(by 제조사)
구매확인서 발행된 경우, 영세율 세금계산서 발행

PO(by Importer) & Order Confirm(by Exporter)
C/I & P/L(by Exporter) 발행

7 운송서류 발행 & On Board

8 선적통지
(Shipping Advice) :
Exporter → Importer

9 도착통지(Arrival Notice) :
운송인이 Notify Party에게

수입원가 계산 (관세는 원가에 포함, 부가세 미포함)
물품 수령, Damage 등 확인 및 컨테이너 반납

14 ◀ **13** ◀ **12** ◀ **11** ◀ **10**

세금계산서 발행
(Importer가 국내 구매자에게)

보세구역에서 화물 반출
Final Destination으로 운송

수입신고 및 세액 납부
수입신고필증 발행

Consignee가 운송비 결제
Cargo Release 요청(D/O 발행)

[매출 근거 자료] 수출신고필증 or 운송장 or 외국환은행 입금 영수증
[매입 근서 자료] 수입신고필증 or 운송장 or 외국환은행 출금 영수증

[부가세 공급시기] 운송서류의 On Board Date(수출신고 수리일 아님)
[법인세 매출 시기] 인코텀스의 위험분기점

Proforma Invoice

PI No. : SC-11023
Issuing Date : May. 23 2011
Validity : Jun. 22 2011

• 원재료 가격, 인건비 등 제조경비 및
  환율 변동성 고려
• 견적가에 해상(항공) 운임 포함되는
  경우, 견적시점과 실제 선적 시점의
  운임 변동성 고려

Messers
Kaston Co., Ltd.

Dear Sirs.
We are pleased to offer you the under-mentioned goods on the terms and conditions described as follows ;

Product Code	Description	Q'ty	Unit Price
LS - 101	BABY CARRIER	1 pc	USD 39.00

Price Term	:	EXW Seller's Seoul Office, Korea
Payment Method	:	T/T in advance
Bank Information	:	Bank Name : Industrial Bank of Korea (IBK)
		Bank Address : 9-2 Samsungdong Kangnamgu, Seoul, Korea
		Swift Code : IBKOKRSE
		Account No. : 000-000001-00-00015
		Beneficiary : EDUTRADEHUB

• 단순히 T/T in Advance은 결제 시점 명확하지
  않아서 분쟁 위험 있음
• 계약 직후 or 생산 직후 or 선적 직전 ?

• IBKO 은행코드, KR 국가코드, SE
  지역코드

Shipment Date	:	Within 2 weeks after receipt of your T/T payment
Packing	:	Export standard packing
Inspection	:	Seller's inspection to be final in export country.
Country of Origin	:	South Korea
Quality	:	To be about the same as sample
Return	:	Return is only available against defective products. Otherwides, not available.

PLEASE SIGN AND RETURN THE DUPLICATE

Yours fithfully.
EDUTRADEHUB
Signed on

Signed on   May. 23 2011

• P/I 혹은 Offer Sheet라는 제목의 서
  류이지만, 수출자와 수입자 양자 사
  인이 있으면 Sales Contract로 해석
  가능
• 수출자의 사인만 있으면 말 그대로
  견적서로서 역할

Accepted by   Representative

• Proforma Invoice(P/I, Offer Sheet) : 견적서로서 계약 성립을 증명하지 못함.
• P/I에 Seller 및 Buyer 사인 들어가면 더 이상 견적서가 아닌 '매매계약서'로 역할 가능.
  (무역서류의 제목은 제목이 아니라 서류의 내용을 제목으로 인식)
• P/I에는 반드시 Validity(유효기한) 지정 → 원재료 가격, 환율, 인건비, 물류비 등 변동 가능성
• Lead Time, Delivery라는 용어보다는 S/D(선적기일, Shipment Date) 사용 추천
• MOQ : Minimum Order Quantity(최소발주량)

Commercial Invoice(C/I, 상업송장) 작성법

Shipper

C/I 물품 판매자로
C/I 총액 청구자(외국환 결제받는 자)

EDUTRADEHUB
#501 Samwha building 213-7 Nonhyundong
Kangnamgu Seoul Korea
Tel: (02) 0000-0000   Fax: (02) 0000-0000

Consignee

C/I 물품 구매자로
C/I 총액 결제자(외국환 결제하는 자)

KASTON
2 Harbor abc
3632 aaaaa JAPAN
T +31 (0) 0000-0000   F +31 (0) 0000-0000

COMMERCIAL INVOICE

Number / Date
IV-12035 / Jun. 22. 2020

Customer P.O. No. / Date
AA001 Jun. 1. 2020

Customer No. A-001

Your Contact Person

FOB Busan Port
= EXW + 수출지 내륙운송비 + 부산항 부대비용

Payment Term : T/T 35 Days After B/L Date   B/L Date = on board date   Price Term : FOB Busan Port, Korea

Description	Quantity	Unit Price	Value/USD
Baby Carrier, LS-001b	100 CTNs	USD 39.00	USD 3,900.00
		Total Amount	**USD 3,900.00**

- 거래 물품의 대금 청구서(계약 성사 증명서. 국내 거래로 말하자면 '거래명세표', '세금계산서')
- L/C 결제 조건일 때 : L/C No.와 Notify Party 정보 필요 (Notify Payrt에는 L/C Applicant)
- L/C 결제조건이 아닐 때 : C/I의 Notify Party는 수취인 개념(Ship to)
- Consignee는 Bill to 혹은 For Account&Risk of Messrs와 동일한 의미
- 서류번호는 반드시 기재(관리 목적)
- 수출(입)자가 작성하는 무역서류는 자유로운 양식

EDUTRADEHUB

COMMERCIAL INVOICE

Seller / Exporter	Invoice No. and date
	L/C No. and date 결제조건 T/T 등 L/C 이외일 때 혼란을 야기함
	L/C Issuing Bank
Buyer / Importer(Consignee)	Terms of Delivery & Payment

- 선적항과 Vessel은 C/I 발행 시점에 확인 어려울 수도(C/I 발행 후 Shipment Booking하는 경우)
- Shipment Booking 후 C/I 발행하면 확인 가능한데 선박 스케줄 변동될 수도
- 선적 관련 정보는 B/L에 정확하게 기재되니 C/I에 기재하여 혼란을 야기시킬 필요가 없음

		Remarks
Port of loading	Final destination	· 선적 예정일
Vessel	Sailing on or about	· on or about은 +-5일
		· B/L에 정확한 on board date가 기재됨
Marks and number of PKGS	Goods description	Quantity	Unit	Unit price	Amount

Signed by _____

Packing List(P/L, Packing Note) 작성법

EDUTRADEHUB
#000 XX B/D 111-1 Nonhyundong
Kangnamgu Seoul Korea
Tel: (02) 0000-0000
Fax: (02) 0000-0000

Invoice No. : IV-12035
PACKING LIST
Invoice Date : Jun. 22. 2020
Order No. : AA001

Shipper

EDUTRADEHUB

#501 Samwha building 213-7 Nonhyundong
Kangnamgu Seoul Korea
Tel: (02) 0000-0000 Fax: (02) 0000-0000

Consignee

KASTON

2 Harbor abc
3632 aaaaa JAPAN
T +31 (0) 0000-0000   F +31 (0) 0000-0000

Description of Goods	No. of Cartons		N.W. in KGS	G.W. in KGS	Meas. in CBM
BABY CARRIER LS - 101	**100 CTNs** (6 pcs / Caddy) (6 Caddies / CTN)	3,600 pcs	**200.00 kgs** (2.00 /CTN)	**250.00 kgs** (2.50 /CTN)	**8.75 CBM** (50cm x 50cm x 35cm / CTN)
TOTAL	100 CTNs		200.00 kgs	250.00 kgs	8.75 CBM

Total : One Hundred Cartons Only.
N.W. : 200.00 kgs
G.W. : 250.00 kgs
Measurment : 8.75 CBM

EDUTRADEHUB

Shipping Marks

KASTON
MADE IN KOREA

[Packing List 발행 시점]

- C/I의 발행 시점은 계약 완료 직후에 가능
- 그러나 P/L은 생산품의 DIM 및 중량 등 포장정보를 기재해야 하니 생산 완료 후 발행 가능할 수도
- 중요한 것은 수출신고서 작성을 위해서 C/I와 P/L이 필요하니 그 전까지는 발행되어야 함

[해상 B/L과 항공 AWB 발행과의 관계]

- 해상 B/L은 FCL, LCL 모두 화주가 제시하는 P/L의 내용 그대로를 반영하여 운송인이 B/L 발행
- 항공은 P/L의 내용은 무시하고 수출지 공항 창고에 반입되면서 실측한 DIM과 중량값이 AWB에 반영되기에 P/L 및 P/L을 기초로 발행된 수출신고필증의 정보와 AWB 정보가 상이할 수 있음

운송서류의 발행(Payment Term과 밀접한 관계)

운송서류
(B/L, 화물운송장)

항공화물
(Air Cargo)

- Surrender 되어 발행
- 소유권 X, Consignee O
- Original AWB 발행 가능
 (유가증권 기능 없음)

해상화물
(Sea Cargo)

- Surrender 되어 발행
- 소유권 X, Consignee O

항공화물운송장
(Airwaybill, AWB)

선하증권
(Bill of Lading, B/L)

- Full Set(전통, 3부) 발행
- 소유권 O, Consignee O

해상화물운송장
(Seawaybill, SWB)

기명식
(무조건 기명식)

지시식
(발행불가)

기명식
(L/C 이외 조건)

지시식
(결제조건 L/C)

기명식
(무조건 기명식)

지시식
(발행불가)

[Consignee]
- L/C 및 추심 조건 : 수입지 (개설)은행
- 그 외 T/T 등의 조건 : 수입자

[Consignee]
- 추심 및 T/T : 수입자

[Consignee]
- L/C : 은행 or Shipper 지시식

[Consignee]
- L/C 및 추심 조건 : 수입지 (개설)은행
- 그 외 T/T 등의 조건 : 수입자

Surrednered
(Telex Released)

- (순서) Shipper가 B/L 발행 요청
  → Consignee와의 결제 문제 해결 → Surrender 처리 요청
- (Surrender 처리 절차)
  B/L 발행인이 B/L 3부 회수 → "Surrendered" 날인

유가증권과 화물의 소유권

- 금전적 가치의 증서. 종이 상의 물품에 대한 소유권을 주장할 수 있는 증서(권리증권)
- B/L을 소지한 자가 화물의 소유권자이며, Consignee 권리(D/O 요청 권리)보다 소유권이 우선한다.

운송서류의 용어

- Clean B/L : Damage 문구(Two Boxes Broken, Two Boxes Wet 등)가 없는 운송서류
- Dirty(Foul) B/L : Damage 문구가 있는 운송서류
- On Board B/L : Port of Loading에서 화물이 적재된 날짜(On Board Date, B/L Date)가 기재된 운송서류
- Stale B/L : 신용장 48 Period for Presentation 조항의 서류 제출 기한을 경과하여 제출된 운송서류

무역서류의 Shipper, Consignee 및 Notify Party 의미

• 서류는 서류의 발행 목적에 따라서 당해 서류상의 Shipper와 Consignee 의미를 달리 해석한다.

Commercial Invoice(상업송장)	
서류 발행 의미	• 결제 관련 서류로서 돈의 흐름을 알 수 있다(가격명세서이자 대금청구서). • Shipper와 Consignee는 상호 매매계약 한 자로서 양자 간에 돈을 주고받는다(화물의 이동 경로 알지 못함).
Shipper 등 해석	• Shipper : 대금을 결제받는 자 • Consignee : 대금을 결제하는 자(L/C 건에서는 B/L Consignee와 일치하기 C/I 발행) • Notify Party : 필요치 않으나, 기재한다면 목적국에서 화물을 인수하는 자(L/C건에서는 Applicant 상호 기재)

운송서류(B/L, 화물운송장)	
서류 발행 의미	• 화물의 이동과 관련된 서류로서 화물의 이동 경로를 알 수 있다(돈의 흐름은 알지 못함).
Shipper 등 해석	• Shipper : 송하인(화물을 발송하는 자) • Consignee : 수하인(D/O 요청자, Cargo Release 및 Final Destination 지정권자) • Notify Party : Port of Discharge에 화물 도착 (예정) 사실을 통지받는 자(Arrival Notice, A/N)

FTA C/O(특혜 원산지증명서)	
서류 발행 의미	• 물품의 원산지를 증명하는 서류
Shipper 등 해석	• Shipper(Exporter) : 원산지 국가(FTA 수출체약국)에 위치한 자로서 물품의 원산지 입증 가능한 자 • Consignee(Importer) : FTA 수입체약국에 위치한 자로서 FTA 협정세율 적용받는 자

C/I와 P/L을 기초로 발행하는 수출(입)신고필증

수입신고필증

(10)신 고 인 ABC관세사사무실 홍길동	**(15)통관계획** D 보세구역장치후	**(19)원산지증명서** 유무　　N	**(21)총중량** 5,995KG
(11)수 입 자 Kaston (Kaston-0-00-0-00-0 A)	**(16)신고구분** A 일반 P/L 신고	**(20)가격신고서** 유무　　Y	**(22)총포장갯수** 600GT
(12)납세의무자 (Kaston-0-00-0-00-0 / 211-87-00000)	**(17)거래구분** 11 일반형태수입	**(23)국내도착항** KRPUS 부산항	**(24)운송형태** 10-FC
(주소) 서울 강남 논현 000-0 XX B/D #000			
(상호) Kaston	**(18)종류** K 일반수입(내수용)	• C/I Shipper = 해외 거래처	
(전화번호)		• C/I Consignee = 수입자	
(이메일주소)		• C/I 총액과 결제조건 = (54) 결제금액	
(성명) 최주호	**(27)MASTER B/L 번호**		
(13)운송주선인 ㈜ABC 포워딩	12300000000		
(14)해외거래처 EDUTRADEHUB			

▶ • '수입자'가 '해외거래처'에 '54)결제금액'을 외국환 은행 통해서 결제해야.

(54)결제금액 (인도조건-통화종류-금액-결제방법)		CFR - USD - 37,890 - LU	**(56)환 율**	1,077.69
(55)총과세가격	**$** 38,038 **(57)운 임**	**(59)가산금액** 125,000	**(64)납부번호**	
	₩ 40,993,674 **(58)보험료**	35,000 **(60)공제금액**	**(65)부가가치세과표**	44,273,164

수출신고필증

(2)수 출 대 행 자 에듀트레이드허브		**(10)거래구분** 11 일반형태	**(11)종류** A 일반수출	**(12)결제방법** TT 단순송금방식
(통관고유번호) 에듀트레이드허브-0-00-0-00- **수출자구분** C		**(13)목적국** CN PR. CHINA	**(14)적재항** KRINC 인천항	**(15)선박회사** (항공사)
수 출 화 주 에듀트레이드허브		**(16)선박명(항공편명)**	**(17)출항예정일자**	**(18)적재예정보세구역**
(통관고유번호) 에듀트레이드허브-0-00-0-00-0				
(주소) 서울 강남 논현 000-0 XX B/D #000		**(19)운송형태** 10 ETC	• C/I Shipper = 수출화주	
(대표자) 홍길동　　**(소재지)** 111		**(21)물품소재지** 123 인천중구XX동 000	• C/I Consignee = 구매자	
(사업자등록번호) 211-87-00000		**(22)L/C번호**	• C/I 총액과 결제조건 = (49) 결제금액	
(3)제 조 자 카스톤				
(통관고유번호) 카스톤-0-00-0-00-0		**(24)사전임시개청통보여부** A	**(25)반송 사유**	
제조장소 111　　**산업단지부호** 111				
(4)구 매 자 ABC COMPANY		**(26)환급신청인 2** (1 : 수출대행자/수출화주, 2 : 제조자)		
(구매자부호) ABC00000		간이환급 NO		

(44)총중량	28.0 (KG)	**(45)총포장갯수**	4 (BO)	**(46)총신고가격(FOB)**	$ 7,373 ₩ 8,535,205
(47)운임(₩)	115,763	**(48)보험료(₩)**	17,364	**(49)결제금액**	CIP - USD - 7,488.00

중계무역(3국 거래)에서의 C/I 및 운송서류 발행

· 화물의 이동

선적국   목적국

| 미국 A사 - Exporter - | 매매계약(A사와 B사) | 홍콩 B사 - Broker - | 매매계약(B사와 C사) | 한국 C사 - Importer - |

· 대금 청구(C/I 발행)   · 대금 청구(C/I 발행)

B와의 계약에 따른 C/I 발행

- Shipper : A사
- Consignee : B사
- Price Term : FOB Longbeach Port, CA
- Unit Pirce : USD 100 / CTN

C와의 계약에 따른 C/I 발행(Switch 개념 아님)

- Shipper : B사
- Consignee : C사
- Price Term : CIF Busan New Port, Korea
- Unit Pirce : USD 130 / CTN

수입신고필증(면장)

- 수입자 : C사(= C/I Consignee)
- 무역거래처 : B사(= C/I Shipper)
- 결제금액 : B사 발행 C/I Amount

B/L 발행

- Shipper : A사
- Consignee : B사 or C사
- Notify Party : B사 or C사
- Port of Loading(P.O.L.) : Longbeach, CA
- Port of Discharge(P.O.D.) : Busan, KR
- Freight Collect

B/L Switch(재발행 개념 아님)

- Shipper : A사 or B사 or 제3자
- Consignee : C사
- Notify Party : B사 or C사 or 제3자
- Port of Loading(P.O.L.) : Longbeach, CA
- Port of Discharge(P.O.D.) : Busan, KR
- Freight Prepaid

화물인도지시서(Delivery Order, D/O)

[D/O 발행 조건]
- B/L Consignee가 D/O 요청할 것
- Consignee에게 청구된 운송비 결제
- B/L 제시 or Surrender 처리

FTA C/O

- Shipper(Exporter) : 원산지 국가에 위치한 자, A사
  (한·중 FTA C/O의 경우, 중국에 위치한 대행자)
- Consignee(Importer) : FTA 협정세율 적용받는 자, C사

Switch 불가 (그대로 전달)

FTA C/O

- 특혜 C/O는 중계국에서 Switch 불가
- 원산지 국가에서 발행된 FTA C/O 그대로 전달 받아야
- 따라서 중계자가 Exporter와 Importer 정보 모두 공개하

EXPRESS SEA WAYBILL

for combined transport or port to port shipment

ABC LINES

Shipper	Document No.	Bill of lading number
Kaston **xxxx, Market Street, Sydney NSW 2000, Australia**	SYD / 012123	SYD111222

	Export references
	CONSIGNEE'S REF. 11024

Consignee	Forwarding agent / references (complete name and address)
Edutradehub **xxx, Nonhyundong, Kangnamgu, Seoul, Korea**	ABB GLOBAL FORWARDING (AUSTRALIA) 25 GEORGE STREET ALEXANDRIA NSW

Notify Party	
Same As Above	Unless marked "Express Sea Waybill" (in which case all references in this document and reverse terms to "Bill of Lading" shall be deemed to refer to "this Express Sea Waybill"). One original Bill of Lading must be surrendered duly endorsed in exchange for the goods or delivery order. For the release of goods apply to :

Pre-carriage by	Place of Receipt	ABB GLOBAL FORWARDING (KR) LTD 5F, NONHYEON B/D 123 5-KA KANGMAN 123-100 KOREA TEL. : FAX :
Vessel Voy. No. **ANL WARRAIN**	**Port of Loading** **SYDNEY**	
Port of Discharge **BUSAN, KOREA**	**Place of Delivery**	On carriage to

Marks and numbers	Number and kind of packages : description of goods	Gross Weight	Measurement
		198.00	5.5
EDUTRADEHUB **BUSAN** **REF# 10111** **LOADED INTO CONTAINER NO** **TLLU7122331 SEAL ABLAEA0012**	**5 PALLETS** **SAID TO CONTAIN** **BABY CARRIER** **STC 12 CARTONS** **PRICE TERM : FOB SYDNEPY PORT**		

COPY NOT NEGOTIABLE

*** Express Release Bill of lading - No originals issued ***
*** FREIGHT COLLECT ***

ON BOARD DATE
JUL. 12. 2011

ABOVE PARTICULARS AS DECLARED BY SHIPPER

Total No. of containers/packages (refer to clause 13.5 on reverse side regarding limitation)		Freight Payable at	Excess Value Declaration : Refer to cluase 13.3 and 13.4 on reverse side	
Freight and Charges	Quantity based on	Rate	Per	Prepaid	Collect

Freight and Charges	Quantity based on	Rate	Per	Prepaid	Collect
		ToTal			

RECEIVED by the carrier from the shipper in apparent good order and conditions (unless otherwise noted herein) the total number or quantity of containers or other packages or units and cated stated by the shipper to comprise the goods specified for carriage subject to all the terms hereof (INCLUDING THE TERMS ON PAGE 1 HEREOF AND THE TERMS OF THE CARRIER'S APPLICABLE TARIFF) from the place of receipt or the port of loading. whichever is applicable to the port of discharge or the place of delivery. whichever is applicable In accepting the Bill of Lading the merchant expressly accepts and agrees to all its terms. conditions and exceptions whether printed, stamped or written. or otherwise incorporated. not withstanding the non-signing of this Bill of Lading by the merchant.	In witness whereof, the undersigned has signed the number of Bill(s) of Lading stated herein, all of this tenor and date, one of which being accomplished, the others to stand void	**Place and Date of issue** **SYDNEY 7/12/11**
	Number of original B/L (only applicalbe if marked "Bill of Lading") **0 / NONE**	**Signed on behalf of the carrier** **ABB GLOBAL FORWARDING** **as agents**

Shipper			B/L No.	XXXJKFLD8978

Shipper

Kaston
xxxx, Yokohama, Japan

Multimodal Transport Bill of Lading

Consignee

Edutradehub
xxx, Nonhyundong, Kangnamgu, Seoul, Korea

Received by the Carrier from the shipper in apparent good order and condition unless otherwise indicated herein, the Goods, or the container(s) or package(s) said to contain the cargo herein mentioned, to be carried subject to all the terms and conditions appearing on the face and back of this Bill of Lading by the vessel named herein or any substitue at the Carrier's option and/or other means of transport, from the place of receipt or the port of loading to the port of discahrge or the place of delivery shown herein and there to be delivered unto order or assigns. This Bill of Lading duly endorsed must be surrendered in exchange for the Goods or delivery order. In accepting this Bill of Lading, the Merchant agrees to be bound by all the stipulations, exceptions, terms and conditions on the face and back hereof, whether written, typed, stamped or printed, as fully as if signed by the Merchant, any local custom or privilege to the contrary notwithstanding, and agrees that all agreements or freight engagements for and in connection with the carriage of the Goods are superseded by this Bill of Lading

Notify Party

Same As Above

Pre-carriage by	Place of Receipt	**Party to contact for cargo release**
		XXX JUNG-GU SEOUL 111-111 KOREA

Vessel Voy. No.	Port of Loading	TEL : 00-0000-0000 FAX : 00-0000-0000
ISLET ACE 832W	YOKOHAMA, JAPAN	ATTN : HONG GIL-DONG

Port of Discharge	Place of Delivery	**Final Destination (Merchant's reference only)**
BUSAN, KOREA		

Container No. Seal No. Marks and Numbers	No. of Containers or Pkgs	Kind of Packages ; Description of Goods	Gross Weight	Measurement
XXX834758987 P411999 BUSAN REP.OF KOREA MADE IN JAPAN C/NO. 1-35 PO#9332	9 PLTS	SHIPPER'S LOAD, COUNT & SEAL 1 X 20' CONTAINER S.T.C. BABY CARRIER COUNTRY OF ORIGIN : JAPAN PRICE TERM : FOB YOKOHAMA PORT "FREIGHT COLLECT"	500.00 KGS	15.5 CBM

Total Number of Containers or Packages(inworks)

SURRENDERED

SAY : ONE (1) CONTAINER

Merchant's Declared Value (See Caused 18 & 23) : None

The Merchant's attention is called to the fact that according to Clauses 18 & 23 of this Bill of Lading the liability of the Carrier is, in most cases, limited in respect of loss of or damage to the Goods.

Freight and Charges	Revenue Tons	Rate Per	Prepaid	Collect
Exchange Rate	Prepaid at	Payable at DESTINATION	Place and Date of Issue TOKYO, JAPAN JUN. 22, 2011	
	Total Prepaid in Local Currency	No. of Original B/L ZERO(0)	In witness whereof, the undersigned has signed the number of Bill(s) of Lading stated herein, all of this tenor and date, one of which being accomplished, the others to stand void	

Laden on Board the Vessel

Vessel ISLET ACE 823W	DATE JUN. 22. 2011	**As Carrier ABC MARITIME CO., LTD.**
Port of Loading YOKOHAMA, JAPAN	BY	

Shipper		COMBINED TRANSPORT BILL OF LADING

Shipper

Edutradehub
xxx, Nonhyundong, Kangnamgu, Seoul, Korea

Consignee

Kaston
xxx, Postfach 1120 Verden, Germany

Notify Party

Same As Above

Pre-carriage by	Place of Receipt

Vessel	Voy. No.	Port of Loading
HJ. TIANJIN 0011w		BUSAN, KOREA

Port of Discharge	Place of Delivery
HAMBURG, GERMANY	

COMBINED TRANSPORT BILL OF LADING
B/L No. : ABB0022109

ABB FORWARDING CO., LTD
TEL.:02-2321-0000 FAX:02-2129-0000

CHECK B/L

TO : 홍길동 대표님 / 에듀트레이드허브
TEL : 02-0000-1111   FAX : 02-1111-0222

FROM : 김은하 / ㈜ABB 포워딩
확인하시고 수정사항 있으시면 연락주십시오.
감사합니다.

For delivery of goods please apply to
JAMES CARGO SERVICE
LENDER 150/F 2 STOCK 2231 HAMBURG / GERMANY

Marks and numbers	Number and kind of packages : description of goods	Gross Weight	Measurement
		198.00	2.1
EDUTRADEHUB **REF# 10111**	**2 PALLETS** **SAID TO CONTAIN** **BABY CARRIER** **STC 12 CARTONS**		
		ON BOARD DATE **JUL. 2. 2011**	
	" FREIGHT PREPAID " SAY. TWO(2) PLATS ONLY		
		CFS / CFS	

Freight and Charges	Prepaid	Collect	
FREIGHT PREPAID AS ARRANGED			**Freight Payable at** **SEOUL, KOREA**
			Number of Original B/L **0 / NONE**
			Place of issue & date **SEOUL, KOREA JUL. 22, 2011**
			ACTING AS A CARRIER **ABB FORWARDING CO., LTD**

| 180 | ICN | 28088112 | | | | | | | | | | 180-28088112 |

Shipper's name and Address EDUTRADEHUB				Shipper's Account Number			Not negotiable Air Waybill Issued by	**KOREAN AIR CARGO** 0000, GONGHANG-DONG, GANGSEO-GU, SEOUL, KOREA			
							Copies 1, 2 and 3 of this Air Waybill are originals and have h same validity.				
Consignee's Name and Address KASTON ASIA LTD				Consignee's Account Number			It is agreed that the goods described herein are accepted in apparent good order and condition (except as noted) for carriage SUBJECT TO THE CONDITIONS OF CONTRACT ON THE REVERSE HEREOF. ALL GOODS MAY BE CARRIED BY ANY OTHER MEANS INCLUDING ROAD OR ANY OTHER CARRIER UNLESS SPECIFIC CONTRARY INSTRUCTIONS ARE GIVEN HEREON BY THE SHIPPER, AND SHIPPER AGREES THAT THE SHIPMENT MAY BE CARRIED VIA INTERMEDIATE STOPPING PLACES WHICH THE CARRIER DEEMS APPROPRIATE. THE SHIPPER'S ATTENTION IS DRAWN TO THE NOTICE CONCERNING CARRIER'S LIMITATION OF LIABILITY. Shipper may increase such limitation of liability by declaring a higher value for carriage and paying a supplemental charge if required.				
Issuing Carrier's Agent Name and City ABC FORWARDER							Accounting Information				
Agent's IATA Code			Account No.				Notify : SAME AS CONSIGNEE "FREIGHT PREPAID"				
Airport of Departure (Addr. Of First Carrier) and Requested Routing INCHEON AIRPORT, KOREA							Reference Number		Optional Shipping Information		

to	By first Carrier	to	by	to	by	Currency		CHGS Code	WT/VAL		Other		Declared Value for Carriage	Declared Value for Customs
									PPD	COLL	PPD	COLL		
HKG	KOREAN AIRLINES					USD			X		X		N.V.D.	USD40,275.00

Airport of Destination HONGKONG AIRPORT	Requested Flight/Date KE813 08/31/2019	Amount of Insurance USD40,275.00	INSURANCE - if carrier others Insurance, and such insurance is requested in accordance with the conditions the real, indicate amount to be insured in figures in box marked "Amount of Insurance".

Handling Information

DANGEROUS GOODS AS PER ATTACHED SHIPPER'S DECLARATION
ATTACHED : COMM INV

No.of Pieces RCP	Gross Weight	kg lb	Rate Class	Commodity	Chargeable Weight	Rate	Charg	TOTAL	Nature and Quantity of Goods (incl. Dimensions or Volume)
20	340.0	kg	Q		340.0	8,500		2,890,000	STAINLESS STEEL PLATE DETAILS AS PER ATTACHED INVOICE INV# IV-190590 PO# PO-19058 DIMS : 25x25x34cmx20ctn (V/W'T : 70.8K)

Prepaid	Weight Charge	Collect	Other Charges
	2,890,000		MYC 173,400
	Valuation Charge		
	Tax		Shipper certifies that the particulars on the face hereof are correct and that insofar as any part of the consignment contains dangerous goods, such part is properly described by name and is in proper condition for carriage by air according to the applicable Dangerous Goods Regulations
Total Other Charges Due Agent			
Total Other Charges Due Carrier			---
	173,400		Signature of Shipper or his Agent

Total Prepaid	Total Collect	
3,063,400		
Currency Conversion Rates	CC Charges in Dest. Currency	31-Aug-2019 ICN SUNGMI KIM
For Carrier's Use only at Destination	Charges at Destination	Executed on (Date) at (Place) Signature of Issuing Carrier or its Agent
		Total Collect Charges ORIGINAL 3 FOR SHIPPER 180-28088112

3-3강
Master&House 운송서류 및 D/O 발행 업무

해상 FCL/LCL 화물의 Freight PP, CC 및 Surrender 그리고 D/O 발행 기준

[알아두기]
- FCL 및 LCL 화물의 기본적인 운송 계약 구조
- House와 Master의 Surrender 기준과 Freight PP or CC 결정 기준
- House와 Master의 D/O 발행 조건과 기준

(FCL) B/L 발행 과정

| Exporter (H. B/L Shipper) | 수출지 포워더 (M. B/L Shipper) | 선사 |

[Step 2] House B/L 발행
- Shipper&Consignee : 수출(입)자
- Surrender 기준 : 수출(입)자 간의 Payment Term과 관련
- Freight PP&CC : 수출(입)자 간의 Price Term과 관련
  - EXW, F-Terms : Freight Collect
  - C or D-Terms : Freight Prepaid

[Step 1] Master B/L 발행
- Shipper&Consignee : 포워더
- Surrender 기준 : 수출지 포워더가 선사에게 결제할 비용 결제 필요
  - FOB : On Board 이전 수출지 항구 부대비용 결제
  - CFR : 수출지 항구 부대비용과 O/F 및 수출지에서 청구되는 할증료(LSF) 결제
  - 수출(입)자 간의 Payment Term과 Master Surrender 기준은 연관 없음
- Freight PP : 수출지 포워더의 SC No.로 선사로 Booking 하는 경우
  Freight CC : 수입지 포워더의 SC No.로 수출지 포워더가 선사로 Booking하는 경우
  - 수출(입)자 간의 Price Term과 Master Freight PP&CC 기준 연관 없음

(FCL) D/O 발행 과정과 조건

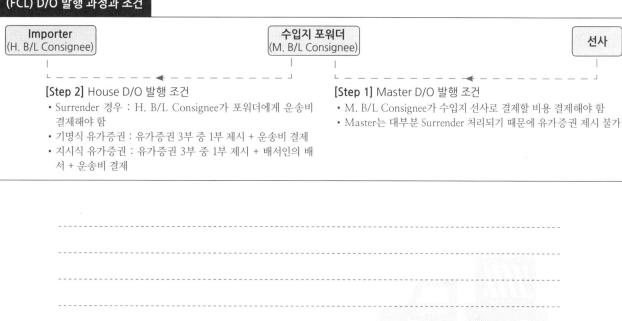

| Importer (H. B/L Consignee) | 수입지 포워더 (M. B/L Consignee) | 선사 |

[Step 2] House D/O 발행 조건
- Surrender 경우 : H. B/L Consignee가 포워더에게 운송비 결제해야 함
- 기명식 유가증권 : 유가증권 3부 중 1부 제시 + 운송비 결제
- 지시식 유가증권 : 유가증권 3부 중 1부 제시 + 배서인의 배서 + 운송비 결제

[Step 1] Master D/O 발행 조건
- M. B/L Consignee가 수입지 선사로 결제할 비용 결제해야 함
- Master는 대부분 Surrender 처리되기 때문에 유가증권 제시 불가

(LCL) B/L 발행 과정

| Exporter
(H. B/L Shipper) | 수출지 포워더
(콘솔사 B/L Shipper) | 해상 콘솔사
(선사 B/L Shipper) | 선사 |

[Step 3] House B/L 발행(by 포워더)
- Shipper&Consignee : 수출(입)자
- Surrender 기준 : 수출(입)자 간의 Payment Term과 관련
- Freight PP&CC : 수출(입)자 간의 Price Term과 관련
  - EXW, F-Terms : Freight Collect
  - C or D-Terms : Freight Prepaid

[Step 2] 콘솔사 B/L 발행
- Shipper&Consignee : 포워더
- Freight PP : C or D-Terms & Freight CC : EXW, F-Terms
- Surrender 기준 : 수출지 포워더가 수출지 콘솔사에게 지불할 운송비 결제 필요

[Step 1] 선사 B/L 발행
- Shipper&Consignee : 콘솔사

(LCL) D/O 발행 과정과 조건

[Step 2] 콘솔사 D/O 발행 조건
- 콘솔사 B/L Consignee가 수입지 콘솔사로 결제할 비용 결제해야 함
- 대부분 Surrender 처리되기 때문에 유가증권 제시 불가

| Importer
(H. B/L Consignee) | 수출지 포워더
(콘솔사 B/L Consignee) | 해상 콘솔사
(선사 B/L Consignee) | 선사 |

[Step 3] House D/O 발행 조건
- Surrender 경우 : H. B/L Consignee가 포워더에게 운송비 결제해야 함
- 기명식 유가증권 : 유가증권 3부 중 1부 제시 + 운송비 결제
- 지시식 유가증권 : 유가증권 3부 중 1부 제시 + 배서인의 배서 + 운송비 결제

[Step 1] 선사 D/O 발행 조건
- 선사 B/L Consignee가 수입지 선사로 결제할 비용 결제해야 함
- 대부분 Surrender 처리되기 때문에 유가증권 제시 불가

[알아두기] 포워더의 실화주 신고
- LCL 건에서 수입지 포워더는 EDI(입항적하목록) 신고하지 않고, 콘솔사에게 실화주 정보를 제공
- (실화주 신고) 포워더 부호, 수출지 포워더 발행 House B/L Copy에 수입자 사업자번호 기재하여 콘솔사에게 제공
- (참고 1) 포워더가 콘솔사에게 House B/L Copy 제공하지 않으면 콘솔사가 EDI 신고하는 데 문제 생김
- (참고 2) LCL 건에서 포워더 B/L 발행 없이 콘솔사 B/L이 Shipper, Consignee가 실화주인 경우, 수입지 포워더는 수입자의 사업자등록번호만 콘솔사에게 제공

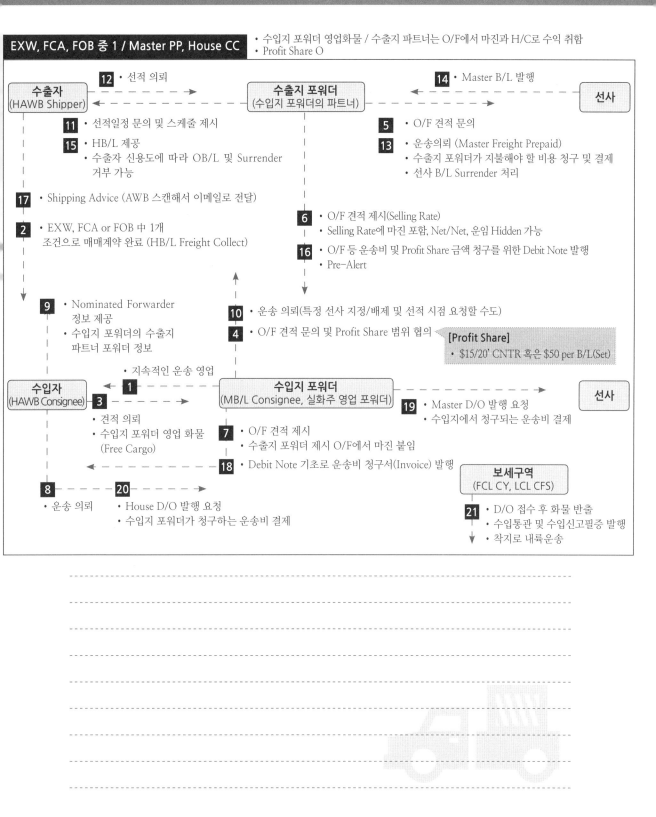

C 및 D 조건 중 1 / Master PP, House PP · 수출지 포워더 영업화물 / 기본적으로 수입지 파트너는 D/O 업무에 따른 H/C에 대해서만 수익 취함
· Profit Share 하지 않음

9 · HB/L 제공
· 수출자 신용도에 따라 OB/L 및 Surrender 거부 가능

5 · O/F 견적 제시
· 선사로부터의 Buying Rate에 마진 붙여서 Selling

1 · 지속적인 운송 영업

8 · Master B/L 발행

| 수출자 (HAWB Shipper) | 수출지 포워더 (MB/L Shipper, 실화주 영업 포워더) | 선사 |

3 · 견적 의뢰
· 수출지 포워더 영업 화물(Free Cargo)

6 · 운송의뢰

4 · O/F 견적 문의

7 · 운송의뢰 (Master Freight Prepaid)
· 수출지 포워더가 지불해야 할 비용 청구 및 결제
· 선사 B/L Surrender 처리

11 · Shipping Advice (AWB 스캔해서 이메일로 전달)

2 · CFR, CIF, CPT, CIP, DAP, DDP 中 1개
조건으로 매매계약 완료 (HB/L Freight Prepaid)

10 · Pre-Alert

12 · 운송비 청구(운임 Invoice)

13 · Master D/O 발행 요청
· 수입지에서 청구되는 운송비 결제

| 수입자 (HAWB Consignee) | 수입지 포워더 (MB/L Consignee, 수입 포워더의 파트너) | 선사 |

14 · House D/O 발행 요청
· 수입지 포워더가 청구하는 운송비 결제

| 보세구역 (FCL CY, LCL CFS) |

15 · D/O 접수 후 화물 반출
· 수입통관 및 수입신고필증 발행
· 착지로 내륙운송

항공화물 운송 계약 구조와 D/O 발행 과정

EXW, FCA, FOB 중 1 / Master PP, House CC
- 수입지 포워더 영업화물 / 수출지 파트너는 A/F에서 마진과 H/C로 수익 취함
- Profit Share O

12 • 선적 의뢰

14 • HAWB 발행(콘솔운임)

| 수출자 (HAWB Shipper) | 수출지 포워더 (수입지 포워더의 파트너) | 수출지 항공 콘솔사 (MAWB Shipper) | 항공사 |

11 • 선적일정 문의 및 스케줄 제시

15 • HAWB 제공

• Shipping Advice (AWB 스캔해서 이메일로 전달)

5 • A/F 견적 문의(단독운임 or 콘솔운임)
• 콘솔사와는 기본적으로 Prepaid 거래

13 • 운송의뢰, 단독운임 or 콘솔운임 선택
• A/F 등 선적지 청구 운송비 Prepaid 결제
(인코텀스와 관계 없음)

2 • EXW, FCA or FOB 中 1개
조건으로 매매계약 완료 (Freight Collect)

6 • A/F 견적 제시(Selling Rate)
• Selling Rate에 마진 포함, Net/Net, 운임 Hidden 가능

16 • A/F 등 운송비 및 Profit Share 금액 청구를 위한
Debit Note 발행
• Pre-Alert

• Pre-Alert

[Profit Share]
• $0.1/kg(Min $15.00) 혹은 $50 per AWB

9 • Nominated Forwarder
정보 제공
• 수입지 포워더의 수출지
파트너 포워더 정보

10 • 운송 의뢰, 단독운임 or 콘솔운임 선택

4 • A/F 견적 문의 및 Profit Share 범위 협의
• 단독운임 or 콘솔운임

• 지속적인 운송 영업

| 수입자 (HAWB Consignee) | 수입지 포워더 (실화주 영업 포워더) | 수입지 항공 콘솔사 (MAWB Consignee) | 항공사 |

1

3

19

• 견적 의뢰
• 수입지 포워더 영업 화물(Fred Cargo)

• MAWB CNEE 에게 창고 배정 및
ED/O 접수 요청

배정된 보세창고
(항공사 창고 or 타보세창고)

7 • A/F 견적 제시
• 수출지 포워더 제시 A/F에서 마진 붙임

17 • Debit Note 기초로 운송비 청구서(Invoice) 발행

22 • D/O 접수 후 화물 반출
• 수입통관 및 수입신고필증 발행
• 착지로 내륙운송

8 • 운송 의뢰

18 • 운송비 결제 후 Cargo Relase를 위한 D/O 접수 요청(수입자가 원하는 보세
창고로 보세운송 요청할 수도)

C 및 D 조건 중 1 / Master PP, House PP ・ 수출지 포워더 영업화물 / 기본적으로 수입지 파트너는 D/O 업무에 따른 H/C에 대해서만 수익 취함
・ Profit Share 하지 않음

9 ・ HAWB 제공

5 ・ A/F 견적 제시
・ 콘솔사로부터의 A/F에 마진 붙여서 견적

1 ・ 지속적인 운송 영업　　　　　　　　　　　　　　　　　**8** ・ HAWB 발행(콘솔운임)

| 수출자
(HAWB Shipper) | ← - - - → | 수출지 포워더
(수입지 포워더의 파트너) | ← - - - → | 수출지 항공 콘솔사
(MAWB Shipper) | 항공사 |

3 ・ 견적 의뢰
・ 수출지 포워더 영업 화물(Free Cargo)

6 ・ 운송의뢰

・ Shipping Advice (AWB 스캔해서 이메일로 전달)

2 ・ CFR, CIF, CPT, CIP, DAP, DDP 中 1개
・ 조건으로 매매계약 완료 (Freight Prepaid)

4 ・ A/F 견적 문의(단독운임 or 콘솔운임)
・ 콘솔사와는 기본적으로 Prepaid 거래

7 ・ 운송의뢰, 단독운임 or 콘솔운임 선택
・ A/F 등 선적지 청구 운송비 Prepaid 결제
(인코텀스와 관계 없음)

10 ・ Pre-Alert　　　　　　　　　　・ Pre-Alert

11 ・ 운송비 청구　　　　　　　　**14** ・ MAWB CNEE 에게 창고 배정 및
ED/O 접수 요청

| 수입자
(HAWB Consignee) | ← - - - | 수입지 포워더
(실화주 영업 포워더) | - - - → | 수입지 항공 콘솔사
(MAWB Consignee) | 항공사 |

13

・ 운송비 결제 후 Cargo Relase를 위한 D/O 접수 요청(수입자가 원하는
보세창고로 보세운송 요청할 수도)

배정된 보세창고
(항공사 창고 or 타보세창고)

15 ・ D/O 접수 후 화물 반출
・ 수입통관 및 수입신고필증 발행
・ 착지로 내륙운송

C 및 D 조건 중 1 / Master PP, House PP • 콘솔사와의 거래는 A/F CC가 불가하며, Master Single 역시 그러하다

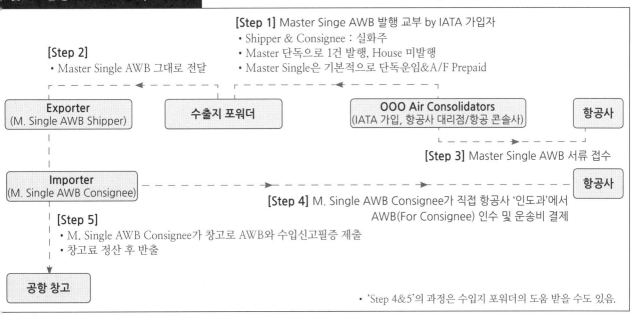

[Step 1] Master Singe AWB 발행 교부 by IATA 가입자
• Shipper & Consignee : 실화주
• Master 단독으로 1건 발행, House 미발행
• Master Single은 기본적으로 단독운임&A/F Prepaid

[Step 2]
• Master Single AWB 그대로 전달

Exporter
(M. Single AWB Shipper)

수출지 포워더

OOO Air Consolidators
(IATA 가입, 항공사 대리점/항공 콘솔사)

항공사

[Step 3] Master Single AWB 서류 접수

Importer
(M. Single AWB Consignee)

항공사

[Step 4] M. Single AWB Consignee가 직접 항공사 '인도과'에서
AWB(For Consignee) 인수 및 운송비 결제

[Step 5]
• M. Single AWB Consignee가 창고로 AWB와 수입신고필증 제출
• 창고료 정산 후 반출

공항 창고

• 'Step 4&5'의 과정은 수입지 포워더의 도움 받을 수도 있음.

■ **Master Single AWB**

180│ICN│27090000			180-27090000
Shipper's name and Address (실화주) EDUTRADEHUB	**Shipper's Account Number**	Not negotiable Air Waybill Issued by	KOREAN AIR CARGO 1370, GONGHANG-DONG, GANGSEO-GU SEOUL 157-712, KOREA
		Copies 1, 2 and 3 of this Air Waybill are originals and have h same validity.	
Consignee's Name and Address (실화주) IMPORTER	**Consignee's Account Number**	It is agreed that the goods described herein are accepted in apparent good order and condition (except as noted) for carriage SUBJECT TO THE CONDITIONS OF CONTRACT ON THE REVERSE HEREOF. ALL GOODS MAY BE CARRIED BY ANY OTHER MEANS INCLUDING ROAD OR ANY OTHER CARRIER UNLESS SPECIFIC CONTRARY INSTRUCTIONS ARE GIVEN HEREON BY THE SHIPPER, AND SHIPPER AGREES THAT THE SHIPMENT MAY BE CARRIED VIA INTERMEDIATE STOPPING PLACES WHICH THE CARRIER DEEMS APPROPRIATE. THE SHIPPER'S ATTENTION IS DRAWN TO THE NOTICE CONCERNING CARRIER'S LIMITATION OF LIABILITY. Shipper may increase such limitation of liability by declaring a higher value for carriage and paying a supplemental charge if required.	
Issuing Carrier's Agent Name and City (수출지 콘솔사) OOO Air Consolidators Co., LTD		**Accounting information** NOTIFY : SAME AS CONSIGNEE	
Agent's IATA Code 17-3 7777/001 0	**Account No.**	"FREIGHT PREPAID"	
Airport of Departure (Addr. Of First Carrier) and Requested Routing INCHEON AIRPORT, KOREA		**Reference Number**	**Optional Shipping Information**

Profit Share 기준과 업무 진행 절차

• 출처 : https://tradeinfo.kr/article/501

운송형태		구 분	인코텀스	Profit Share	미수금
해상	항공	Master PP House PP	• C 조건(CFR, CIF, CPT, CIP) • D 조건(DPU, DAP, DDP)	• Profit Share X • (수입지 포워더) H/C와 D/O CHG에 대해서 수익	• 수출입지 파트너 사이에 Credit(Debit) 발행하지 않으며, 운임과 Profit Share 금액 모두에 대해서 미수금 발생 여지 없음
		Master PP House CC	• EXW, FCA, FOB	• Profit Share O • 양측이 Profit Share 금액 조율 • Master Net 운임 파트너에게 공개(Hidden 가능성)	• 수출지 포워더 입장에서는 선사/항공콘솔사에게 운임을 Prepaid 지급하고, 수입지 파트너에게 Debit 발행해서 비용 청구해야 하는데, 결제받지 못하면 운임에 대해서 미수 발생
해상		Master CC House CC	• EXW, FCA, FOB	• Profit Share O • 수입지 포워더가 일정금액을 파트너에게 Profit Share 금액 제시하며, 거래 성사되면 수출지 포워더는 Profit Share 금액을 수입지 파트너에게 받고, 수출자에게는 H/C 청구해서 수익 취할 수 있음 • Master Net 운임 비공개	• 수출입지 파트너 사이에 Master 운임에 대한 미수 발생 여지는 없으나 약속된 Profit Share 금액 미수 발생될 수도
		Master CC House PP	• C 조건 (CFR, CIF, CPT, CIP) • D 조건 (DPU, DAP, DDP)	• Profit Share X • 수입지 포워더가 Master Net 운임을 파트너에게 공개할 때 Hidden 적용 가능하고 여기에 추가적인 마진 취할 수도	• 실무에서 사례 거의 없음

- (해상&항공) 기본적으로 수입지 포워더 영업 화물에 대해서 수출지 파트너에게 Profit Share 해줌
- 항공은 Master PP 형태만 존재하고, Master CC는 없음
- 항공 건 역시 House CC 일 때, 수출지 파트너가 Hidden 운임(마진) 적용 없이 Net 그래도 제시한 경우는 Profit Share 해준다. 그러나 마진을 붙였다면 그럴 필요 없을 수도
- (결론) 수입 건 Free Cargo(수입지 포워더 영업화물)는 수출지 파트너와 Profit Share, 수출 건 Free Cargo(수출지 포워더 영업 화물)는 Profit Share 하지 않음

항공화물 운송 계약 구조와 단독운임/콘솔운임 개념

단독 운임 • Only '포워더 A' 영업 화물만으로 구성됨 • (장점) 빠른 선적 (단점) 비싼 운송비

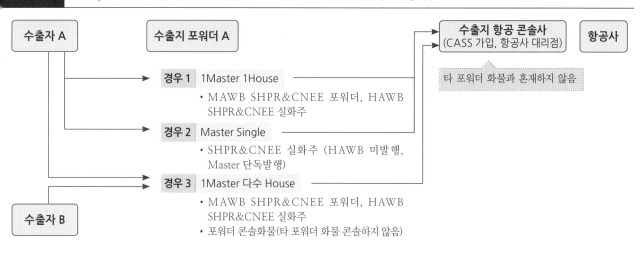

콘솔 운임 • 콘솔사 콘솔화물로, 복수의 포워더 화물을 하나의 화물 단위로 묶어서 운송 • (장점) 운송비 하락 (단점) 선적 지연

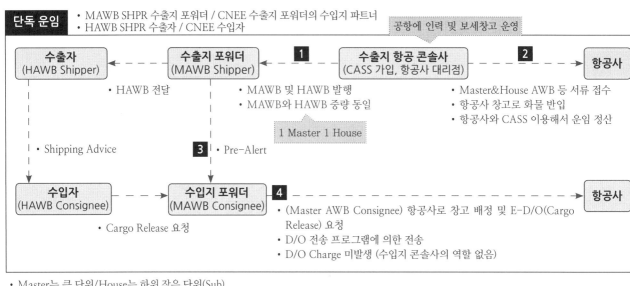

- Master는 큰 단위/House는 하위 작은 단위(Sub)

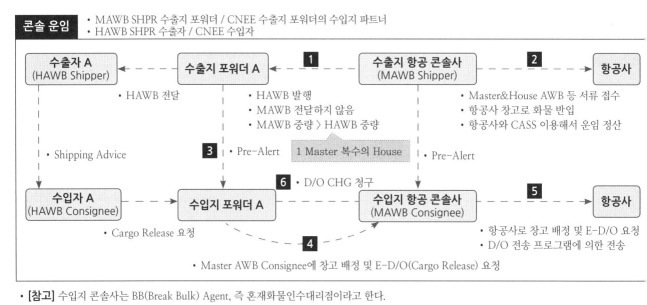

- **[참고]** 수입지 콘솔사는 BB(Break Bulk) Agent, 즉 혼재화물인수대리점이라고 한다.

T/T(계좌이체) 건의 운송서류 처리 과정(해상)

[선적서류의 전달] Case 1~3
- Surrender 처리되었기 때문에 Surrender 처리된 운송서류는 E-Mail로 제공
- C/I, P/L은 원본 개념이 없으니 E-Mail로 Surrender 처리된 운송서류와 함께 Shipping Advice
- FTA C/O, 검역증(Health Certificate) 등 원본 서류의 전달이 필요한 경우, 특송으로 서류 제공

[수출자의 C/I 총액 미수]
- 수출지 포워더에게 물류비 결제하지 않을 수도

[Case 1] 선적 전 C/I 총액 T/T 선결제
- T/T 30% with Order, 70% Before Shipment
- B/L or SWB 중 SWB 발행 요청
- SWB는 발행될 때부터 소유권 Surrender

[Case 2] 선적과 양하항 도착 사이 T/T 후결제
- T/T 5 Days After B/L Date
- B/L 발행 후 결제받으면 Surrender 처리
- Surrendered & Telex Released 날인
- 기 발행된 B/L 3부 모두를 발행인이 회수해야

[Case 3] 수입자가 물품 인수 후 T/T 후결제
- T/T 90 Days After B/L Date
- 수출자가 수입자를 100% 신뢰하는 경우
- 애초부터 Surrender 처리된 SWB 발행
- 미수금 발생 가능성

- Transit Time : 20 Days -

On Board
(선적항 선적)

Discharge
(양하항 도착, 접안)

Door | CY CFS | CY CFS | Door

[Case 4] 유가증권의 발행과 소유권 이전
- 유가증권 발행 후 Surrender 처리하지 않음
- 선적 후 Shipping Advice(by E-Mail)
- 이후 B/L 3부 모두를 특송으로 수입자에게 제공해야 함 (화물의 소유권 이전 필요, Surrender 처리하지 않았기 때문)

[불이익] Case 4, 수출자는 수입자에게 Claim 받을 수도
- 특송으로 서류 전달 비용, 분실 위험, 시간 요소
- 수입지에서 수입자가 B/L 없어서 화물 인수받지 못할 수도
- FCL은 P.O.D.의 CY에서 Storage 및 DEM 청구받을 수도
- LCL은 창고료 추가 발생할 수도
- 반출 지연으로 수입자의 생산 혹은 거래처 공급 지연 발생

L/C(신용장) 건의 운송서류 처리 과정(해상)

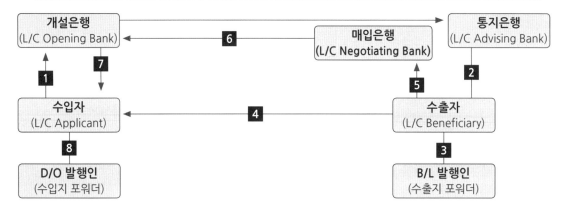

1 [신용장 개설 신청] L/C Applicant(신용장 개설신청서) 제출, 수입자의 신용과 담보 제공 필요

2 [L/C 통지와 검토] S/D까지 45A 조항 화물 선적 진행, 46A서류를 48 조항까지 은행으로 제출

3 [지시식 B/L 발행] 신용장 조항(46A 포함)과 일치하는 지시식 B/L 발행 요청, B/L 3부(Full Set) 발행

4 [Shipping Advice(선적통지)] 선적서류 사본 이메일로 전달

5 [원본 선적서류 매입(추심)신청] 신용장과 일치하는 서류 제출(B/L 포함, To Order의 경우 Shipper 배서 필요)
  • 신용장 48 조항 내에 서류 제출해야

6 [선적서류 전달] 특송(Courier)로 선적서류 전달, 이때 1묶음(1 Lot)해서 한 번에 전달, 환어음은 Drawee에게 전달

7 [선적서류 인수] B/L Consignee 배서인의 배서가 된 B/L 3부 인수
  • At Sight L/C : 선적서류 인수하면서 선적 대금(C/I, 환어음 총액) 결제
  • Usance L/C : 이자만 결제하고 선적서류 인수 후 Usance 만기일까지 결제

8 [B/L 제시와 D/O 발행 요청] 배서인의 배서된 지시식 B/L 제시, 운송비 결제 후 D/O 발행 요청

[L/C 건에서 항공 운송 하는 경우]
  • AWB Consignee는 개설은행 기명식으로 발행(46A 조항에서 요구)
  • L/C Applicant가 개설은행으로부터 AWB 인수할 때 개설은행(Consignee) 배서받아야 D/O
    요청 가능

추심조건(D/P, D/A) 건의 운송서류 처리 과정(해상&항공)

추심은행 (Collecting Bank) ← **Step 4, 특송(Courier)으로 서류 발송** ← **추심의뢰은행 (Remitting Bank)**

[Step 5] 선적서류 도착 통지 및 인수
- D/P : 선적서류 인수하면서 선적 대금 결제(At Sight 방식)
- D/A : 선적서류 인수하고 선적 대금 Usance 만기일까지 결제 유예
- 은행 기명식 : 기명식이라도 은행 배서된 운송서류 인수해야
  (SWB 및 AWB Consignee는 추심결제 조건에서 수입지 은행)

[Step 3] 원본 선적서류 매입(추심)신청
- 기명식이기 때문에 Shipper 배서 불필요

수입자 (지급인, Drawee) ← **Step 2, Shipping Advice** ← **수출자 (추심의뢰인, Principal)**

[Step 6] 운송서류 제시와 D/O 발행 요청
- B/L : 3부 혹은 1부 제시와 운송비 결제 (Consignee가 수입자 이므로 배서 필요치 않음)
- SWB(AWB) : Consignee가 수입지 은행으로서 은행 배서 필요
- 운송비 결제 후 D/O 발행 요청 가능

[Step 1] 운송서류(B/L, 화물운송장)발행
- B/L 발행 : Consignee 수입자 기명식
- SWB(AWB) 발행 : 수입지 은행 기명식

D/O 발행인 (수입지 포워더)

B/L 발행인 (수출지 포워더)

[참고 1]
- SWB&AWB가 Surrender 처리된 운송서류이나 Consignee가 은행 기명식이기 때문에 이메일로 Shipping Advice 받은 사본 서류로 수입자가 D/O 요청 불가
- 유가증권 B/L Consignee가 수입자 기명식이라도 원본 3부가 은행을 통해서 수입자에게 전달되니 Shipping Advice 받은 사본 서류로 D/O 요청 불가

[참고 2]
- D/P, D/A 거래에서 운송서류의 Consignee를 수입지 은행이 아닌 수입자명으로 기재해서 업무 진행하기도
- 수출자와 수입자 간의 대금 결제 등의 문제는 모두 수출입자 양자 간에 문제

제 4 강

정형거래조건(Incoterms2020)의 개념과 활용

4-1강
인코텀스의 개념과 비용(위험) 분기점 이해

인코텀스(Price Term)의 개념

■ **인코텀스(가격조건) 개념**

- (비용분기점) 수출자 Door에서 어디까지의 물류비를 수출자가 책임질 것인가?
- (위험분기점) 수출자 Door에서 어디까지의 위험(화물 파손 혹은 분실)을 수출자가 책임질 것인가?
- 물류비와 위험 이외의 문제에 대해서는 인코텀스로 해결할 수 없음

[화물 Delivery] 책임 구간
- 어디까지 운송해줄 것인가?
- 어디까지의 Risk 책임질 것인가?

[화물 Receipt]
- 어디에서 화물 인수할 것인가?
- 어디서부터의 Risk 책임질 것인가?

Exporter
(운송서류 Shipper)

Price Term : FOB Hochiminh Port

Importer
(운송서류 Consignee)

공항창고

공항창고

| Door | | CFS, CY | | | CFS, CY | | Door |

———— •Shipper의 비용 및 위험 책임 구간 ———— •Consignee의 비용 및 위험 책임 구간 ————

• 화물의 Delivery와 Receipt이 이루어지는 지점

■ **인코텀스는 법이 아니라 규칙**

- FOB Hochiminh Port라고 적고 FCA Hochiminh Port로 해석할 수도
- FOB Seller's Door, CA라고 적고 EXW Seller's Door, CA라고 해석할 수도(미국 수출자)
- 인코텀스 자체의 이론적 규정보다는 수출입자 간의 합의된 해석이 우선한다.

비용분기점 이해 Ⅰ. 매도인 책임 비용

구분	비용	EXW	FCA	FOB	CFR	CIF	CPT	CIP	DPU	DAP	DDP
수출지	포장비	Seller	Seller	Seller	Seller	Seller	Seller	Seller	Seller	Seller	Seller
	Door 상차료	Buyer	Seller	Seller	Seller	Seller	Seller	Seller	Seller	Seller	Seller
	내륙운송비	Buyer	Seller	Seller	Seller	Seller	Seller	Seller	Seller	Seller	Seller
	수출통관수수료	Buyer	Seller	Seller	Seller	Seller	Seller	Seller	Seller	Seller	Seller
	포워더 수수료	Buyer	Seller	Seller	Seller	Seller	Seller	Seller	Seller	Seller	Seller
	터미널 부대비용	Buyer	Buyer	Seller	Seller	Seller	Seller	Seller	Seller	Seller	Seller
	Ocean(Air) Freight	Buyer	Buyer	Buyer	Seller	Seller	Seller	Seller	Seller	Seller	Seller
	적하보험료	Buyer's Option	Buyer's Option	Buyer's Option	Buyer's Option	Seller (최소담보)	Buyer's Option	Seller (최대담보)	Seller's Option	Seller's Option	Seller's Option
수입지	터미널 부대비용	Buyer	Buyer	Buyer	Buyer	Buyer	Buyer or Seller	Buyer or Seller	Seller	Seller	Seller
	내륙운송비	Buyer	Buyer	Buyer	Buyer	Buyer	Buyer or Seller	Buyer or Seller	Seller	Seller	Seller
	포워더 수수료	Buyer	Buyer	Buyer	Buyer	Buyer	Buyer	Buyer	Seller	Seller	Seller
	수입통관수수료	Buyer	Buyer	Buyer	Buyer	Buyer	Buyer	Buyer	Buyer or Seller	Buyer or Seller	Seller
	세액(관부가세)	Buyer	Buyer	Buyer	Buyer	Buyer	Buyer	Buyer	Buyer	Buyer	Seller
	Door 하차료	Buyer	Buyer	Buyer	Buyer	Buyer	Buyer	Buyer	Seller	Buyer	Buyer

- CPT(CIP) 수입지 내륙 지점(e.g. 수입자 Door)으로 거래하면 수입지 터미널 비용과 내륙운송비는 매도인에게 청구될 수도
- DAP 및 DPU는 이론적으로 수입지 통관은 매수인 책임이나 실무에서는 매도인 책임으로 거래 진행되는 경우 빈번

비용분기점 이해 II. C/I 가격 포함 비용

[Door to Port 비용] ①	[선적항 부대비용] ②	[해상운임] ③	[양륙항 부대비용] ④	[Port to Door 비용] ⑤
• Handling Charge • Trucking Charge	• T.H.C. & Wharfage	• Ocean Freight • Surcharge	• T.H.C. & Wharfage • C.C.F.	• Trucking Charge • Handling Charge • D/O Charge
EXW	**FOB**		**CFR**	**DAP**

Price Term	C/I 가격에 포함되어야 할 물류비 (Shipper가 수출지 포워더에게 견적받는 비용)	포워더 운송비 Invoice(청구서)	
		Shipper에게 청구되는 비용	Consignee에게 청구되는 비용
EXW Seller's Door	없음	없음	① ~ ⑤
FOB Busan Port	①, ②	좌동	③, ④, ⑤
CFR Shanghai Port	①, ②, ③	좌동	④, ⑤
DAP Buyer's Door	①, ②, ③, ④, ⑤	좌동	없음(관부가세 제외)

[비용분기점]

a. 수출자는 수출지 Door에서 비용분기점까지의 물류비(이하 '비용 A')를 포워더에게 견적받아서 C/I 단가에 반영

b. 수출자는 '비용 A'를 수입자로부터 물품 가격에 포함해서 결제받음

c. 포워더는 '비용 A'를 수출자에게 청구하고, 비용분기점부터 수입자 Door까지의 물류비는 수입자에게 청구

d. 결국, 수출지 Door에서 수입지 Door까지의 모든 물류비는 수입자 주머니에서 나오는 것

EXW와 FOB 가격 산출 과정

BOM(Bill of Material) ■ 생산품: Spark Plug(HS 8511.10-9000)

부품명(재료명)	품목번호(HS Code)	원산지	수량	단가	가격(원)	구성비	생산자(공급자)	증빙서류
Mechanical seals	8484.20	한국(역내산)	1	2,600	2,600		태산(주)	원산지(포괄)확인서
Gasket	8484.10	한국(역내산)	1	6,400	6,400		태산(주)	원산지(포괄)확인서
Ceramic Insulator	8547.10	중국(역외산)	2	1,500	3,000		TS Trading	세금계산서

역내산	9,000
역외산	3,000
합 계	12,000

원가산출내역서

총원가														
제조원가					판매 및 일반관리비		목표이익		EXW Seller's Door		내륙운송비		항구(공항)부대비용	FOB Busan Port
직접원가				제조간접비										
직접재료비		직접노무비	직접경비											
역내산	역외산													
9,000	3,000	1,300	1,000	1,500	1,200	+	3,000	+	20,000	+	2,000	+	1,000	+	23,000

인코텀스 지정장소로 인한 C/I 가격 변동

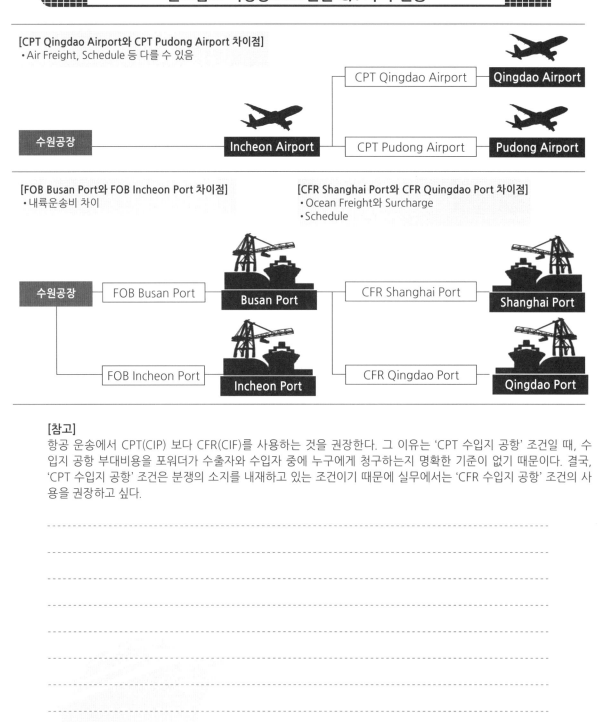

[CPT Qingdao Airport와 CPT Pudong Airport 차이점]
· Air Freight, Schedule 등 다를 수 있음

수원공장 — Incheon Airport

CPT Qingdao Airport — Qingdao Airport

CPT Pudong Airport — Pudong Airport

[FOB Busan Port와 FOB Incheon Port 차이점]
· 내륙운송비 차이

[CFR Shanghai Port와 CFR Quingdao Port 차이점]
· Ocean Freight와 Surcharge
· Schedule

수원공장

FOB Busan Port — Busan Port

FOB Incheon Port — Incheon Port

CFR Shanghai Port — Shanghai Port

CFR Qingdao Port — Qingdao Port

[참고]
항공 운송에서 CPT(CIP) 보다 CFR(CIF)를 사용하는 것을 권장한다. 그 이유는 'CPT 수입지 공항' 조건일 때, 수입지 공항 부대비용을 포워더가 수출자와 수입자 중에 누구에게 청구하는지 명확한 기준이 없기 때문이다. 결국, 'CPT 수입지 공항' 조건은 분쟁의 소지를 내재하고 있는 조건이기 때문에 실무에서는 'CFR 수입지 공항' 조건의 사용을 권장하고 싶다.

위험분기점 이해(쉽지 않은 책임 소재)

■ **가격조건 별 위험분기점** • 지정 장소에 따라서 위험분기점 다를 수 있음

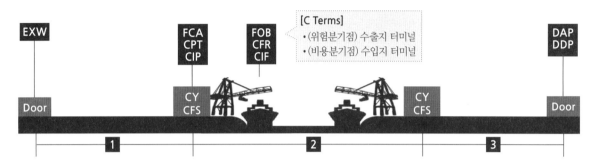

1 3 • 사고 발생 즉시 Shipper(Consignee)에게 통지되며, 사고 시점(장소)과 발생 원인 비교적 명확하게 알 수 있음
 • 사고 원인 제공자 확인 후 대응하기 비교적 쉬움

2 • Damage 및 일부화물 분실이 정확히 어디에서 누구의 과실로 발생하였는지 확인 어려움
 • 선사(항공사)의 명확한 과실로 인한 사고라면 서문으로 일정 기간 이내에 Claim Note 만들어서 배상 청구해야 이때, 과실의 입증은 화주가 객관적인 근거 자료를 구비해야 함
 • 보세창고의 경우 CCTV 공개하지 않고 적극적으로 협조하지 않음

결론 • 적하보험 가입
 • 사고 발생 시 실화주는 적하보험사로 사고 접수하면 적하보험사에서 조사 후 보험금 지급
 • 적하보험사는 사고 발생 원인자에게 구상 청구
 • 적하보험증권(Insurance Policy)에 Waiver of Subrogation(대위권 포기, 대위권을 구상권이라고도 함) 문구 삽입하면 보험사는 구상권 행사할 수 없음

■ **위험분기점과 매출시기**

부가가치세 공급 시기	• 선(기)적일, 즉 운송서류 On Board Date • 인코텀스와 관계 없음
법인세 매출 시기	• 인코텀스의 위험분기점 기준 • (EXW 및 FCA) On Board 이전에 화물 인수하는 시점에 거래물품은 매수인 재고 • (FOB, CFR 및 CIF) On Board 시점부터 매수인 재고 • (D 조건) 수입지에 화물이 도착하는 시점에 매수인 재고

운송인의 배상책임한도액

구분	이면조항 내용	상법
AWB	송화인이 고가의 화물을 신고한 경우를 제외하고 모든 화물의 멸실, 손상, 지연에 대해 운송인의 책임한도는 kgs당 SDR 22 또는 250 French gold francs으로 제한되며, 적용 가능한 법률에 따라 해당 국가의 환율로 환산된다. SDR은 국제통화기금(IMF)에서 정의한 특별인출권이다.	제915조 (운송물에 대한 책임한도액)
KIFFA B/L	운송인은 어떠한 경우에도 물품의 멸실, 오인 인도, 오송 또는 훼손에 대하여 또는 달리 물품과 관련하여 매 포장당 666.67 SDR 또는 매 kg당 2 SDR 초과하여 책임을 지지 않는다. 그러나 운송인이 물품을 인수하기 전에 화주가 물품의 특성과 가액을 밝히고 운송인이 이를 인정하고 종가운임이 지불되어 그 가액이 운송인에 의해 본 선하증권에 기재된 경우에는 그 가액을 보상한도액으로 본다. (참고 : B/L 마다 이면조항의 규정은 조금씩 다를 수 있다.)	제797조 (책임의 한도)

[SDR 22는 USD로 얼마인가?]
- 1 SDR은 2020년 2월 10일 현재 USD 1.370890
- (SDR Valuation 확인) https://www.imf.org/external/np/fin/data/rms_sdrv.aspx

to	By first Carrier		to	by	to	by	Currency	WT/VAL		Other		Declared	Declared
ICN	OZ						USD	PPD	COLL X	PPD	COLL X	Value for Carriage N.V.D	Value for Customs

MAWB NO.	Flight / Date	Flight / Date	Amount of insurance	INSURECE- If carrier offers insurance and such insurance is
999-00011100	OZ-0000/23			requested in accordance with the conditions thereof indicate amount to be insured in figures in box marked Amount of insurance.

No. of Pieces RCP	Actual Gross Weight	kg / lb	Rate Class	Chargeable Weight	Rate	Weight Charge	Nature and Quantity of Goods (Incl. Dimenstions or Volume)
7	120.0	K	Q	120.0			
7	120.0			120.0		AS ARRANGED	

- 항공화물에서 종가운임을 적용하면 Declared Value for Carriage 부분에 화물의 가격 기재
- N.V.D.(No Value Declared, 신고가격 없음) 표기되면 종가운임 적용하지 않은 건

매매계약서 작성할 때 인코텀스 기재 요령

[비용과 위험 분기점 명확히 할 것]
- 단순히 'Price Term : FOB Sydney Port'라고만 기재하는 것이 아니라, FOB에 대한 비용 및 위험 분기점에 대해서 상세히 기술하고 상호 확인해야
- 모든 거래 상대가 인코텀스를 이해하고 무역하는 것 아님

Sales Contract의 Price Term 조항 기술 방법의 예

Article D. PRICE TERM

D-1 The delivery terms for Products shall be FOB Sydney Port, which is governed by the Incoterms 2010 of the International Chamber of Commerce.

D-2 Both parties shall comply with INCOTERMS 2010.

D-3 INCOTERMS 2010 stipulates that FOB(Free on Board) means that the Seller delivers the goods on board the vessel nominated by the Buyer at the named port of shipment. The risk of loss of or damage to the goods passes when the goods are on board the vessel, and the buyer bears all costs from that moment onwards.

인코텀스와 관세사무실 지정 관련

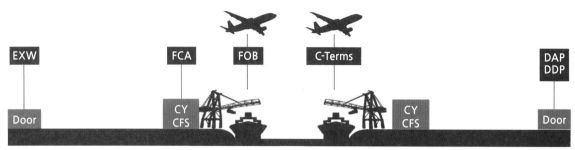

구 분	수출지		수입지	
	관세사 지정	Exporter Customs Fee	관세사 지정	Import Customs Fee
EXW	• (우선) 포워더 • or 수출자	• Nomi 포워더가 대납 후 파트너 통해서 수입자에게 청구	• (우선) 수입자 • or 포워더	**[수입자가 지정한 경우]** • 관세사무실과 수입자의 계약 • 통관 수수료 세금계산서는 수입자 앞으로 Direct 발행 **[포워더가 지정한 관세사 사용]** • 관세사무실과 포워더의 계약 • 통관수수료 세금계산서는 포워더 앞으로 발행 후 다시 포워더가 수입자에게 발행
F-Terms	• (우선) 수출자 • or 포워더	**[수출자가 지정한 경우]** • 관세사무실과 수출자의 계약 • 통관 수수료 세금계산서는 수출자 앞으로 Direct 발행 **[포워더가 지정한 관세사 사용]** • 관세사무실과 포워더의 계약 • 통관수수료 세금계산서는 포워더 앞으로 발행 후 다시 포워더가 수출자에게 발행		
C-Terms				
DAP, DPU				
DDP	• 상동	• 상동	• (우선) 포워더 • or 수입자	• Nomi 포워더가 대납 후 파트너 통해서 수출자에게 청구

• (EXW) 수출자가 제조사이면, 관세환급 때문에 관세사무실 한 곳을 지정해서 사용하는 경우 많음. 그렇다면 수출자가 당해 관세사무실로 수출통관 수수료 직접 결제할 것이니, 수입자에 의해서 지정된 수출지 포워더는 수입지 파트너를 통해서 수입자에게 수출통관 수수료 청구하지 않아야.

EXW(Ex Works) 공장 출고 조건

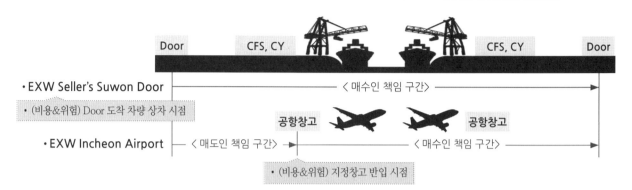

- EXW Seller's Suwon Door — 〈 매수인 책임 구간 〉
- (비용&위험) Door 도착 차량 상차 시점
- EXW Incheon Airport — 〈 매도인 책임 구간 〉 〈 매수인 책임 구간 〉
- (비용&위험) 지정창고 반입 시점

구 분	EXW Seller's Suwon Door	EXW Incheon Airport
운송인 지정권자	• 매수인 • C/I 가격에 Freight 미포함(Freight Collect)	• 좌동
비용 분기점	• 생산 및 포장 완료된 물품을 매수인에 의해서 지정된 운송인이 매도인 Door에서 인수하는 시점	• 매수인에 의해서 지정된 운송인이 수출지 공항 보세창고에서 인수하는 시점
위험 분기점	• 상동 • 비용과 위험 분기점 일치	• 상동 • 비용과 위험 분기점 일치
적하보험 부보	• 매수인의 선택 사항 • Freight 구간에 위험 책임이 있는 자	• 좌동
통관 책임	• (수출 통관) 매수인 • (수입 통관) 매수인	• 좌동

- EXW 뒤에 수출지 항구가 지정되는 경우는 실무적으로 접하지 못함
- EXW Seller's Door 조건에서 포워더가 매도인(수출자)에게 청구하는 물류비 없음

 Trucking Charge(Pick up Charge) →   공항창고

Door   CFS, CY

- EXW Seller's Suwon Door   • EXW Incheon Airport

■ 매도인의 견적가격

구분	EXW Seller's Suwon Door		EXW Incheon Airport	
가격 구성	• 공장 출고가격(포장비 포함) • + 상차료(지게차 임대&인건비) • + 수출자 마진	• USD55 • USD5 • USD10	• EXW Seller's Suwon Door • + Tucking Charge(수원→인천공항)	• USD70 • USD10
		• USD70		• USD80

구분	EXW
EXW 선호하는 회사	• 오직 상품 개발 및 제조해서 해외 영업만 하는 회사 • 무역을 전혀 알지 못하지만, 해외 바이어의 요청으로 수출하고자 하는 회사
수출 통관 및 서류의 준비	• 수출통관 책임은 기본적으로 매수인(Buyer)에게 있음 • 그러나 수출신고 기초 서류인 C/I, P/L 등의 서류 작성은 매도인(Seller)의 업무 • 매도인은 수입 통관을 위한 서류 준비 할 필요(e.g. C/O, 제조공정도, 성분분석표) • 즉, EXW 조건이라 해서 매도인이 아무것도 하지 않는 것은 아님
포 장	• 화물의 특성, 운송 방법 등을 고려하여 견고한 포장 해야 • 인코텀스와 관계 없는 매도인의 업무
화물 상차	• EXW에서 매도인이 Door에 도착한 운송 수단에 화물 상차할 의무가 이론상 없다 하여 상차 및 고박 작업을 하지 않으면 수출 불가(트럭 기사는 오직 운전만 한다) • 포워더는 Shipper가 제시하는 서류만 확인할 뿐 실제 화물을 확인할 의무 없다 .

FCA(Free Carrier) 운송인 인도 조건

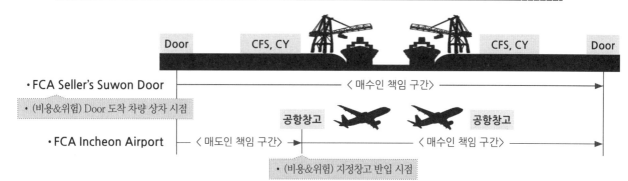

구 분	FCA Seller's Suwon Door	FCA Incheon Airport
운송인 지정권자	• 매수인 • C/I 가격에 Freight 미포함(Freight Collect)	• 좌동
비용 분기점	• 생산 및 포장 완료된 물품을 매수인에 의해서 지정된 운송인이 매도인 Door에서 인수하는 시점	• 매수인에 의해서 지정된 운송인이 수출지 공항 보세창고에서 인수하는 시점
위험 분기점	• 상동 • 비용과 위험 분기점 일치	• 상동 • 비용과 위험 분기점 일치
적하보험 부보	• 매수인의 선택 사항 • Freight 구간에 위험 책임이 있는 자	• 좌동
통관 책임	• (수출 통관) 매수인 • (수입 통관) 매수인	• 좌동

• FCA 뒤에 수출지 항구를 지정해서 거래하는 경우는 실무적으로 드물다.

 Trucking Charge(Pick up Charge) ➜ 공항창고

Door

CFS, CY

• FCA Seller's Suwon Door 　　　　　　• FCA Incheon Airport

■ 매도인의 견적가격

구 분	FCA Seller's Suwon Door		FCA Incheon Airport	
가격 구성	• 공장 출고가격(포장비 포함) • + 상차료(지게차 임대&인건비) • + 수출자 마진 • + 포워더 Handling Charge • + Export Customs Fee	• USD55 • USD5 • USD10 • USD5 • USD5	• FCA Seller's Suwon Door 가격 • + Tucking Charge(수원→인천공항)	• USD80 • USD10
		• USD80		• USD90

FOB(Free On Board) 본선 인도 조건

구 분	FOB Busan Port	FOB Incheon Airport
운송인 지정권자	• 매수인 • C/I 가격에 Freight 미포함(Freight Collect)	• 좌동
비용 분기점	• 수출지 Door에서 지정된 항구의 선박에 On Board 되는 시점	• 수출지 Door에서 지정된 공항의 항공기에 On Board 되는 시점
위험 분기점	• 상동 • 비용과 위험 분기점 일치	• 상동 • 비용과 위험 분기점 일치
적하보험 부보	• 매수인의 선택 사항 • Freight 구간에 위험 책임이 있는 자	• 좌동
통관 책임	• (수출 통관) 매도인 • (수입 통관) 매수인	• 좌동

• 실무에서는 항공 운송 건임에도 불구하고 FOB 많이 사용된다.

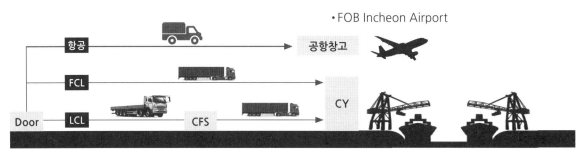

• FOB Incheon Airport

• EXW Seller's Door

• FOB Busan Port

■ 매도인의 견적가격

구 분	FOB Busan Port (FCL)	FOB Busan Port (LCL)	FOB Incheon Airport
기 본	• 공장 출고가격(포장비 포함) • + 상차료(지게차 임대&인건비) • + 수출자 마진 • + 포워더 Handling Charge • + Export Customs Fee	• 좌동	• 좌동

내륙운송비	• + 컨테이너 내륙운송비
	  (픽업 → Door → CY)
		• + 탑차(화물차) 내륙운송비
		  (Door to CFS)
		• CFS 작업비
		• Drayage Charge(CFS to CY)
			• + 탑차(화물차) 내륙운송비
			  (Door to 공항창고)

터미널 비용	• + Terminal Handling Charge • + Wharfage • + 기타 수출지 Local Charge	• 좌동 • FCL은 Per 컨테이너, LCL은 Per R.ton	• 창고료 24시간 Free Time • T.H.C. 72시간 Free Time(수출지)

■ 수입지 공항 창고료 및 T.H.C.

• 수입지 창고료는 24시간 Free Time, T.H.C.는 일정금액 발생
• 따라서 T.H.C.는 화주에게 청구되는데, T.H.C.가 아니라 창고료 명목으로 청구되기도

Local charge Inquiry - Chrome

ⓘ 주의 요함 | ekmtc.com/CMBA300/popupLocalCharge.do

❸ ❹

* 출발 China ▼ Qingdao ▼   * 도착 Korea ▼ Busan new por ▼

❺ * 컨테이너 타입
☑GP ☐HC ☐RF ☐RH ☐TK ☐OT ☐FR ☐SR ☐DG

❻

[Excel Export] [Search]

TERM	CODE	CURRENCY	Container Type	AMOUNT					REMARK
				20'	40'	HC	45'	B/L	
ORIGIN (PREPAID)	BAF	USD	GP	0	0				
	LSS	USD	GP	60	120				
	SEC	CNY	GP	30	30				
	THC	CNY	GP	670	1,020				
	CAF	USD						0	
	DCF	CNY						450	
	EBS	USD						0	
	FAF	USD						0	

TERM	CODE	CURRENCY	Container Type	AMOUNT					REMARK
				20'	40'	HC	45'	B/L	
DESTINATION (COLLECT)	BAF	USD	GP	190	380				
	CAF	USD	GP	30	60				
	CCF	KRW	GP	25,000	40,000				
	CIC	USD	GP	40	80				
	CRC	USD	GP	0	0				
	PFS	KRW	GP	86	172				
	THC	KRW	GP	130,000	180,000				
	WFG	KRW	GP	4,420	8,840				
	DCF	KRW						40,000	

– 양하지 터미널별로 상기에 기재되지 않은 비용들이 추가 및 변경될 수 있습니다.
– 양하지별로 화물의 중량과 터미널율 기준으로 적용되는 요율이 변경될 수 있습니다.
– 내륙 운송의 IHC(Inland Haulage Charge) 비용은 별도로 부가되며 담당자에게 문의 바랍니다.

[Close]

• 출처 : www.ekmtc.com(고려해운)

---

e-KMTC

Hot Deal
Request a Quote

선적 확정

My Page
To do List
Schedule
화물추적
수출업무
수입업무
세금계산서
❶ 기타정보
  - Container Information
  - Port/Terminal/CY
  - Local Charge ❷
  - 영업/업무담당자
  - 환율정보
  - 공지사항
  - 자료실
  - FAQ
  - Link
  - Contact Us
각종 요청서 양식
(Template)

Q e-Service Guide

국내 제조사와 Exporter가 FOB Busan Port로 계약할 때

국내 공급자 (A사, 제조사)	[물품공급 계약] FOB Busan Port	→	국내 구매자 (B사, Exporter)	[물품공급 계약] FOB Busan Port	→	Importer (C사, 국외 위치)

세금계산서 발행

Commercial Invoice 발행

- 공급하는 자 : A사
- 공급받는 자 : B사
- 공급가액 : 5,000,000원
- 부가세 : 500,000원
- 합계금액 : 5,500,000원

- Shipper : B사
- Consignee : C사
- Price : FOB 6,000,000원

제조사 Door

CFS
CY

[제조사 책임 구간] ——— [Exporter 책임 구간]

- 국내 제조사와 수출자 간 거래에서의 FOB Busan Port 비용분기점

- 무역 거래에서의 FOB Busan Port 비용 분기점

제조사의 FOB Busan Port	Exporter의 FOB 가격 구성
• 공장 출고가격(포장비 포함) • + 상차료(지게차 임대&인건비) • + 제조사 마진 • + 내륙운송비(Door to 보세구역)	• 제조사로부터 매입한 금액(세금계산서 공급 가액) • + 수출자 마진 • + 포워더 Handling Charge • + Exporter Customs Fee • + 터미널 부대비용(THC, W/F 등)

[참고] 국내 사업자 간의 FOB 거래는 지정된 터미널 보세구역(CFS, CY)에 화물 반입 시점까지의 비용만 포함되며, 터미널 보세구역 반입 이후 비용은 미포함

CFR(Cost and Freight) 운임 포함 인도 조건

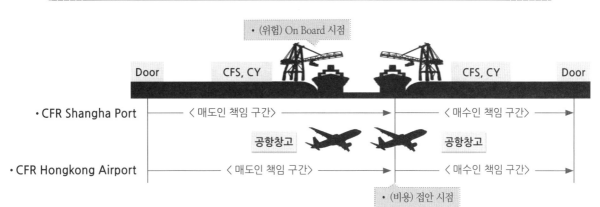

구 분	CFR Shanghai Port	CFR Hongkong Airport
운송인 지정권자	• 매도인 • C/I 가격에 Freight 포함(Freight Prepaid)	• 좌동
비용 분기점	• 수입지 항구에 선박이 접안하는 시점	• 수입지 공항에 항공기가 도착하는 시점
위험 분기점	• On Board 시점(FOB와 동일) • 비용과 위험 분기점 불일치	• 좌동 • 비용과 위험 분기점 불일치
적하보험 부보	• 매수인의 선택 사항 • Freight 구간에 위험 책임이 있는 자	• 좌동
통관 책임	• (수출 통관) 매도인 • (수입 통관) 매수인	• 좌동

• 실무에서는 항공 운송 건임에도 불구하고 CIF 많이 사용된다.

CIF(Cost, Insurance and Freight) 운임 보험료 부담 조건

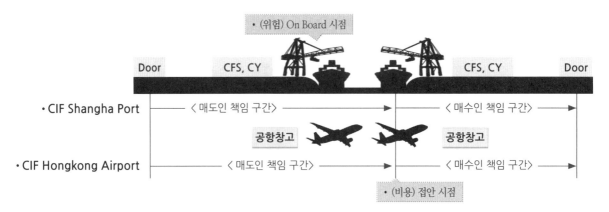

구 분	CIF Shanghai Port	CIF Hongkong Airport
운송인 지정권자	• 매도인 • C/I 가격에 Freight 포함(Freight Prepaid)	• 좌동
비용 분기점	• 수입지 항구에 선박이 접안하는 시점	• 수입지 공항에 항공기가 도착하는 시점
위험 분기점	• On Board 시점(FOB와 동일) • 비용과 위험 분기점 불일치	• 좌동 • 비용과 위험 분기점 불일치
적하보험 부보	• 매수인의 선택 사항 • C/I에 적하보험료 포함하는 조건이기 때문	• 좌동
통관 책임	• (수출 통관) 매도인 • (수입 통관) 매수인	• 좌동

• 실무에서는 항공 운송 건임에도 불구하고 CIF 많이 사용된다.

- CFR Hongkong Airport
- CIF Hongkong Airport

공항창고

공항창고

CY
CFS

Door

CY

CFS

Door

- FOB Busan Port
- CFR Shanghai Port
- CIF Shanghai Port

■ 매도인의 견적가격

구 분	CFR Shanghai Port	CIF Shanghai Port	CFR Hongkong Airport
기 본	• FOB Busan Port	• 좌동	• 좌동
Ocean (Air) Freight	• + O/F (Busan → Shanghai) • + 수출지에서 청구되는 O/F 할증료(e.g. LSF, Low Sulphur Fuel Surcharge)	• 좌동	• + A/F (Incheon → Hongkong) • + A/F 할증료(FSC, SSC)
적하보험료	• C/I 가격에 적하보험료 미포함 • 매수인이 부보 선택	• C/I 가격에 적하보험료 포함 • 매도인이 반드시 부보해야	• C/I 가격에 적하보험료 미포함 • 매수인이 부보 선택
참고	• 수입지에서 청구되는 BAF, CAF 등의 할증료는 CFR 가격에 미포함	• 좌동	• 항공은 A/F를 청구받는 자가 A/F 할증료까지 함께 청구받음

국내 제조사와 Exporter가 CFR로 계약할 때

국내 공급자 (A사, 제조사)	**[물품공급 계약]** CFR Leamchabang Port	→	국내 구매자 (B사, Exporter)	**[물품공급 계약]** CFR Leamchabang Port	Importer (C사, 국외 위치)

세금계산서 발행

- 공급 하는 자 : A사
- 공급받는 자 : B사
- 공급가액 : 8,000,000원
- 부가세 : 800,000원
- 합계금액 : 8,800,000원

Commercial Invoice 발행

- Shipper : B사
- Consignee : C사
- Price : CFR 10,000,000원

제조사 Door

CFS
CY

[제조사 책임 구간]

- 제조사가 대기업일 때 Exporter는 제조사가 포워더에게 받은 O/F를 사용해서 수출할 수 있음

제조사의 CFR Leamchabang Port	Exporter의 CFR 가격 구성
• 공장 출고가격(포장비 포함) • + 상차료(지게차 임대&인건비) • + 제조사 마진 • + 내륙운송비(Door to 보세구역) • + 포워더 Handling Charge • + 터미널 부대비용(THC, W/F 등) • + 수입지 Port까지의 Ocean Freight	• 제조사로부터 매입한 금액(세금계산서 공급가액) • + 수출자 마진 • + Exporter Customs Fee

[참고] 수입지 항구까지의 물류비를 포워더는 모두 제조사에게 청구

CPT(Carriage Paid to) 운송비 지급 인도 조건

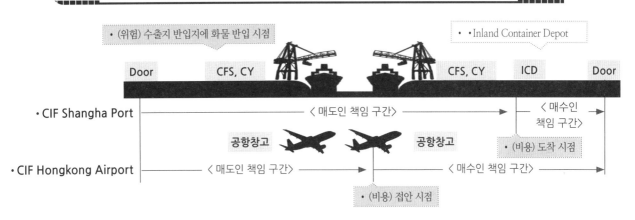

- • (위험) 수출지 반입지에 화물 반입 시점
- • Inland Container Depot

Door | CFS, CY | CFS, CY | ICD | Door

· CIF Shangha Port 〈 매도인 책임 구간〉 〈 매수인 책임 구간〉

공항창고 공항창고

· CIF Hongkong Airport 〈 매도인 책임 구간〉 〈 매수인 책임 구간〉

- • (비용) 도착 시점
- • (비용) 접안 시점

구 분	CPT Chicago CY(혹은 Buyer's Door)	CPT Hongkong Airport
운송인 지정권자	• 매도인 • C/I 가격에 Freight 포함(Freight Prepaid)	• 좌동
비용 분기점	• 수입지 지정 장소에 운송 수단이 도착하는 시점 • 해상운송에서 CPT가 사용되는 경우, 지정 장소는 대부분 수입지 내륙 CY 혹은 수입자 Door(수입지 항구를 지정하는 경우 흔치 않음)	• 수입지 공항에 항공기가 도착하는 시점 • 항공운송에서 CPT 사용하는 경우, 지정장소는 대부분 수입지 공항
위험 분기점	• 수출지 보세구역 반입 시점(FCA와 동일) • 비용과 위험 분기점 불일치	• 좌동 • 비용과 위험 분기점 불일치
적하보험 부보	• 매수인의 선택 사항 • Freight 구간에 위험 책임이 있는 자	• 좌동
통관 책임	• (수출 통관) 매도인 • (수입 통관) 매수인	• 좌동

■ **현대상선 Schedule** •일부 구간의 경우 선사가 P.O.D.를 지나서 내륙의 ICD까지 철송 서비스(O/F에 철송 비용 포함)

Departure		Arrival		Mode
Location	Date	Location	Date	
BUSAN, KOREA	2020-03-27	LONG BEACH, CA	2020-04-09	HYUNDAI TOKYO 124E
LONG BEACH, CA	2020-04-09	CHICAGO, IL	2020-04-14	Rail

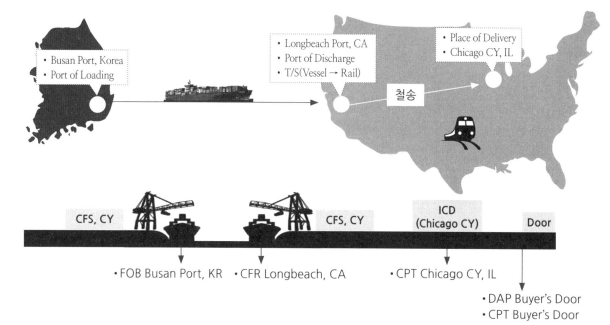

구 분	CFR Longbeah, CA	CPT Chicago CY, IL
비용 분기점	• 수입지 항구에 선박이 접안하는 시점	• Chicago CY에 운송수단이 도착하는 시점
위험 분기점	• On Board 시점	• 수출지 보세구역 반입 시점

CIP(Carriage and Insurance Paid to) 운송비·보험료 지급 인도 조건

구 분	CIP Chicago CY(혹은 Buyer's Door)	CIP Hongkong Airport
운송인 지정권자	• 매도인 • C/I 가격에 Freight 포함 (Freight Prepaid)	• 좌동
비용 분기점	• 수입지 지정 장소에 운송수단이 도착하는 시점 • 해상운송에서 CIP가 사용되는 경우, 지정장소는 대부분 수입지 내륙 CY 혹은 수입자 Door(수입지 항구를 지정하는 경우 흔치 않음)	• 수입지 공항에 항공기가 도착하는 시점 • 항공운송에서 CIP 사용하는 경우, 지정장소는 대부분 수입지 공항
위험 분기점	• 수출지 보세구역 반입 시점(FCA와 동일) • 비용과 위험 분기점 불일치	• 좌동 • 비용과 위험 분기점 불일치
적하보험 부보	• 매도인이 필수 가입해야 • C/I에 적하보험료 포함하는 조건이기 때문	• 좌동
통관 책임	• (수출 통관) 매도인 • (수입 통관) 매수인	• 좌동

■ CIF와 CIP의 부보 범위

조건	적하보험 부보 범위	
	인코텀스 2010	인코텀스 2020
CIF	ICC (C) 약관과 같은 최소 담보조건 ICC(A) 약관 부보는 선택 사항	좌동
CIP		매도인의 최대 담보 의무조건 따라서 ICC(A) 부보 의무 사항

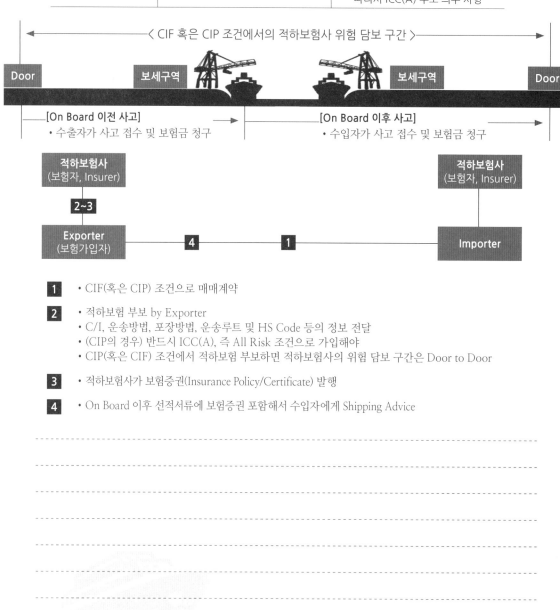

1 • CIF(혹은 CIP) 조건으로 매매계약

2 • 적하보험 부보 by Exporter
  • C/I, 운송방법, 포장방법, 운송루트 및 HS Code 등의 정보 전달
  • (CIP의 경우) 반드시 ICC(A), 즉 All Risk 조건으로 가입해야
  • CIP(혹은 CIF) 조건에서 적하보험 부보하면 적하보험사의 위험 담보 구간은 Door to Door

3 • 적하보험사가 보험증권(Insurance Policy/Certificate) 발행

4 • On Board 이후 선적서류에 보험증권 포함해서 수입자에게 Shipping Advice

DAP(Delivered at Place) 도착 장소 인도 조건

- DAP Buyer's Daegu Door
  (해상 or 항공)
  ────────────── 〈 매도인 책임 구간 〉 ──────────────▶

- (비용&위험) Door 도착 시점
- Unloading은 매수인의 책임

구 분	DAP Buyer's Daegu Door
운송인 지정권자	• 매도인 • C/I 가격에 Freight 포함(Freight Prepaid)
비용 분기점	• (수입지 내륙 지점) 양하 준비된 상태에서 인도 • 매도인의 Door(지정장소)에 운송수단이 도착하는 시점
위험 분기점	• 상동
적하보험 부보	• 매도인의 선택 사항 • Freight 구간에 위험 책임이 있는 자
통관 책임	• (수출 통관) 매도인 • (수입 통관) 매수인 • (예외) 경우에 따라서는 수입통관에 대한 책임이 매도인에게 있는 경우도 있음. DAP 조건으로 매매계약 할 때 수입통관 부분에 대해서 수출입자가 확실한 협의를 해야 함

참고 사항

- 인코텀스 2010이 신설되면서 DDU는 DAP로 변경
- DAP는 매수인에게 수입지 세액만 청구하고 수입지 H/C와 D/O Charge까지 매도인에게 청구됨(수입통관 수수료는 매도인에게 청구될 수도)
- DDP는 매수인에게 청구되는 비용 전혀 없음(수입통관 수수료, 포워더 H/C, D/O Charge 및 관부가세 모두 매도인에게 청구)

DPU(Delivered at Place Unloaded) 도착지 양하 인도 조건

공항창고   공항창고

Door   CFS, CY   CFS, CY   Door

• DAP Buyer's Daegu Door ⟨ 매도인 책임 구간 ⟩
(해상 or 항공)

• (비용&위험) Door 도착 후 Unloading까지
• Unloading 역시 매도인 책임

구 분	DPU Buyer's Daegu Door	DAP Buyer's Daegu Door VS DPU Buyer's Daegu Door
운송인 지정권자	• 매도인 • C/I 가격에 Freight 포함 (Freight Prepaid)	• DAP 뒤에 수입지 지정장소가 기재되면, 지정장소에 운송 수단이 도착 후 Unloading 준비된 상태에서 매도인의 책임 종료 • DPU 뒤에 수입지 지정장소가 기재되면, 지정장소에 운송수단이 도착 후 Unloading 완료까지 매도인의 책임, 즉 C/I 가격에 해당 비용 포함시켜야
비용 분기점	• 수입지 지정장소에서 양하 후 인도 • 지정장소에 도착한 운송수단에서 화물 Unloading까지 매도인 책임	
위험 분기점	• 상동	
적하보험 부보	• 매도인의 선택 사항 • Freight 구간에 위험 책임이 있는 자	
통관 책임	• (수출 통관) 매도인 • (수입 통관) 매수인 • (예외) 경우에 따라서는 수입통관에 대한 책임이 매도인에게 있는 경우도 있음. DAP 조건으로 매매계약 할 때 수입통관 부분에 대해서 수출입자가 확실한 협의를 해야 함	

DDP(Delivered Duty Paid) 관세 지급 인도 조건

공항창고   공항창고

Door   CFS, CY   CFS, CY   Door

- DDP Buyer's Daegu Door ├─────────< 매도인 책임 구간 >─────────┤
  (해상 or 항공)

- (비용&위험) Door 도착 시점
- Unloading은 매수인의 책임
- 수입통관 및 세액 납부, 매도임 책임

구 분	DPU Buyer's Daegu Door
운송인 지정권자	• 매도인 • C/I 가격에 Freight 포함 (Freight Prepaid)
비용 분기점	• 수입지 지정장소에서 양하 후 인도
위험 분기점	• 상동
적하보험 부보	• 매도인의 선택 사항 • Freight 구간에 위험 책임이 있는 자
통관 책임	• (수출 통관) 매도인 • (수입 통관) 매도인

DDP는 관부가세 모두 매도인 책임인가?

- C/I 가격에 수입지 관세만 포함해서 거래할 수도. 그렇다면 부가세는 수입자가 직접 납부해야

포워더가 수입지 세액 대납 가능한가?

- 세액이 상당하면 매도인을 대신하여 포워더가 수입지 세액 대납하기 어려울 수도
- 매도인의 신용도 상당해야 하고, 포워더가 대납할 정도의 자금력 있어야
- 결국, 대납 금액이 상당하면 DDP 거래 불가

[상대국 관세율 및 부가세율 확인 방법]

    a. 관세율 : http://www.tradenavi.or.kr → 상단메뉴 'FTA/관세' → '관세/통관안내' → '세계의 관세율'
    b. 부가세율 : 'KOTRA 해외시장뉴스' 접속 → 상단메뉴 '국가/지역정보' → 국가선택 → '조세제도'

[Check Poin]

    a. 수출자가 지정한 포워더의 수입지 파트너 포워더가 수입지 비용 대납 가능한가?
    b. 수출자에게 청구되는 수입지 세액은 관세와 부가세 등 제세인가 아니면 관세만인가?
    c. 수입통관 할 때 필요한 서류와 허가 내용 있는가?

	Door	CY CFS	CY	CFS	Door
		• FOB Busan Port	• CFR Haiphong Port		• DAP Buyer's Door • DDP Buyer's Door

■ 매도인의 견적가격

구분	DAP Buyer's Door	DDP Buyer's Door
기 본	• FOB Busan Port	• 좌동
Ocean (Air) Freight	• + O/F(Busan → Haiphong) • + 수출지에서 청구되는 O/F 할증료(e.g. LSF, Low Sulphur Fuel Surcharge)	• 좌동
적하보험료	• 매도인이 부보 선택	• 좌동
수입지 터미널	• + THC, Wharfage 등 항구 부대비용+ (LCL) CFS 관련 비용, 창고료 • + (기타) 보세구역 반출까지 비용	• 좌동
기타비용	• + Trucking Charge (to Door) • + 수입지 포워더 H/C와 D/O Charge • + (예외) 수입통관 수수료	• 좌동 • + (필수) 수입통관 수수료 • + 세금(관·부가세)

• DAP와 DDP는 Buyer's Door까지 운송 후 Unloading은 매수인의 책임
• Unloading까지 매도인의 책임 조건은 DPU

■ Price Term : DAP Haiphong Buyer's Door

- LCL 화물 Door to Door 비용
- DAP이지만, 수입지 통관 관련 비용 매도인 부담으로 진행한 건(세금은 매수인 부담)

ACCOUNT ITEMS AND DESCRIPTIONS		RATE	REMARK
국내 비용	THC	₩6,500	PER CBM
	CFS	₩6,500	PER CBM
	DOCUMENT FEE	₩40,000	PER BL
	Wharfage	₩203	PER CBM
	Handling fee	USD30.00	PER BL
	픽업비용	실비청구	정확한 Pick up 장소 필요
	적하보험료	₩12,000	PER BL, Min 12,000원
	통관수수료	실비청구	PER BL , MIN RATE 12,000 or Invoice value * 0.0015
해상운임	Ocean FREIGHT RATE	USD5.00	PER CBM
도착지 비용	Delivery Order	USD50.00	PER BL
	Handling fee	USD30.00	PER BL
	THC+CFS+CIC	USD50.00	PER CBM
	Customs Fee	USD90.00	PER SET
	Trucking Fee	USD90.00	PET SET
	Inspection	USD80.00	PET SET
	Storage charge	실비청구 (plus VAT10%)	

■ DDP 조건에서는 아래 금액 C/I 가격에 추가 반영해야

세액	관세율	Hs code 33049990 = 20% Hs code 33043000 = 22% Hs code 33049920 = 10% Hs code 34013000 = 27%	
	VAT	10% 별도 발생	

D조건 거래에서 수출자가 C/I 가격 만드는 과정

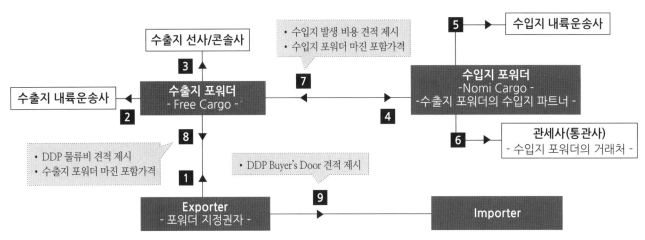

수출지 선사/콘솔사

3

수출지 포워더
- Free Cargo -

수출지 내륙운송사

2

8

- DDP 물류비 견적 제시
- 수출지 포워더 마진 포함가격

1

- 수입지 발생 비용 견적 제시
- 수입지 포워더 마진 포함가격

7

4

5 → 수입지 내륙운송사

수입지 포워더
-Nomi Cargo -
-수출지 포워더의 수입지 파트너 -

6 → **관세사(통관사)**
- 수입지 포워더의 거래처 -

- DDP Buyer's Door 견적 제시

9

Exporter
- 포워더 지정권자 -

Importer

구 분	Step 1. DDP 견적 문의	수출지 비용		수입지 비용		
		Step 2 내륙운송사	Step 3 선사/콘솔사	Step 4 파트너	Step 5 내륙운송사	Step 6 관세사무실
수출지 비용	Trucking CHG	• Door to 터미널				
	터미널 부대비용		• THC, W/F 등 • (LCL) CFS 관련 비용			
해상운임	O/F 및 할증료		• LSF, BAF 등			
수입지 비용	터미널 부대비용		• THC, W/F, CCF 등 • (FCL) Free Time • (LCL) CFS 관련 비용			
	Trucking CHG			• 터미널 to Door	• 좌동	
	관·부가세(율)			• 정확한 금액 산출 어려움		• 좌동
	통관 수수료 등			• 통관 관련비용		• 좌동

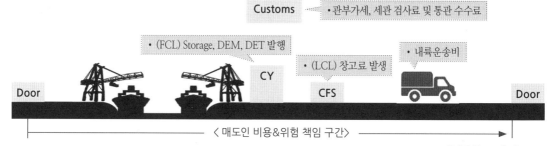

■ **D 조건에서의 빈번히 발생되는 분쟁 상황**

[상황 1] DAP(DPU) Buyer's Door 조건에서 수입통관 지연으로 인한 수입지 보세구역에서 추가적으로 발생한 비용은 매도인 혹은 매수인 중에 누가 부담해야 하는가?(혹은 DAP 수입지 Port)

      a. 매수인의 고의적인 혹은 필요에 의한 수입통관 지연의 경우
      b. 수입지 세관에 의한 수입통관 지연
      c. 매도인의 서류 처리 미숙으로 인한 매수인의 선적서류 인수 지연과 수입통관 지연

[상황 2] DAP 조건에서 수입통관 책임 누구에게 있는가?

■ **총과세가격에서 공제되어야 할 비용 불인정**

      a. 수입지 터미널 부대비용 : THC, Wharfage, CCF 등
      b. 수입지 내륙운송비(Trucking Charge)
      c. LCL 의 경우, Drayage 및 CFS Charge
      d. 기타 선박(항공기)가 접안 후 수입지에서 발생하는 비용으로서 C/I 총액(결제금액)에 포함된 비용

DDP로 수입할 때 부가세 공제 및 관세환급

■ DDP 수입 건의 매입 부가세 공제

- DDP에서 수입지 매입 부가세는 포워더가 대납 후 매도인에게 청구
- 매도인은 DDP C/I 가격에 수입지 매입 부가세 포함해서 매수인에게 대금 청구
- 결국, 수입지 매입 부가세는 매수인(수입자)이 납부하는 것
- 따라서 수입신고 할 때 매입 부가세에 대한 세금계산서는 세관장이 매수인 앞으로 발행

- (생각해보자) 그렇다면 DDP 수입에서도 매수인은 매입 부가세 공제받을 수 있는가?

수 입 세 금 계 산 서 (수입자 보관용)

세관장	등록번호	121-83-00561										수입자	등록번호	000-00-0000				
	세 관 명	인천세관장											상 호	서울 엔지니어링				
	세관주소	인천 중구 운서 2851											성 명	홍길동				
	수입신고번호 또는 일괄발급기간(총건)	0000-20-100220M											사업장 주소	서울시 종로구 종로1길 00				
													업태	제조업		종목	냉난방기	

작성			공 급 가 액											세 액											비 고
연	월	일	공란수	조	백	십	억	천	백	십	만	천	백	십	일	천	백	십	억	천	백	십	만	천	백	십	일
20	10	17	5					5	8	2	8	8	8	9	1					5	8	2	8	8	8	0

비 고: 0127-020-11-18-0-051234-5로 납부

월	일	품 목		규격	수량	단가	공급가액	세액	비 고
		수입신고필증	참조						

• 과세표준은 관세의 과세가격과 관세, 특별소비세, 주세, 교통세 및 농어촌특별세의 합계액으로 한다.

---

(49)세종	(50)세율(구분)	(51)감면율	(52)세액		(53)감면분납부호	감면액	*내국세종부호
관	0.00(FAS1세가)	0.00	0			0	
부	10.00(A)	0.00	5,828,889			0	

(54)결제금액 (인도조건-통화종류-금액-결제방법)			DDP-USD-53,765-TT		(56)환 율		1,084.15
(55)총과세가격	$	53,765	(57)운 임	0	(59)가산금액	0	(64)납부번호	0127-020-11-18-00512345
	₩	58,288,891	(58)보험료	0	(60)공제금액	0	(65)부가가치세과표	58,288,891

(61)세종	(62)세 액	※ 관세사기재란	(66) 세관기재란
관 세	0		• DDP 수입 건으로서 접안 후 국내 비용 공제되지 않음
개별소비세	0		
교 통 세	0	•FTA 협정세율 적용으로 관세율 0% 수입 상당히 많음.
주 세	0	그래서 국내비용 불공제에 대해서 크게 신경 쓰지 않기도 함.
교 육 세	0	
농 특 세	0	• 부가세 = (총과세가격 + 관세 + 기타 내국세) x 10%
부 가 세	5,828,889	
신고지연가산세	0	
미신고가산세	0	
(63)총세액합계	5,828,889	(67)담당자 홍길동 000000	(68)접수일시 2020-10-15 (69)수리일자 2020-10-17

■ DDP 수입 건의 관세 환급

- DDP에서 수입지 관세는 포워더가 대납 후 매도인에게 청구
- 매도인은 DDP C/I 가격에 수입지 관세 포함해서 매수인에게 대금 청구
- 결국, 수입지 관세는 매수인(수입자)이 납부하는 것

- (생각해보자) DDP 수입 건을 국내에서 추가 가공 없이 원상태 유상 혹은 계약상이 수출하면 관세환급 가능한가?

제 5 강

해상·항공 물류비 견적과
분할선적 등

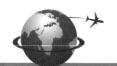

5-1강
운송비 견적을 위한 기초 개념과 견적 내용 해석

운송비 견적 요청할 때 필요 내용

A. 제품명
- 제품에 따라서 물류비, 운송방법, 컨테이너 종류(DV, RF), 포장 방법 등 상이
- (RF 컨테이너 사용) 축산물 및 과일 등 식품류, 화학액체류, 의약품 등 온도 유지가 필요한 제품
- (선사가 꺼리는 제품) 구리 혹은 metal scrap(waste), 원목 등 컨테이너 Damage 발생 빈도 높은 화물
- (포장) 액체류의 경우 Steel Drum 보다는 Flexi Bag 사용하는 것이 포장비 줄이는 방법

B. 화물의 종류와 포장

구 분	General Cargo - 일반화물 -	Dangerous Cargo - 위험물, DG, Hazardous Cargo -
포장 및 검사	• 화물의 특성에 따라서 화주가 판단 • 특수포장 필요 시 전문 업체에 의뢰 • 목재 포장의 경우 IPPC Mark와 함께 Certificate 요구하는 수입국 있음	**[포장]** 위험물 포장 업체에 의뢰 **[위험물검사]** • 한국해사 위험물검사원 통해서 컨테이너 수납검사 받아야 • FCL은 적입 작업 직전 검사, 검사 시간은 검사원 일정에 맞춰야 (위험물은 기본적으로 LCL 진행 불가) • 위험물 스티커 구입 후 부착해야(용기 및 컨테이너) • 검사증 발급받아서 선사로 제출
선적을 위한 필요 서류	-	**[MSDS]** Transport Information 확인 　• UN number : UN 1993 　• UN proper shipping name : Flammable Liquid 　• Transport hazard class(es) : 3(Flammable liquids) 　• Packing group : II
CY 반입 및 보세창고	• CY 보관 및 반출입 가능 • 일반 보세창고 보관 및 반출입 가능	• CY 보관 및 반출입 불가 할 수도(직반입, 직반출 해야) • 위험물 보세창고 별도 수배 필요

C. DIM 및 Weight
- Pallet : Length(L) x Width(W) x Height(H). Gross Weight
- (해상 운송 화물) FCL과 LCL 구분 기준.
- (FCL 화물) 컨테이너의 종류(DV, OT, FR)와 Size(20', 40', HQ) 선택 기준
- (내륙운송) 탑차(화물차)

D. Price Term(인코텀스)

구 분	EXW, F-Terms - Freight Collect -	C-Terms, D-Terms - Freight Prepaid -
견적 요청자	• 수입자 • 수입지 포워더 입장에서 Free Cargo	• 수출자 • 수출지 포워더 입장에서 Free Cargo
상대국 통관·물류 관련 사항 Check Point	**[수입지 포워더가 수입자에게]** • (EXW) 수출통관 포워더가 핸들링 하나? 　　　수출자의 책임 구간 어디까지?	**[수출지 포워더가 수출자에게]** • (D-Terms) 수입지 비용 중 수입자에게 청구되는 비용 　　　수입통관 책임 누구에게 있는가? 　　　수입통관을 위한 준비 완료 되었는가?

E. 수출(입)지 Door와 운송방법(해상 or 항공)

구 분	설 명
운송 루트 계획 및 물류비 산정 기초 정보	• 광양항과 평택항 입출항 화물은 대부분 FCL(적절한 CFS 부재로 LCL 화물 취급 어려울 수도) • 특정 항구 혼잡(Congestion), 자연재해(e.g. 태풍), 파업(e.g. 화물연대) 등 • 당해 구간에 경쟁력 있는 선사(콘솔사) 지정을 위한 기초 정보(Transit Time, Frequency 등) • 컨테이너 or 탑차(화물차) 내륙운송비 견적 기초 정보
국가별 특이사항	• (미국 向 해상 수출) FMC 면허 보유한 운송인의 운송서류 사용 + ISF 신고(AMS는 운송인 책임 사항) 　　　D 조건 거래일 때, Bond 구입(Annual, Single) • (브라질 向 해상 수출) 유가증권 B/L 및 운임 표기(Master, House 모두) 　　　C/I 및 P/L 역시 Original 필요할 수도 • (동남아 向 등) FCL의 경우, 수입지 CY 반출할 때 Detention에 대한 Deposit 요구하는 선사 있음 • (기타) 상대 국가별 운송서류 필수 기재사항 상이할 수도 　　　상대국 Consignee가 Import License 보유한 상태인지 확인할 필요
상대국 파트너 부재	• (해상) FOB, CFR, CIF 조건이라면 Line B/L 사용 가능. EXW 및 DDP(DPU, DAP 포함)는 불가 • (항공) Master Single AWB, 기본적으로 A/F Prepaid

F. 수출(입)자 주소 및 담당자 정보

수출입 화물의 운송비 결제

■ **수출 건, 운송비 결제** : 실화주와 포워더의 계약(House)

- (원칙) Shipper에게 청구하는 운송비 결제받고 운송서류 발행 제공
- (실무) 선적 후 운송서류 제공하고 거래가 이루어진 달의 익월 말까지 결제
- (미수의 위험성) Nomi Cargo는 '원칙' 대로 하고, Free Cargo는 Shipper의 자금사정 항상 신경 써야
- (문제점) 포워더는 Master 계약에서 O/F Prepaid 결제했으나, House O/F 한 달 이상 결제 못 받으면 낭패

[상습적 미수 Shipper에 대한 대응]
- 운송비 결제를 선적 전 혹은 선적 즉시 결제하는 조건으로 변경 필요
- 유가증권(B/L) 3부 발행해서 수출자가 운송비 결제할 때까지 수출지 포워더가 소지 및 Surrender 처리 거부
- Shipper는 Consignee에게 Claim 받고 수출지 포워더에게 운송비 결제 하도록 업무 처리 필요성

■ **수입 건, 운송비 결제** : 실화주와 포워더의 계약(House)

- (원칙) Consignee에게 청구하는 운송비 결제받고 House D/O 발행
- (실무) 대부분의 포워더가 원칙 준수
- (미수의 위험성) 거의 없음
- (Consignee의 운송비 결제 거부) D/O 발행 거부 및 화물에 대한 유치권 행사

목재 포장 IPPC Mark(열처리, 훈증)

■ 열처리·훈증
- 가공하지 않은 Raw 상태의 목재(합판 제외)로 팔레트 혹은 목재 포장 했을 때
- 여러 면에 훈증(MB) 혹은 열처리(HT)에 대한 IPPC Mark 날인되어 있어야

■ 증명서
- Heat Treatment Certificate(Phytosanitary Certificate)
- (수입국이 한국) 관련 증명서의 제출은 필요하지 않음
  IPPC Mark는 없고 증명서만 구비하는 경우 있는데, 유효하지 않음.
- (다른 국가) IPPC Mark와 증명서 제출 요구하기도 (참고. 농림축산검역본부 홈페이지)

■ IPPC Mark 부재의 경우(한국)
- 보세상태의 화물에 대해서 농림축산검역본부로 목재포장 요건 부적합 신고해야(그렇지 않으면 벌금)
- 검역 당국이 확인 후 폐기처리 명령을 내리며, 당해 목재포장재는 보세구역에서 폐기처리해야
- 내품은 수입통관 가능
- (부적합 신고) 관세청 유니패스 → 수입식물검역 → 요건부적합(목재포장재)

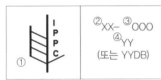 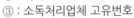

① : IPPC 심볼
② : 국가 ISO 두 자리 코드
③ : 소독처리업체 고유번호
④ : 소독처리방법

〈열처리〉

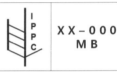
〈훈증〉

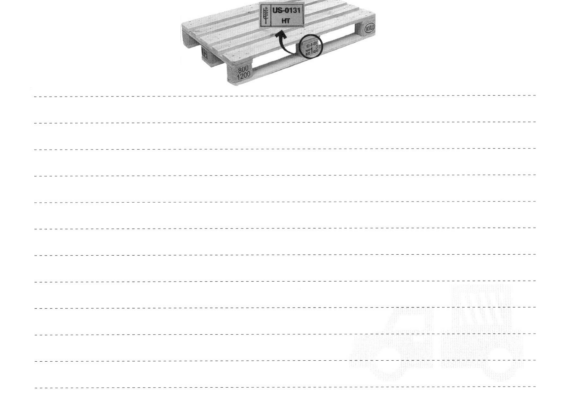

해상 LCL 화물과 R.ton(계산톤) 개념

- 해상화물 1 CBM = 1,000 kgs
- CBM과 Gross Weight 중에 더 큰 값을 R.ton으로 한다.

Carton DIM :
510mm(L) x 480mm(W) x 550mm(H)

Volume Cargo R.ton : 2.693 (2.693 CBM > 700 kgs)

- Commodity : Shoes
- Q'ty : 20 Cartons
- DIM(Dimension) : 510mm(L) x 480mm(W) x 550mm(H) per Carton
- CBM(Cubic Meter) : 20 Cartons 2.693 CBM (0.135 CBM per Carton)
- G.W.(Gross Weight) 20 Cartons 700 kgs (35 kgs per Carton)

Carton Gross Weight : 35kg

20ft Dry Container

Height 2,392mm (Interior)

Pallet Pallet

Length 5,898mm (Interior)

Width 2,352mm (Interior)

- Measurement : 2.693 CBM
- G.W. : 700 kgs

Description	Rate			EX-Rate	Amount
OCEAN FREIGHT	US$10.00	PER R.ton	26.93	1,150.00	₩30,970
BAF(Bunker Adjustment Factor)	US$15.00	PER R.ton	40.395	1,150.00	₩46,454
CAF(Currency Adjustment Factor)	US$4.00	PER R.ton	10.772	1,150.00	₩12,388

항공 화물 Chargeable Weight와 항공 운임 계산

Actual Gross Weight
- 실중량 -

비교

Volume Weight
- 용적(부피)중량 -

Actual G.W.와 V.W. 중 더 큰 값

Chargeable Weight
- 운임중량, 운임산출중량 -

[항공 화물 Detail]
- DIM : 1,050mm x 950mm x 850mm
- Actual G.W. : 80 kgs per Carton
- Total 2 CTNs

GCR (General Cargo Rate)	MIN(M)	Normal(N)	Quantity Rate(Q, 중량 단계별 할인료율 적용)			
			+45	+100	+300	+500
KRW 50,000	KRW 2,000/kg	KRW 1,500/kg	KRW 1,200/kg	KRW 1,000/kg	KRW 800/kg

a) Actual Gross Weight와 Volume Weight 확인

    – Actual Gross Weight = 수출지 공항 보세창고에 반입할 때 실측한 중량
    – Volume Weight = 최대길이(cm) x 최대폭(cm) x 최대높이(cm) / 6,000
    – 포워더 항공 건은 나누기 6,000, 특송 화물은 나누기 5,000, EMS는 Volume Weight 개념 없음

b) Chargeable Weight(운임 산출 중량) 확인

    – Actual Gross Weight와 Volume Weight 중에 더 큰 값이 Chargeable Weight

c) Chargeable Weight를 기초로 Air Freight 계산

[참고]
- Packing List 및 수출신고필증의 총중량과 Actual G.W.는 개념이 다름
- 수출신고필증 총중량과 Actual G.W. 의 차이가 허용 오차범위를 벗어나면, 수출신고필증 총중량 정정해야 (아니면 미선적)

Door ─ CY CFS ─ CY CFS ─ Door

EXW ◄──── Consignee에게 청구되는 운송비 구간 ────►

■ EXW Seller's Door

- P.O.L. : Genoa Port / P.O.D. : Busan Port
- Pick up Address : 000 - 000000 Legnano, Milan, Italy

- 항차(Frequency) : Mon.
- 운송시간(Transit Time) : about 36 days
- DEM Free Time : 8 days calendar day
- DET Free Time : 6 days calendar day

	DESCRIPTIONS	20ft DV	40ft DV	40ft HQ	기준	용어설명 등
현지비용	B/L Fee	EUR 50	좌동	좌동	/ BL	• B/L 발급 비용
	Customs Fee	EUR 110	좌동	좌동	/ BL	• 컨테이너 추가 시 : EUR40 per Container • HS Code 3개 품목 이하
	Handing Fee	EUR 40	좌동	좌동		• 수출지 파트너 취급 수수료
	VGM transmission	EUR 10	좌동	좌동	/ BL	• VGM 신고 대행 비용
	Container Weighing Fee	EUR 130	좌동	좌동	/ BL	• if shipper can not provide VGM (G.W. + Shoring Material Weight + CNTR Tare Weight)
	THC	EUR 190	좌동	좌동	/ CNTR	• 수출지 터미널 선적 및 화물처리비용
	Seal Charge	EUR 8	좌동	좌동	/ CNTR	• 컨테이너 봉인할 때의 자물쇠 비용
	Contianer Trucking Fee	EUR 482	EUR 502	EUR 532	/ CNTR	• 컨테이너 내륙운송비
해상운임	OCEAN FREIGHT(O/F)	USD 195	USD 225	USD 225	/ CNTR	• 해상 운임(On Board 시점에서 접안 시점까지의 비용)
	OBS	USD 37	USD 74	USD 74	/ CNTR	• Bunker Surcharge로서 유류할증료
국내비용	THC	KRW 130,000	KRW 180,000	KRW 180,000	/ CNTR	• 수입지 터미널 양하 및 화물처리비용
	Wharfage	KRW 4,420	KRW 8,840	KRW 8,840	/ CNTR	• 항만청이 청구하는 부두사용료
	Container Cleaning Charge	KRW 25,000	KRW 40,000	KRW 40,000	/ CNTR	• 컨테이너 청소비(분진, 냄새 등 제거비용)
	DOC Fee	KRW 40,000	KRW 40,000	KRW 40,000	/ BL	• 운송서류 발급 관련 비용
	HANDLING	USD 50	USD 50	USD 50	/ BL	• 포워더 업무 수수료
	세관 검사비	실비청구	실비청구	실비청구		• X-Ray 검사 혹은 개장검사
	수입 통관 수수료	실비청구	실비청구	실비청구		• 기본 30,000원 / 요율 총과세가격 x 0.002(VAT 별도)
	Trucking Charge	실비청구	실비청구	실비청구		• 내륙운송비
	Drop Off Charge (내륙운송비와는 별개)	free	USD 200.00	free	/ CNTR	• 부산 입항 컨테이너로부터 화물 적출 후 Empty 컨테이너를 경기도 부곡(의왕) CY 에 반납하는 경우 발생하는 비용

해상 LCL EXW 수입 물류비 견적(EXW Seller's Door)

Door | CY CFS | CY CFS | Door

EXW ──────── Consignee에게 청구되는 운송비 구간 ────────→

QINGDAO - INCHEON (EXW)				
DESCRIPTIONS		**UNIT PER PRICE**		**SUB TOTAL**
Local Charge	EXW FEE	$ 228.80	PER H/BL	1HBL	$ 228.80
	중국 통관대행료	$ 60.00	PER H/BL	1HBL	$ 60.00
해상운임	OCEAN FREIGHT CHARGE	$ 10.00	PER CBM	2.6CBM	$ 26.00
	BAF	$ 15.00	PER CBM	2.6CBM	$ 39.00
	CAF	$ 4.00	PER CBM	2.6CBM	$ 10.40
국내항구 부대비용	THC	₩ 6,500	PER CBM	2.6CBM	₩ 16,900
	WHARFAGE	₩ 335	PER CBM	2.6CBM	₩ 871
	CONTAINER CLEANING CHARGE	₩ 2,000	PER CBM	2.6CBM	₩ 5,200
	DRAYGE CHARGE	₩ 42,000	MIN~2.99CBM	2.6CBM	₩ 42,000
기타비용	DOC FEE	₩ 40,000	PER BL	1HBL	₩ 40,000
	D/O FEE	$ 50.00	PER H/BL	1HBL	$ 50.00
	CUSTOMS CLEARANCE CHARGE	₩ 30,000	PER CASE	1HBL	₩ 30,000
	TRUCKING CHARGE	₩ 90,000	PER CASE	1CASE	₩ 90,000
	HANDLING CHARGE	$ 50.00	PER H/BL	1HBL	$ 50.00

** 기타 추가비용
    + 창고료 & 관세 & 부가세는 포함되지 않았습니다.
    + 상기 안내된 운임 이외 발생한 항목은 실비 청구됩니다. Ex)세관검사료, X-RAY 등

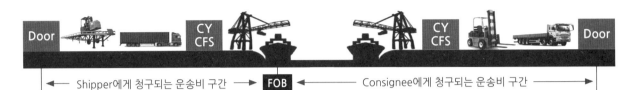

해상 FCL RF FOB 수입 물류비 견적(FOB Qingdao Port)

■ ITEM	식품	■ Port of Loading	QINGDAO Port, China
■ Price Term	FOB QINGDAO Port	■ Port of Discharge	Busan Port, South Korea
■ 운송 방법	냉동 컨테이너(RF)	■ DELIVERY ADDRESS	화성시 OO면

	DESCRIPTIONS	20ft RF	40ft RF	기준	용어설명 등
해상운임	OCEAN FREIGHT(O/F)	US$150.00	US$100.00	/ CNTR	• 해상 운임(On Board 시점에서 접안 시점까지의 비용)
	LSS	US$20.00	US$40.00	/ CNTR	• Low Sulphur Fuel Surcharge, 저유황유 사용할증료
	BAF	US$190.00	US$380.00	/ CNTR	• Bunker Adjustment Factor, 유류할증료(O/F의 할증료)
	CAF	US$30.00	US$60.00	/ CNTR	• Currency Adjustment Factor, 통화할증료(O/F의 할증료)
	CIC	US$40.00	US$80.00	/ CNTR	• Container Imbalance Charge, 컨테이너 수급 불균형 완화비용
국내 비용	THC	₩230,000	₩345,000	/ CNTR	• 접안 후 양하 및 목적항에서 화물 처리하는 비용
	Wharfage	₩2,276	₩4,552	/ CNTR	• 부두사용료(항만청 청구)
	Container Cleaning Charge	₩35,000	₩50,000	/ CNTR	• 컨테이너 청소비(냄새, 분진 제거 등)
	DOC Fee	₩40,000	₩40,000	/ BL	• 운송서류 처리비용
	HANDLING	₩40,000	₩40,000	/ BL	• 포워더 업무 수수료
	세관 검사비	At Cost	실비청구		• X-Ray 검사 혹은 개장검사
	수입 통관 수수료	At Cost	실비청구		• 기본 30,000원 / 요율 총과세가격 x 0.002(VAT 별도)
	보세창고 보관료	At Cost	실비청구		• 보세창고 활용하는 경우, 발생
	내륙운송비 (평택항 - 화성시)	(발전기 가동 시)		/ CNTR	• 대기시간 : 20ft 2시간. 40ft 3시간. 초과시 시간당 3.5만원 추가
		₩310,000	₩340,000		
		(발전기 미가동 시)			
		₩230,000	₩250,000		

[Free Time 정보]
• 전기료 Free Time : 3 days
• DEM Free Time : 5 days & DET Free Time : 5 days & Storage Free Time : 30 days

• 항차(Frequency) : WED , SUN
• 운송시간(Transit Time) : 2 Days
• Document / Cargo Closing Time : 출항 3일 전

해상 LCL FOB 수입 물류비 견적(FOB Rotterdam Port)

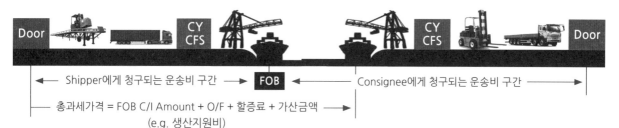

Door　　　　　　　　CY CFS　　　　　　　　　　CY CFS　　　　　　Door

← Shipper에게 청구되는 운송비 구간 →　　FOB　← Consignee에게 청구되는 운송비 구간 →

총과세가격 = FOB C/I Amount + O/F + 할증료 + 가산금액
(e.g. 생산지원비)

- P.O.L. : Rotterdam Port / P.O.D. : Busan Port
- Gross Weight : 700 kgs, Measurement : 2.693 CBM
- Term : CFS/CFS, 2 Pallets

■ FOB Rotterdam Port

Description	Rate			EX-Rate	Amount	Remarks
OCEAN FREIGHT	US$10.00	PER CBM	26.930	1,150.00	₩30,970	• On Board 시점부터 접안까지 비용
BAF (Bunker Adjustment Factor)	US$15.00	PER CBM	40.395	1,150.00	₩46,454	• 유류할증료(O/F Surcharge)
CAF (Currency Adjustment Factor)	US$4.00	PER CBM	10.772	1,150.00	₩12,388	• 통화할증료(O/F Surcharge)
THC (Terminal Handling Charge)	₩6,500	PER CBM		1.00	₩17,505	• 수입지 터미널 양하 및 화물처리비용
W/F(WHARFAGE)	₩335	PER CBM		1.00	₩902	• 부두사용료(항만청 청구)
CCC(CONTAINER CLEANING CHARGE)	₩2,000	PER CBM		1.00	₩5,386	• 컨테이너 청소비(냄새, 분진 제거 등)
DRAYGE CHARGE	₩42,000	MIN~2.99CBM		1.00	₩113,106	• CY에서 CFS까지 Shuttle 비용
DOC FEE	₩40,000	PER BL		1.00	₩40,000	• 운송서류 처리비용
Delivery Order FEE	US$50.00	PER BL	50.000	1,150.00	₩57,500	• D/O 업무 비용
HANDLING CHARGE	US$50.00	PER BL	50.000	1,150.00	₩57,500	• 포워더 업무 수수료
CUSTOMS Clearance Fee	₩30,000	PER CASE		1.00	₩30,000	• 관세사 통관 수수료
TRUCKING CHARGE	₩90,000	PER CASE		1.00	₩90,000	• 내륙운송비
				Total	₩501,711	

해상 FCL DV CFR 수출 물류비 견적(CFR Dammam Port)

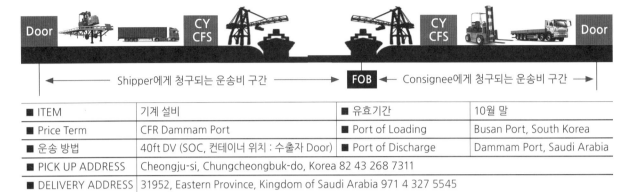

Door — CY CFS — FOB — CY CFS — Door

← Shipper에게 청구되는 운송비 구간 → FOB ← Consignee에게 청구되는 운송비 구간 →

■ ITEM	기계 설비	■ 유효기간	10월 말
■ Price Term	CFR Dammam Port	■ Port of Loading	Busan Port, South Korea
■ 운송 방법	40ft DV (SOC, 컨테이너 위치 : 수출자 Door)	■ Port of Discharge	Dammam Port, Saudi Arabia
■ PICK UP ADDRESS	Cheongju-si, Chungcheongbuk-do, Korea 82 43 268 7311		
■ DELIVERY ADDRESS	31952, Eastern Province, Kingdom of Saudi Arabia 971 4 327 5545		

	DESCRIPTIONS	40ft DV	기준	용어설명 등
해상운임	OCEAN FREIGHT(O/F)	US$900.00	/ CNTR	• 해상 운임(On Board 시점에서 접안 시점까지의 비용)
	War Risk Surcharge	US$110.00	/ CNTR	• 전쟁 위험 구간 통과로 인한 O/F 할증료
	Bunker Surcharge	US$36.00	/ CNTR	• 유가 별동으로 인한 O/F 할증료
국내비용	THC	₩180,000	/ CNTR	• 수출지 터미널 선적 및 화물처리비용
	Wharfage	₩8,840	/ CNTR	• 부두사용료(항만청 청구)
	DOC Fee	₩50,000	/ BL	• 운송서류 발급 관련 비용
	HANDLING	₩80,000	/ BL	• 포워더 업무 수수료
	국내 내륙운송비	₩550,000	/ CNTR	• 청주 → 부산신항(20ton 이하 기준)
	세관 검사비	실비청구		• X-Ray 검사 혹은 개장검사
	수출 통관 수수료	실비청구		• 기본 15,000원 / 요율 FOB 가격 x 0.0015 (VAT 별도)

- 항차(Frequency) : Fri.
- 운송시간(Transit Time) : about 27 Days
- 반입지 CY : PNC
- Document / Cargo Closing Time : 출항 3일 전
- DEM Free Time : 00 days calendar day
- DET Free Time : 00 days calendar day

해상 LCL CFR 수입 물류비 견적(CFR Busan Port)

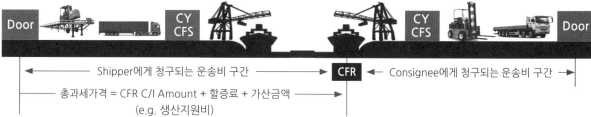

Door | CY CFS | | CY CFS | Door

◄─ Shipper에게 청구되는 운송비 구간 ─► **CFR** ◄─ Consignee에게 청구되는 운송비 구간 ─►

─ 총과세가격 = CFR C/I Amount + 할증료 + 가산금액
(e.g. 생산지원비)

• P.O.L. : Qingdao, China, / P.O.D. : Busan Port, Korea
• Gross Weight : 870 kgs, Measurement : 6.800 CBM
• Term : CFS/CFS, 5 Pallets

■ CFR Busan Port

Description	Rate			EX-Rate	Amount
BAF(Bunker Adjustment Factor)	US$14.00	R/T	95.20	1,050.20	₩99,979
CAF(Currency Adjustment Factor)	US$5.00	R/T	34.00	1,050.20	₩35,707
THC(Terminal Handling Charge)	₩5,500	R/T		1.00	₩37,400
W/F(WHARFAGE)	₩335	R/T		1.00	₩2,278
CCC(CONTAINER CLEANING CHARGE)	₩2,000	R/T		1.00	₩13,600
DRAYGE CHARGE	₩7,500	R/T		1.00	₩51,000
CFS Charge	₩6,500	R/T		1.00	₩44,200
DOC FEE	₩30,000	PER BL		1.00	₩30,000
HANDLING CHARGE	US$50.00	PER BL	50.00	1,050.20	₩52,510
				Total	**₩366,674**

• 항차(Frequency) : Tue, Fri, Sun
• 운송시간(Transit Time) : about 4 days
• Document / Cargo Closing Time : 출항 3일 전

[참고] • F.A.K. : Freight All Kind의 약자로서 품목과 관계없이 제공되는 운임(Freight)을 의미

해상 LCL DAP 수출 물류비 견적(DAP Buyer's Tokyo Door)

Shipper에게 청구되는 운송비 구간 → DAP

■ DAP Buyer's Tokyo Door

구 분	Description	Rate		Remarks
국내 비용	Trucking Charge	₩150,000		동대문 to 부산항
	AFR (Advance Filing Rules)	US$25.00	PER BL	일본 向 출항 전 보고 제도
	DOC Fee	₩30,000	PER BL	서류 처리 비용
	수출통관 수수료	At Cost		최저 15,000원 (요율, FOB Value x 0.0015)
	적하보험료	At Cost		최저 15,000원
	THC, CFS, WHF, Drayage	₩15,203	R/T	수출지 항구 부대비용
해상운임	Ocean Freight	US$15.00	R/T	Busan Port to Tokyo Port
현지 비용	BAF (Bunker Adjustment Factor)	US$13.00	R/T	유류할증료
	THC, CFS, Drayage	¥8,200	R/T	수입지 항구 부대비용
	수입통관 수수료	¥28,000	PER BL	'란' 사항 추가되면 수수료 상승
	DOC & DO FEE	¥18,400	PER BL	서류 처리 비용
	보세창고료(Storage)	At Cost		CFS 보관료
	ON/OFF CHG	¥2,000	PER BL	상하차료
	Trucking Charge	¥20,500		도쿄항 to Buyer's Door

항공 GCR 수입 물류비 견적(FOB Schiphol Airport)

Shipper에게 청구되는 운송비 구간 → **FOB Schiphol Airport** ← Consignee에게 청구되는 운송비 구간

• Origin	AMS(Schiphol Airport)	• DEPT.	Amsterdam, NL
• Item	OOO	• DEST.	Incheon, KR

• KE 0510 Freighter 1820 / 1715+1 Daily

■ Air Freight Charge

GCR (General Cargo Rate)	MIN(M)	Normal(N)	Quantity Rate(Q, 중량 단계별 할인요율 적용)				Surcharge	
			+45	+100	+300	+500	FSC	SSC
EUR 75	EUR 2.20/kg	EUR 1.75/kg	EUR 1.35/kg	EUR 1.05/kg	EUR 0.85/kg	EUR 0.95/kg	EUR 0.15/kg	

■ 도착지 비용

• Collect Charge : Min USD10.00 & Over Min 5% of A/F Charge
• Insurance Charge : KRW 18,000 / AWB
• Handling Charge : KRW 40,000 / AWB
• T.H.C. 및 보세창고료 : 실비 청구
• 수입통관 수수료 : 최저 30,000 원(요율 0.002)

• MIN 적용 C.W. : 약 34kgs까지. 35kgs~45kgs까지 Normal 구간 운임 적용(EUR75 나누기 EUR 2.20)
• AS45 : C.W.가 45kgs 이하라도 +45 구간 운임 적용하는 경우(이때 FSC와 SSC 역시 45kgs으로 적용)

Collect Charge와 Container Cleaning Fee

항공 Collect Charge

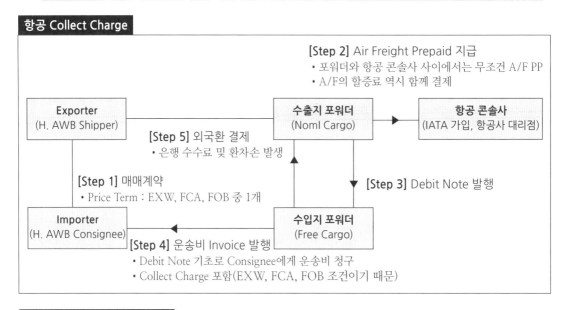

[Step 2] Air Freight Prepaid 지급
- 포워더와 항공 콘솔사 사이에서는 무조건 A/F PP
- A/F의 할증료 역시 함께 결제

| Exporter (H. AWB Shipper) | 수출지 포워더 (Noml Cargo) | 항공 콘솔사 (IATA 가입, 항공사 대리점) |

[Step 5] 외국환 결제
- 은행 수수료 및 환차손 발생

[Step 1] 매매계약
- Price Term : EXW, FCA, FOB 중 1개

[Step 3] Debit Note 발행

Importer (H. AWB Consignee) 수입지 포워더 (Free Cargo)

[Step 4] 운송비 Invoice 발행
- Debit Note 기초로 Consignee에게 운송비 청구
- Collect Charge 포함(EXW, FCA, FOB 조건이기 때문)

해상 Container Cleaning Fee

Container Cleaning Fee(CCF) 혹은
Container Cleaning Charge(CCC).

항공 건의 Collect Charge와 구분할 필요.

Bulk Cargo Term

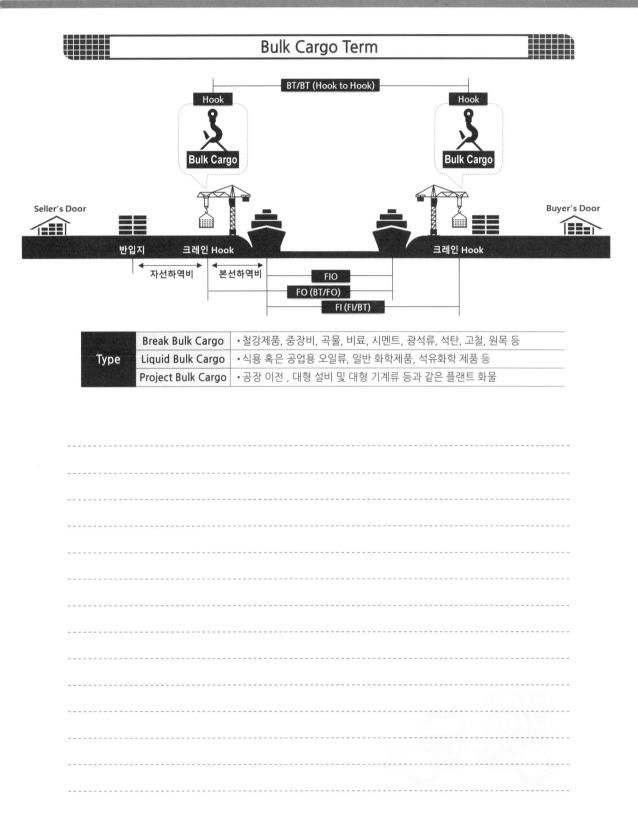

Type	Break Bulk Cargo	• 철강제품, 중장비, 곡물, 비료, 시멘트, 광석류, 석탄, 고철, 원목 등
	Liquid Bulk Cargo	• 식용 혹은 공업용 오일류, 일반 화학제품, 석유화학 제품 등
	Project Bulk Cargo	• 공장 이전 , 대형 설비 및 대형 기계류 등과 같은 플랜트 화물

구분		설 명	FIOST	FIO (Free In and Out)	FI/BT (Free In)	BT/FO (Free Out)	BT/BT, Full B/T (Hook to Hook)
선적항 (P.O.L.)	자선하역료	[반입지 보세구역 반입 ~ Hooking 시점] • 반입 후 보관료 • 반입지에서 선측까지의 운송비 (Shuttle) • 육상 Crane 하역사 비용 • Crane Hooking 시점까지 (육상 or 본선 Crane)	운임에 미포함 (화주 책임)	운임에 미포함 (화주 책임)	운임에 미포함 (화주 책임)	운임에 미포함 (화주 책임)	운임에 미포함 (화주 책임)
	본선하역료	[Hooking 시점 ~ 본선 고박작업] • Hooking 후 본선 선적비용 • L/S/D 비용((Lashing, Secured, Dunnage)	운임에 미포함 (화주 책임)	운임에 미포함 (화주 책임)	운임에 미포함 (화주 책임)	운임에 포함 (선주 책임)	운임에 포함 (선주 책임)
	Stowing& Trimming	• Stowing(화물의 배치) • Trimming(화물의 고른 분산)	운임에 미포함 (화주 책임)	운임에 포함 (선주 책임)	운임에 포함 (선주 책임)	운임에 포함 (선주 책임)	운임에 포함 (선주 책임)
양륙항 (P.O.D.)	본선하역료	[본선에서 양하지 Unhooking 시점] • L/S/D 해체비용 • Unhooking 시점까지의 비용	운임에 미포함 (화주 책임)	운임에 미포함 (화주 책임)	운임에 포함 (선주 책임)	운임에 미포함 (화주 책임)	운임에 포함 (선주 책임)
	자선하역료	[Unhooking 이후부터 보세구역 반출까지] • 육상 Crane 하역사 비용 • Unhooking 후 보세창고까지의 운송비 • 반출까지의 보관료	운임에 미포함 (화주 책임)	운임에 미포함 (화주 책임)	운임에 미포함 (화주 책임)	운임에 미포함 (화주 책임)	운임에 미포함 (화주 책임)

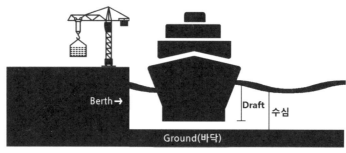

	사례 보기
조 건	a) Cargo : 30,000 MT b) Laytime : 20 - 26th Sep. 2017 c) Load Rate 5,000 MT PWWD SHINC (12hrs Turn Time From NOR Tender) d) Discharge Rate 5,000 MT PWWD SHINC (12hrs Turn Time From NOR Tender) e) DEMURRAGE : USD6,000/ 24hr (PWWD SHINC) f) DISPATCH : USD3,000 / 24hr (PWWD SHINC)
기 본 설 명	a) MT는 Metric Ton을 의미하며, 1MT는 1,000kgs입니다. b) 선주와 용선자가 계약한 하역 작업 허용 기간입니다. c) 선적항에서의 일일 하역량 : 선적항에서 일요일 및 공휴일을 포함(Inclusive)하여 하역 작업이 가능한 날짜는 모두 Laytime이 포함됩니다. 물론 악천후로 하역 작업을 하지 못하면 해당 일자는 Laytime이 제외됩니다. d) 양륙항에서의 일일 하역량 : Discharge Rate이니, 양륙항에서의 일일 하역량입니다. Loading Port 및 Discharge Port에서 각각 하루에 5,000MT이기에 총계약량으로서 30,000MT을 6일(6 days)에 걸쳐 하역 작 업함에 있어 제시된 Laytime 20th - 26th Sep.의 기간에 완료해야 합니다. 물론 PWWD SHINC 조건하에서 그 기간(Laytime)은 일요일 및 공휴일이 포함되기에 일요일과 공휴일에도 작업 가능하며, 평일 포함하여 악천후 발 생하면 그 날짜는 Laytime에서 제외되어 Laytime은 그 만큼 연장될 수도 있습니다 e, f) CQD 조건이 아닌, Laytime 제시된 계약에서 Demurrage와 Quick Dispatch 비용이 발생될 수 있습니다. Laytime 보다 하역이 빨리 이루어진 경우 선주가 용선자에게 지불하는 Quick Dispatch 비용보다, 하역이 늦게 이루어진 경우 용선자가 선주에게 지불하는 Demurrage 비용의 요율이 높습니다.
DEM 계산	용선계약서(Fixture Note) 작성할 때, 선적항과 양륙항에서의 하루 작업량이 각각 다를 수도 있고, 선적항 및 양륙항 에서의 하루 작업량이 모두 동일한 경우가 있습니다. 전자의 경우는 상기 '조건' 부분처럼 각각 하루 작업량을 제시하 며, 후자의 경우는 5,000MT PWWD SHINC BENDS(Both Ends)로 기재하겠습니다. 아울러 Demurrage가 USD6,000 per Day 조건의 상황이라고 가정합니다. 하루 작업량이 선적항(혹은 양륙항)에서 5,000MT이고, 총량이 30,000MT 그리고 Laytime이 20 - 26th Sep. 2017입니다. 그런데 하루 작업을 5,000MT 까지 못하고 그 이하로 해서 9월 27일에 작업 30,000MT 작업 완료했습니다. 제시된 Laytime을 기준으로 1일 초과 했으니 Demurrage가 하루 비용 발생합니다. 그러나 27일 20시(저녁 8시)에 종료 되었다면, 제시된 Demurrage 1 일 비용으로서 USD6000에서 24(시간)를 나누어 확인되는 1시간의 Demurrage 비용을 초과된 20시간에 곱하여 Demurrage를 계산

5-2강
분할선적, 환적 및 적하보험 개념

분할선적(Partial Shipment) 의미와 실무 사례

구 분	일반적인 개념 - 매매계약서, 신용장 -	한국 세관 개념 - 수출통관 업무할 때 -
의미	• 한 건의 계약서(PO, L/C) 물량을 2회 이상 나누어서 선적하는 것 • 단일 계약서 + 복수의 수출신고필증 및 복수의 운송서류(B/L, 화물운송장) 발행	• 한 건의 수출신고필증 신고 화물을 2회 이상 나누어서 선적하는 것 • 단일 수출신고필증 + 복수의 운송서류 발행
선적기일 (S/D)	• 계약서 물량을 계약서 S/D 이내에 선적해야	• 수출신고필증 신고 화물을 적재의무기한 이내에 전량 선적해야
결제	• 운송서류 발행 기준(선적 건 당)	• 운송서류 발행 기준(선적 건 당)

FOB Rotterdam Port / Schiphol Airport

• Item : Shoes Model A	• CBM : 1.210 CBM per Pallet	• 1st Shipment : By Air, 10 CTNs
• Q'ty : 500 CNTs(27 pcs per CTN)	• G.W. : 220 kgs per Pallet	• 2nd Shipment : By Vessel, 260 CTNs (40' DV x 7)
• Date of Shipment(S/D) : 25. Aug. 2020	• Partial Shipment : Allowed	• 3rd Shipment : By Vessel, 230 CTNs (40' DV x 6)

[참고]

분할선적의 경우, 계약 전체 수량의 S/D는 제시되지만, 개별 선적 건에 대한 S/D와 수량은 통상 제시되지 않고 Shipper의 선택에 맡긴다. 할부선적(Installment Shipment)은 개별 선적 건의 S/D와 수량을 제시한다.

분할선적 필요한 상황

[수입자의 필요]
• 급하게 필요한 건 But 모든 화물을 항공으로 받으면 항공료 상승(일부 항공, 나머지 해상 운송)
• 모든 물량이 한 번에 수입지에 도착하면 세액 및 재고 보관료 등의 비용적인 부담 발생 (FCL은 Port of Discharge에서의 Storage, DEM에 대한 Free Time 넉넉하게 받을 필요)
• 대금 결제의 부담(선적 건별로 결제)

[수출자의 필요]
• 생산 스케줄 문제

[기타]
• 선박(항공기) 스페이스 부족 등의 문제

분할선적의 업무 진행 절차 이해

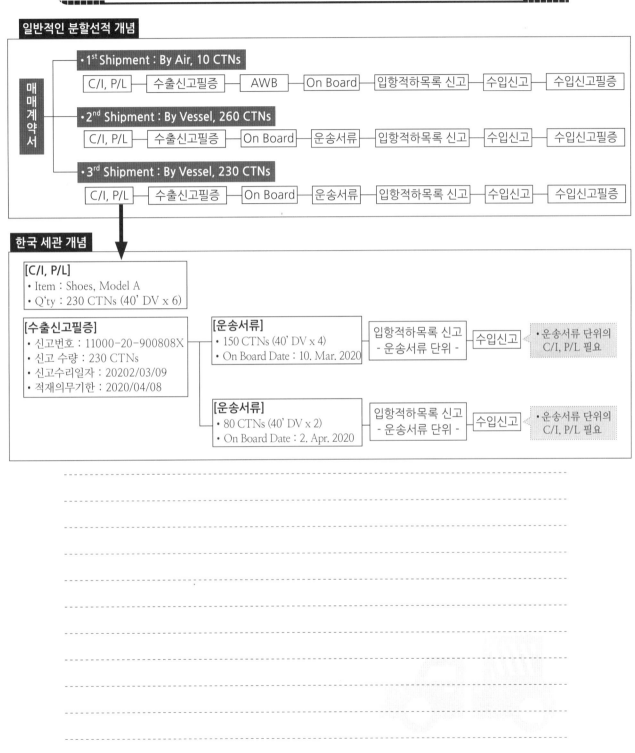

분할선적(수출지 업무)과 분할통관(수입지 업무)

매매계약서

• 1st Shipment : By Air, 10 CTNs

C/I, P/L → 수출신고필증 → AWB → On Board → 입항적하목록 신고 → 수입신고 → 수입신고필증

• Shipment : By Vessel, 230 CTNs

C/I, P/L → 수출신고필증 → On Board → 운송서류 → **입항적하목록 신고** ← • 230 CTNs (40' DV x 6)

1st 수입신고
- 40' DV x 5 -
→ 운송비 결제 및 D/O 발행
- 40' DV x 6 -

세액 납부
수출신고필증 발행

보세운송신고
- 40' DV x 1 - ← • 40 CTNs per 40' DV

CY 반출 및 내륙운송

• 화물관리번호 분할 필요
(MRN + MSN + HSN)

보세창고(용인) 반입

보세창고 : 용인

입항지 : 부산 신항 HJNC

2nd 수입신고
- 20 CTNs -

3rd 수입신고
- 25 CTNs -

단순 반송신고
- 5 CTNs -

세액 납부
수입신고필증 발행

세액 납부
수입신고필증 발행

C/I, P/L
사유서 발행

반출 후 내륙운송

반출 후 내륙운송

반송신고필증 발행

On Board

[UCP600 제31조 b항]
• 복수의 선적 건이 동일 선박, 동일 항차 및 동일 목적항으로 운송되는 경우 분할선적으로 해석하지 않음

구 분	분할선적으로 해석되지 않음		분할선적으로 해석	
	해상 1st Shipment	해상 2nd Shipment	해상 1st Shipment	해상 2nd Shipment
선적항	• Incheon Port	• Busan Port	• Busan Port	• Busan Port
선적일	• Apr 03. 2020	• Apr. 05. 2020	• Apr. 05. 2020	• Apr. 08. 2020
선박명	• TS TAICHUNG	• 좌동	• TS TAICHUNG	• SKY ORION
항차	• 20004S	• 좌동	• 20004S	• 2005S
목적항	• Hochiminh Port	• 좌동	• Hochiminh Port	• 좌동
E.T.D.	• Apr. 12. 2020	• 좌동	• Apr. 12. 2020	• Apr. 15. 2020

• 매매계약서에 Price Term FOB Busan Port인데, 인천항에서 On Board 해도 문제 없는가?
(수출지 내륙운송비 변동, L/C 거래일 때 하자 가능성)

■ Vessel Nma : TS TAICHUNG, Voyage Number : 20004S

• 출처 : www.ekmtc.com(고려해운)

지역	항구	Terminal	수입 & 입항일	수출 & 출항일
KOREA	INCHEON	Hanjin Incheon Container Terminal	2020.04.03 19:00	2020.04.04 12:00
KOREA	BUSAN	Hutchison Busan Container Terminal	2020.04.05 14:00	2020.04.06 05:00
KOREA	ULSAN	ULSAN NEWPORT CONTAINER TERMINEL	2020.04.06 10:00	2020.04.06 19:00
CHINA	SHANGHAI	Waigaoqiao V	2020.04.08 02:00	2020.04.08 18:00
VIETNAM	HOCHIMINH	Cat Lai Terminal	2020.04.12 22:00	2020.04.13 22:00
THAILAND	LAEM CHABANG	A0 (LCB)	2020.04.15 14:00	2020.04.16 11:00
INDONESIA	JAKARTA	Koja Container Terminal	2020.04.19 15:00	2020.04.21 09:00

선박 스케줄과 해상 직항(Direct) 개념

• 출처 : http://www.tradlinx.com

Carrier	Origin	Destination	Vessel	T/time	T/S	Link	Detail
HMM	Busan 2018.07.16 (Mon)	Hamburg 2018.08.17 (Fri)	HYUNDAI UNITY 105W	32 days	Direct	➔	—

CUTOFF TIME : 2018.07.14   CONTACT POINT ☎

Origin		Destination		Vessel					
LOC / TML	Date	LOC / TML	Date	Name / VOY / SVC	Operator	IMO No.	Flag	Build	TEU
BUSAN, KOREA /	2018.07.16 (Mon)	HAMBURG, GERMANY /	2018.08.17 (Fri)	HYUNDAI UNITY / 105W / AEX	Hyundai	9330719	Panama	2007	4728

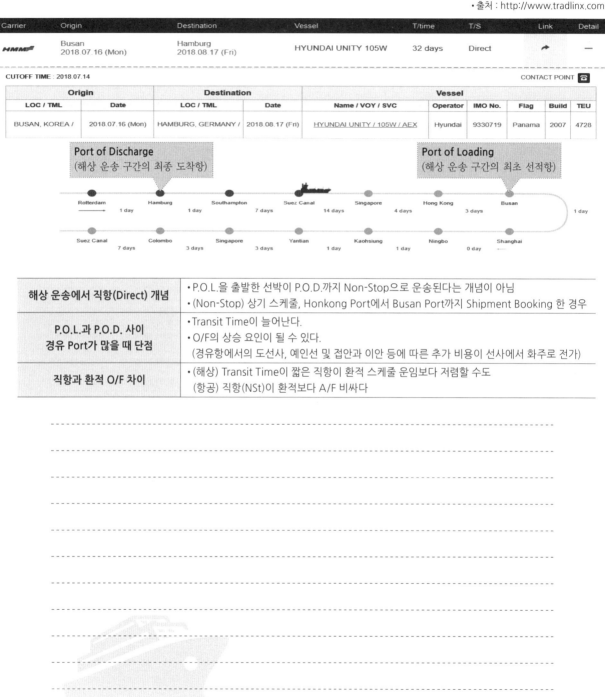

Port of Discharge (해상 운송 구간의 최종 도착항)

Port of Loading (해상 운송 구간의 최초 선적항)

Rotterdam — 1 day — Hamburg — 1 day — Southampton — 7 days — Suez Canal — 14 days — Singapore — 4 days — Hong Kong — 3 days — Busan — 1 day

Suez Canal — 7 days — Colombo — 3 days — Singapore — 3 days — Yantian — 1 day — Kaohsiung — 1 day — Ningbo — 0 day — Shanghai

해상 운송에서 직항(Direct) 개념	• P.O.L.을 출발한 선박이 P.O.D.까지 Non-Stop으로 운송된다는 개념이 아님 • (Non-Stop) 상기 스케줄, Honkong Port에서 Busan Port까지 Shipment Booking 한 경우
P.O.L.과 P.O.D. 사이 경유 Port가 많을 때 단점	• Transit Time이 늘어난다. • O/F의 상승 요인이 될 수 있다. (경유항에서의 도선사, 예인선 및 접안과 이안 등에 따른 추가 비용이 선사에서 화주로 전가)
직항과 환적 O/F 차이	• (해상) Transit Time이 짧은 직항이 환적 스케줄 운임보다 저렴할 수도 (항공) 직항(NSt)이 환적보다 A/F 비싸다

선박 스케줄과 해상 환적(T/S) 개념

[Step 1] Shipment Booking
- 화물 위치 : 한국
- 운송 요청 구간 : 한국 Busan Port에서 독일 Hamburg Port
- 직항 혹은 환적 중 환적 스케줄 Booking

[Step 2] 운송서류 발행
- Vessel Name : BENJAMIN BRANKLIN (운송서류에는 P.O.L.을 출항하는 선박이 기재, T/S의 경우 P.O.D. 도착 선박과 다름)
- 경유항(Via Port, Calling Port)과 환적항(T/S Port)는 기본적으로 운송서류 상에 표기되지 않음
- 환적 스케줄 Booking 한 경우
    - 전 구간(Busan Port – Hamburg Port)이 1개의 운송서류로 화물 운송 Tracking 가능 (Check Point) 실제로는 환적되었으나, 서류 상으로는 환적되었다고 보지 않음(FTA 직접운송 원칙 충족)
    - 환적된다 해서 P.O.L과 T/S Port 그리고 T/S Port와 P.O.D. 사이에 각각 운송 서류 발행되는 것 아님 (Check Point) 실제로도 환적했고, 서류상으로도 환적된 것임(FTA 직접운송 원칙 불충족)

 BUSAN - Port of Loading - ···→ BENJAMIN FRANKLIN **SHANGHAI** - T/S Port - ···→ CSCL STAR ···→ **HAMBURG** - Port of Discharge -

| OOCL | Busan 2018.07.04 (Wed) | Hamburg 2018.08.15 (Wed) | CMA CGM BENJAMIN FRANKLIN 0FL13W1MA | 42 days | T/S | ➚ | — |

CUTOFF TIME : 2018.07.02   CONTACT POINT ☎

Origin		Destination		Vessel					
LOC / TML	Date	LOC / TML	Date	Name / VOY / SVC	Operator	IMO No.	Flag	Build	TEU
Busan /	2018.07.04 (Wed)	Shanghai /	2018.07.07 (Sat)	CMA CGM BENJAMIN FRANKLIN / 0FL13W1MA / LL4	CMA	9706891	United Kingdom	2015	17859
Shanghai /	2018.07.09 (Mon)	Hamburg /	2018.08.13 (Mon)	CSCL STAR / 055W / LL3		9466867	Hong Kong	2011	14074

항공 화물의 환적(T/S) 스케줄

No.	출발편	연결편	출발일	Origin	Destination	출발예정시간	도착예정시간	기종
1	KE0273		14JUL	Seoul[ICN]	Santiago[SCL]	22:01	18:50[+1]	BOEING 777F
		KE0274	16JUL	Santiago[SCL]	Lima[LIM]	02:45	05:35	

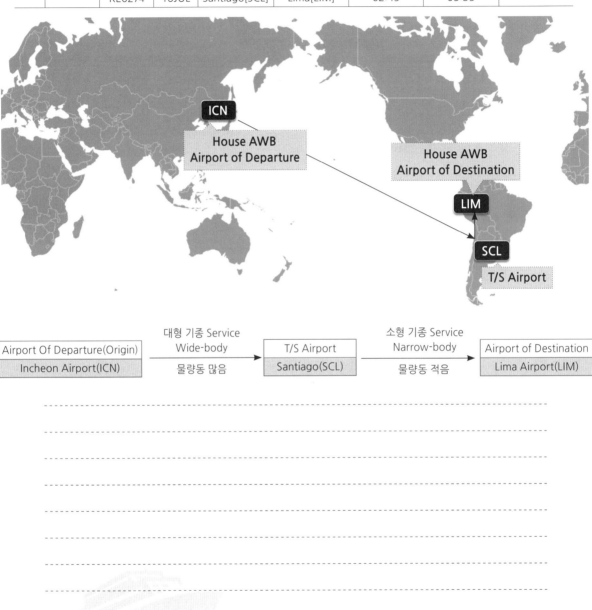

■ Rail&Sea

Departure		Arrival		Mode
Location	Date	Location	Date	
ATLANTA, GA	2020-03-17	LONG BEACH, CA	2020-03-24	Rail
LONG BEACH, CA	2020-03-26	LONG BEACH, CA	2020-03-26	Truck
LONG BEACH, CA	2020-03-29	BUSAN, KOREA	2020-04-14	HYUNDAI BUSAN 122W

• 상기는 선사의 서비스 구간이기에 선사 발행 운송서류는 Atlanta CY – Longbeach Port – Busan Port 구간에서 1회 발행
• 포워더 발행 운송서류 역시 동일하게 발행

■ Sea&Rail

Departure		Arrival		Mode
Location	Date	Location	Date	
BUSAN, KOREA	2020-03-28	MUNDRA, INDIA	2020-04-20	HYUNDAI VANCOUVER 261W
MUNDRA, INDIA	2020-04-20	NEW DELHI (TUGHLAKABAD), INDIA	2020-04-23	Rail

Pre-carriage by	Place of Receipt	Party to contact for cargo release
Vessel **Voy. No.** HYUNDAI VANCOUVER 261W	**Port of Loading** BUSAN PORT, KOREA	
Port of Discharge MUNDRA PORT, INDIA	**Place of Delivery** TUGHAKABAD, CY	**Final Destination (Merchant's reference only)**

■ Air&Truck

편명	출발지	출발일시	도착지	도착일시	기종	Rout
OZ 0286	ICN	2020-03-26 23:30	LAX	2020-03-26 17:25	74F	ICN-LAX-SFO
OZ 8180O	LAX	2020-03-27 09:00	BSB	2020-03-27 13:00	RFS	LAX-BSB

• 아시아나 항공 서비스 구간으로서 AWB의 Airport of Departure는 ICN, Airport of Destination은 BSB로 기재
• RFS(Road Feeder Service)는 트럭운송 서비스 구간으로서 역시 아시아나 항공 책임 구간
• ICN발 OZ 0286 항공기는 LAX를 경유해서 SFO까지 서비스
• 3 Code BSB는 브라질리아 공항

편명	출발지	출발일시	도착지	도착일시	기종	Rout
OZ 0201	LAX	2020-03-25 12:00	ICN	2020-03-26 17:30	359	LAX-ICN
OZ 4464	ICN	2020-03-26 19:30	PUS	2020-03-27 04:30	RFS	ICN-PUS

• 아시아나 항공 서비스 구간으로서 AWB의 Airport of Departure는 LAX, Airport of Destination은 PUS로 기재

Airport Of Departure(Origin)	A359	T/S Airport	Trucking 구간 아시아나 항공 책임 구간	Airport of Destination
LA Airport(LAX)		Incheon Airport(ICN)		Pusan Airport(PUS)

Airport of Departure (Addr. Of First Carrier) and Requested Routing					Reference Number			Optional Shipping Information			
LOS ANGELES - LAX											

to	By first Carrier	to	by	to	by	Currency		WT/VAL		Other		Declared	Declared
							CHGS Code	PPD	COLL	PPD	COLL	Value for Carriage	Value for Customs
ICN	OZ	PUS	OZ			USD		X		X		N.V.D.	USD40,275.00

Airport of Destination	Requested Flight/Date		Amount of Insurance	INSURANCE - if carrier others Insurance, and such insurance is requested in accordance with the conditions the real, indicate amount to be insured in figures in box marked "Amount of Insurance".
PUSAN, KOREA	OZ 0286	03/26/2020	USD40,275.00	

Sea&Rail

이미지 출처 : http://www.pantos.com

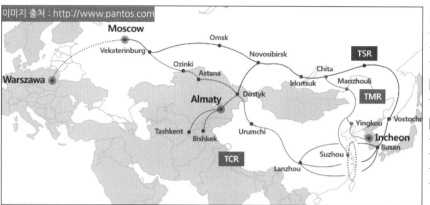

[선사 발행 운송서류]
- P.O.L. : Busan Port, P.O.D. : Lianyungang Port
- 선사 서비스 구간 : Port to Port
- Empty Container 반납지 : P.O.D. CY

[Railwaybill]
- 유가증권 기능 없음

[포워더 운송서류]
- P.O.L. : Busan Port, P.O.D. : Lianyungang Port
- Place of Delivery : Tashkent
- Lianyungang에서 철도 화물차(화차)로 T/S
- SOC(Shipper's Own Container) 사용

선사 Service 구간
• 선사 발행 운송서류

철송 Service 구간
• Railwaybill 발행

Port of Loading —————— **Port of Discharge** —————— **내륙지 CY**

? ?

포워더 Service 구간
• 전 구간 Cover 운송서류 발행

[문제 1]
포워더가 House 운송서류 Shipper에게 유가증권으로서 B/L을 발행하면, Shipper의 소유권 주장은 어디까지 가능한가?

[문제 2]
포워더는 Railwaybill을 기초로 House 건 Consignee에게 D/O 발행하나?

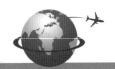

Sea&Air

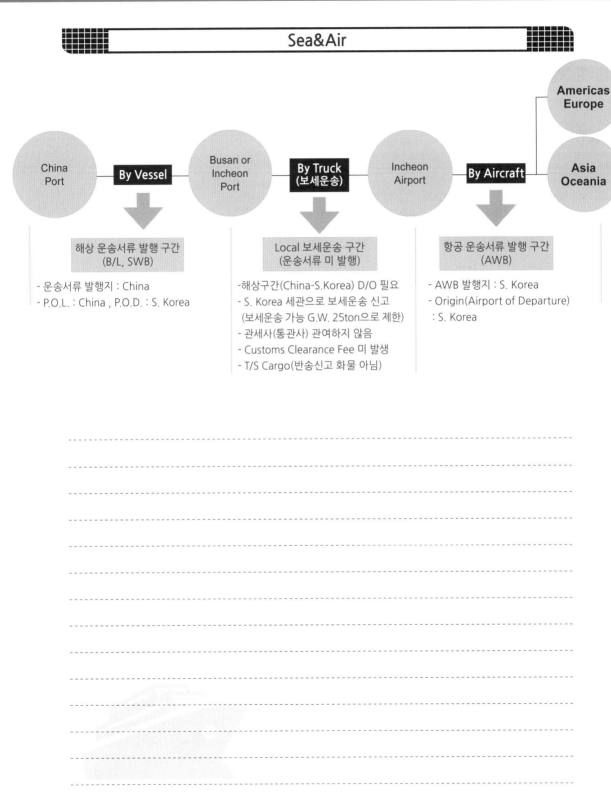

China Port

By Vessel

Busan or Incheon Port

By Truck (보세운송)

Incheon Airport

By Aircraft

Americas Europe

Asia Oceania

해상 운송서류 발행 구간
(B/L, SWB)

- 운송서류 발행지 : China
- P.O.L. : China , P.O.D. : S. Korea

Local 보세운송 구간
(운송서류 미 발행)

- 해상구간(China-S.Korea) D/O 필요
- S. Korea 세관으로 보세운송 신고
  (보세운송 가능 G.W. 25ton으로 제한)
- 관세사(통관사) 관여하지 않음
- Customs Clearance Fee 미 발생
- T/S Cargo(반송신고 화물 아님)

항공 운송서류 발행 구간
(AWB)

- AWB 발행지 : S. Korea
- Origin(Airport of Departure)
  : S. Korea

적하보험(Cargo Insurance)에 대한 개념 이해

■ **적하보험** : 보험목적물(화물, Cargo)에 발생된 경제적 손해(Loss, Damage)을 보상하는 것.

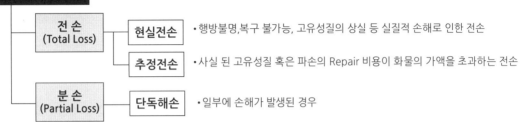

■ **적하보험료 계산 공식** : C/I 총액 x 희망이익(110%) x 구간요율 x 환율

- C/I 총액 : FOB, CIF 등 가격조건의 기준이 별도로 없음. 단순히 C/I 총액을 기준을 보험료 계산
- 희망이익 : 110%는 상황에 따라서 조정될 수 있음
- 요율 : HS Code를 기준으로 화물의 종류, 운송수단, 포장방법 등이 고려되어 결정
- 보험료 산출 방법은 전 세계적으로 동일. 다만 차이가 있다면 보험사 보험료율(Rate)에는 차이가 있을 수도
- Premium이란 최종 계산된 보험료를 뜻한다.
- 보험가입 신청할 때, C/I와 함께 HS Code를 보험사에 전달한다. HS Code 전달 목적은 어떤 특성(성격)의 물품인지 확인해서, 그 물품의 과거 사고 비율을 기초로 요율을 결정하기 위함이다.

적하보험 용어와 가입(부보) 시점, 종기 등

Insurer (보험자)	• 보험자는 보험회사로서 화물(Cargo)의 파손·분실 등의 위험(Risk)에 대비한 적하보험(Cargo Insurance) 상품을 판매하는 적하보험회사
Policy holder (보험계약자)	• 보험계약자로서 보험자(적하보험회사)와 적하보험 가입(부보) 진행하고, 보험료를 납부할 의무를 지는 자 • 보험가입하고 보험료 납부하면, 보험자는 보험계약자에게 보험증권(Insurance Policy/Certificate)을 발급
Insured (피보험자)	• 피보험자로서 보험사고가 발생하였을 때, 보험금 지급받는 자
보험금 (Insurance)	• 적하보험사고 발생하였을 때, 보험회사(보험자)가 피보험자에게 지급하는 금전(보상금)
보험료 (Premium)	• 적하보험 가입할 때 보험회사에게 지급하는 금액
보험목적물	• 적하보험에서 보험목적물은 보험증권에 기재되는 화물(Cargo) • 보험목적물이 존재하지 않는 상태에서 보험 가입할 수 없음

적하보험 가입 시점	• (원칙) 수출지에서 화물이 선박(항공기)에 On Board 되기 이전 시점 • (예외) On Board 후 가입 할 때는 On Board 이전에 Damage 없었다는 사실 확인 필요
적하보험 종기 (종료시점)	• 피보험화물이 보험증권에 기재된 목적지의 수하인의 창고 혹은 보관장소, 기타 최종창고 혹은 보관장소에 인도될 때 • 보험증권에 기재된 목적지에 도착하기 이전이나 또는 목적지를 불문하고 피보험자가 운송의 통상과정이 아닌 보관 또는 할당이나 분배를 위하여 사용키로 한 기타의 창고 또는 보관장소에 인도될 때 • 최종 양하항에서 외항선으로부터 피보험 화물의 양하완료 후 60일이 경과된 때
주의점	• (포장의 중요성) 적하보험에서 '포장의 부적절(불충분)'으로 인한 손해는 결코 보상하지 않음 • (보상 조건) 적하보험은 외부 충격 혹은 외부 요인을 이유로 겉포장 파손을 수반하는 내품의 파손만을 보상 • (물품의 특성에 따른 특약 가입) 도기 제품은 운송 과정 중에 파손될 위험이 있는 물품으로써 ICC(A)에 가입하더라도 해당 특성에 따른 손해는 보상받지 못하니 특약을 별도 가입해야 할 수도

적하보험의 위험담보 구간

■ 가격조건별 위험분기점

(예외) FOB 조건에서 매도인이 적하보험 가입하기도. 단, 중복 보장 불가

[적하보험 부보] 매수인 책임 조건

EXW

FCA CPT

FCA CFR

Door

CY CFS

CY CFS

Door

[적하보험 부보] 매도인 책임 조건

CIP

FOB CIF

DAP DDP

[적하보험 필수 가입 조건] CIF&CIP
• CIF는 매도인이 보험 상품 선택 가능
• CIP는 최대담보 조건으로 ICC(A) 가입해야

■ 가격조건별 보험회사의 위험 담보 구간

EXW, CIF, CIP	• Full 담보(Shipper Door to Consignee Door)
D-Terms	• Shipper Door to 지정장소(D조건은 수입지를 지정장소로 지정)
FOB, CFR	• On Board 시점 to Consignee Door • On Board 이전 사고에 대해서는 매도인이 별도 보험 가입해야
FCA, CPT	• 수입자 지정 포워더의 화물 인수 지점(반입지) to Consignee Door
참 고	• 적하보험 위험 담보 구간이 Consignee Door임에도 불구하고 적하보험 종료 사유가 Consignee Door 이전에 발생하면, 적하보험 종료될 수도

제 6 강

무역결제(T/T, L/C)

결제조건 T/T(Telegraphic Transfer)

T/T(송금, 계좌이체)
- (의미) 수입자의 외국환 통장에서 수출자의 외국환 통장으로 계좌 이체하는 결제 방법
- (은행) 수입자의 요청을 받아서 수출자의 계좌로 송금하는 역할 수출자에게 대금 지급 확약과 대금 지급받은 수출자의 계약 이행을 보증하지 않음

[T/T 선불 금액의 환불]
- 수출자가 Credit Note 발행해서 수입자의 외국환 계좌로 T/T 결제해야, 이때 수입자의 Bank Information 필요
- 수출자가 협조하지 않으면 환불받기 어려움

[T/T 선불받은 수출자의 계약 불이행 대비]
- 선수금환급신용장(Advance Payment Standby L/C, AP-Bond, APB) 활용

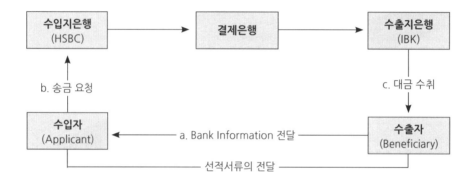

[선적서류의 전달] 수출입자 사이에서 직접 진행, 은행을 거치지 않음

구 분	유가증권 발행 경우 (Bill of Lading)	화물운송장 발행 경우 (SWB, AWB, Surrendered)	운송서류 이외의 원본 서류 발행된 경우
Shipping Advice By E-Mail	O	O	O
원본서류의 전달 By Courier Service	B/L 3부, C/I, P/L 등의 선적서류를 1 Lot으로 특송 발송	기본적으로 해당 사항 없음	검역증(Health Certificate), FTA C/O 등의 원본 서류가 발행된 경우, 특송 발송

T/T 결제방법(Payment Term) 표기법

Payment Term

[선불 표기법]
a. T/T 100% in Advnace within End of April. 2020
b. T/T 30% with Order(Downpayment), 70% Before Shipment
 • Downpayment(계약금, Deposit), Balance(잔액), Due Date(대금 지급 만기일)

[후불 표기법]
a. T/T 35 Days After B/L Date
b. T/T 60 Days After Invoice Issuing Date
c. T/T 50% Deposit, Balnce within 10 Days After Buyer's Final Acceptance Certificate
 (해석) 기계 설비의 경우, 수입자가 설치 후 문제 없으면 잔액 결제
a. T/T Net 90 Days (해석) 양자간에 기산일 협의 가능, C/I 발행일, On Board Date 등

[Payment Term] 10 Days After B/L Date

On Board Date : 6월 5일

결제기일 : 6월 15일

Bank Information(Detail) 및 송금 수수료

구 분		내 용
Bank Inforamtion		• Bank Name : Industrial Bank of Korea (IBK) • Bank Address : 9-2 Samsungdong Kangnamgu, Seoul, Korea • Swift Code : IBKOKRSEXXX • Account No. : 000-000001-00-00015 • Beneficiary : edutradehub
필요	T/T 결제	• 수입자가 수출자의 계좌로의 송금하기 위해서 필요
	L/C 결제	• 수출자가 자신의 거래은행을 통지은행으로 지정 요청할 때 수입자에게 전달

■ **Swift Code(BIC)** : 은행 코드

은행코드 (처음 4자리 Code)	국가코드 (다음 2자리 Code)	지역코드 (다음 2자리 Code)	지점번호 (마지막 3자리 Code)
IBOK	KR	SE	XXX
기업은행	대한민국	서울	지점 혹은 본사

[우리나라 주요 은행 Code]
• SHBK(신한은행), HVBK(우리은행), CZNB(국민은행), KOEX(하나은행), NACF(농협)

• 출처 : 우리은행 외환수수료

당발 송금수수료 (국내 → 해외)	타발 송금수수료 (해외 → 국내)
• U$ 500 상당액 이하 : 5,000원 • U$ 2,000 상당액 이하 : 10,000원 • U$ 5,000 상당액 이하 : 15,000원 • U$ 20,000 상당액 이하 : 20,000원 • U$ 20,000 상당액 초과 : 25,000원	• 10,000원(인터넷 타발 송금 입금시 5,000원)

수입통관 예상 자금 관리와 후결제 관리 방법

수입통관 자금 관리

관리번호	E.T.D.	Price Term	품명	운송비(도착전)	환율	관세	예상 총액
PO No.	E.T.A.	지정장소	C/I Amount	운송비(도착후)	총과세가격	부가세	
Ref.-20128	2020/4/15	CIF	Powder Soap 외	₩0	1,150	₩2,616,250	₩7,752,875
20108	2020/4/19	Busan Port	US$35,000.00	₩850,000	₩40,250,000	₩4,286,625	
Ref.-20129	2020/4/18	FOB	S/P for Machine	₩1,850,000	1,158	₩0	₩3,680,390
20113	2020/4/19	Schiphol Airport	US$12,050.00	₩250,000	₩15,803,900	₩1,580,390	
Ref.-20130	2020/4/25	FOB	Casing for 20D	₩900,000	1,161	₩41,564,250	₩111,690,675
20109	2020/5/30	Hamburg Port	US$550,000.00	₩1,125,000	₩639,450,000	₩68,101,425	

후결제 관리

- PO No.로 관리하는 것이 아니라 Invoice No. 혹은 서류관리 번호로 관리 한다.
  (하나의 PO 건에 대해서 분할선적 될 수 있으며, 결제는 선적 건별로 관리해야)

- 결제 달력을 만들어 자금 관리한다.
- 결제기일은 분산한다(특정 기간에 결제가 집중되면 자금 관리 어려울 수도).

SUNDAY	MONDAY	TUESDAY	WEDNESDAY	THURSDAY	FRIDAY	SATURDAY
1	2	3 Ref.20128 US$35,000.00	4	5	6	7
8	9 Ref.20129 US$12,050.00	10	11	12	13 Ref.20130 US$550,000.00	14

외국환은행의 환율 테이블

환율 고시		설 명
은행 기준	전신환 매입율	• 은행이 외화를 고객에게 매입(구매)할 때(수출자가 환전할 때)
	전신환 매도율	• 은행이 외화를 고객에게 매도(판매)할 때(수입자가 환전할 때)
고객 기준	전신환 보내실 때	• 고객님이 외화를 보내실 때(수입자가 환전할 때)
	전신환 받으실 때	• 고객님이 외화를 받으실 때(수출자가 환전할 때)

• 출처 : 우리은행 일반환율조회

통화표시	통화명	송금		현찰				T/C	매매	대미
		보내실 때	받으실 때	사실 때(스프레드율)		파실 때(스프레드율)		사실 때	기준율	환산율
USD	미국 달러	1,230.30	1,206.70	1,239.82	1.75%	1,197.18	1.75%	1,233.12	1,218.50	1
JPY	일본 100엔	1,162.59	1,140.27	1,171.58	1.75%	1,131.28	1.75%	1,165.24	1,151.43	0.945
EUR	유럽연합 유로	1,378.98	1,351.68	1,392.22	1.97%	1,338.44	1.97%	1,385.80	1,365.33	1.1205
GBP	영국 파운드	1,551.27	1,520.57	1,566.17	1.97%	1,505.67	1.97%	1,558.95	1,535.92	1.2605

[대미 환산율]
• EUR 50을 USD로 변경하는 방법. EUR50 x 1.1205 = USD56.025

[스프레드율]
• 은행이 매매기준율 기준으로 고객에서 외국환 매도(매입)할 때 얻는 환전 수수료율

T/T 결제 진행 절차에 대한 이해

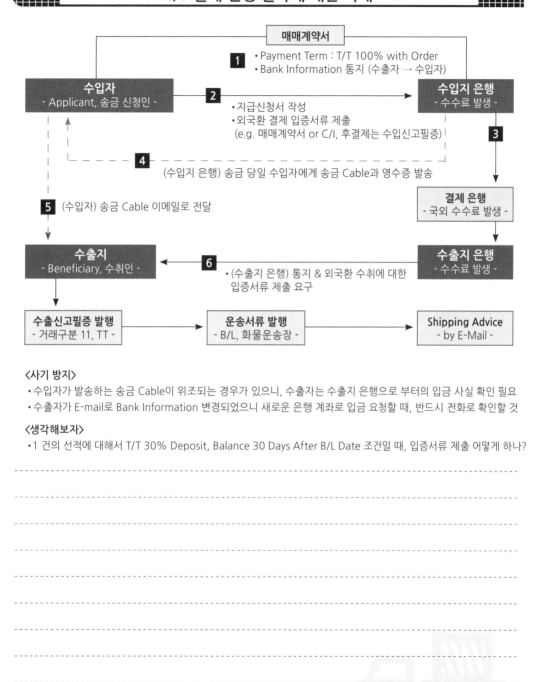

매매계약서

1 • Payment Term : T/T 100% with Order
• Bank Information 통지 (수출자 → 수입자)

수입자
- Applicant, 송금 신청인 -

2 • 지급신청서 작성
• 외국환 결제 입증서류 제출
(e.g. 매매계약서 or C/I, 후결제는 수입신고필증)

수입지 은행
- 수수료 발생 -

3

4 (수입지 은행) 송금 당일 수입자에게 송금 Cable과 영수증 발송

결제 은행
- 국외 수수료 발생 -

5 (수입자) 송금 Cable 이메일로 전달

수출지
- Beneficiary, 수취인 -

6 • (수출지 은행) 통지 & 외국환 수취에 대한
입증서류 제출 요구

수출지 은행
- 수수료 발생 -

수출신고필증 발행
- 거래구분 11, TT -

운송서류 발행
- B/L, 화물운송장 -

Shipping Advice
- by E-Mail -

〈사기 방지〉
• 수입자가 발송하는 송금 Cable이 위조되는 경우가 있으니, 수출자는 수출지 은행으로 부터의 입금 사실 확인 필요
• 수출자가 E-mail로 Bank Information 변경되었으니 새로운 은행 계좌로 입금 요청할 때, 반드시 전화로 확인할 것

〈생각해보자〉
• 1 건의 선적에 대해서 T/T 30% Deposit, Balance 30 Days After B/L Date 조건일 때, 입증서류 제출 어떻게 하나?

전신환 지급신청서 양식과 작성법

- 수출자(Beneficiary)의 Bank Information(계좌정보) 필요
- 국외수수료(결제은행 수수료) 부담하는 자 미리 협의할 필요
- Value Date. 자금이 입금되거나 출금되는 날짜

*출처 : CITI BANK

송 금 인 출 계 좌	송금인출계좌통화: (Currency)				송금인출계좌: (Debit Account)			
송 금 방 법 (Send By)	□국외송금(OTT) □실시간해외송금(OCT) □송금수표(ODD) □원격지수표(ORD) □국내송금(□OMT □OKT) □기타( )							
송 금 액 (Amount)	(U$) 통 화 (Currency)							
송금취결일(Value Date)	*기업고객중 무통장 고객에게만 적용		구송금번호			*고객님께서 직접 기입해주시기 바랍니다		
신 청 인 (Applicant)	주민/사업자/여권번호							
	한글성명(Korean Name)							
	영문성명(English Name)							
	주소(Address)					(Tel :)		
	이메일(e-Mail Address)			@				
수 취 인 (Beneficiary)	성 명(Name or co.)				신청인과의 관계			
	주 소 (Address)				(Tel :)			
	국 적 (Nationality)				주민등록번호(내국인인경우)			
수 취 인 거 래 은 행 (Beneficiary Bank)	수취인 계좌번호 (Beneficiary A/C No.)							
	은행명 및 지점명 (Bank Name)							
	은행주소(도시, 국가명) (Bank Address)				*씨티은행국내법인의 사유 기록/인감 송금시 국가명이 주출자(국명) 있음			
	은행코드 (SWIFT BIC, ABA#, Sort Code etc.)							
국외수수료(Charge)	□ 신청인 (Applicant) □ 수취인 (Beneficiary) 내역 (Payment Details)							
자 금 중 개 은 행 (Intermediary Bank)		지급 사유(Payment Reason)						
수입대금(미화 2만불 초과)의 경우 기재	사전송금여부	품목(H.S. Code)	가격조건	상대국	L/C or 계약서 No		대응수입예정일	
							당초: 변경:	
해 외 여 행 경 비 등 의 경 우 기 재	해외여행경비 :							
	해외 이주비 :							

주식회사 한국씨티은행 앞
- 귀행을 거주자의 지급증빙서류 미제출지급(연간 미화 5만불 이내 자본거래 신고예외 포함)을 위한 거래외국환은행으로 지정하고자 합니다.
  (실명확인증표에 의하여 실명확인후 본 서식 상단에 실명확인필을 날인할 것)
- 본인은 귀행 영업점에 비치된 외환거래 기본약관을 열람하고 그 내용에 따를 것을 확약하며 위와 같이 지급신청 합니다.
- 귀행이 본인의 해외송금업무 처리를 함에 있어 수취은행이 당해 수취은행 소재 국가의 법률 및 관련 규정 등에 따라 송금인명, 고객식별정보(고객번호 및 주소 등)의 정보제공을 요구하는 경우 당해 수취은행에 제공하는데 동의합니다.

신청인 (인 또는 서명)
대리인 (인 또는 서명)

이 신청서는 외국환통계자료로 활용하며 과세자료로 국세청에 통보될 수 있습니다.				
위 사실을 확인함	지 정 확 인 번 호		지 정 일 자	
		년 월 일	한 국 씨 티 은 행 장 인	

송금 Cable 및 송금 영수증

송금 Cable

* REMITTANCE DETAILS *

수입자는 송금 Cable을 스캔 후
이메일에 PDF로 첨부하여 수출자
에게 결제 사실 통지한다.

지점 : 0068(서초지점)

: 20	SENDER'S REFERENCE (송금번호)	:	12301230123
: 32A	VALUE DATE / CURRENCY / AMOUNT	:	2011-08-30 / USD / 208.00
: 50K	ORDERING CUSTOMER (송금인)	:	EMSOUL XXX 213-7 NONHYUNDONG KANGNAMGU SEOUL KOREA
: 59	BENEFICIARY CUSTOMER (수취인)	:	123-123123-123 KASTON CO LIMITED XXX 123 10/F ABC CENTER 12 ABC ST HK TEL 123-123123
: 57	ACCOUNT WITH INSTITUTION (수취은행)	:	ABC BANK ABC PLAZA XXX HONGKONG
: 56	INTERMEDIARY INSTITUTION (중계은행)	:	
: 71A	DETAILS OF CHARGES (해외은행수수료부담자)	:	APPLICANT
: 70	REMITTANCE INFORMATION (추가정보내역)	:	

*** ABOVE DETAIL IS NOT VALID TO PAY USE ***

INDUSTRIAL BANK OF KOREA
SECHO GU BRANCH

송금 영수증

외국환 거래 계산서

엠솔		거래일자 2011-08-30		서초지점

구 분	통화명	외화 금액	환율	원화 금액
송 금 금 액	USD	208.00		258,148
(포 지 션)		208.00	1,241.10	258,148
해외수수료원화		18.00	1,241.10	22,339
XX예금 : 0123123123123				

요	대 상 금 액	환 율	요율(%)	일수	대상기간	원화금액
송금수수료						5,000
전 신 료						8,000

수취인 KASTON CO LIMITED
수취인 123-123123-123
지급은 ABC BANK   사유코드 : 011

** 고시환율적용 **   USD환산금액 : 208.00   문의전화 02)000-0000

저희 은행을 이용하여 주셔서 감사합니다.

무역결제(T/T, L/C) 229

송금 Cable을 이메일로 보내는 방법

- 거래 관계에서 어떤 행동을 하면 상대에게 통지할 필요가 있다.
- 송금 통지를 하는 경우, 해당 건의 인보이스 번호를 기재하고 송금 Cable을 첨부한다.

- 이메일은 뜻 전달의 목적을 가진다.
- 이메일은 내부 보고서이며, 외부로 나가는 회사의 공문이다(이메일 제목은 간단하게).
- 본문의 내용은 한눈에 내용 파악할 수 있도록 심플하게 작성한다.

COD(Cash on Delivery, 물품인도결제방식) **결제의 업무 처리 절차**
- 사후송금(T/T 후결제) 방식 -

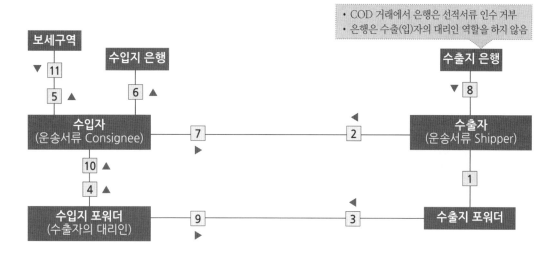

• COD 거래에서 은행은 선적서류 인수 거부
• 은행은 수출(입)자의 대리인 역할을 하지 않음

보세구역
11
5 ▲

수입지 은행
6 ▲

수출지 은행
▼ 8

수입자
(운송서류 Consignee)
7
2
수출자
(운송서류 Shipper)

10 ▲
4 ▲
1

수입지 포워더
(수출자의 대리인)
9
3
수출지 포워더

---

1 •운송서류 발행

3 •선적서류 발송(유가증권 B/L 포함) by Courier Service

5 •화물 확인

7 •T/T 송금 결과 통지 By-mail(송금 Cable)

9 •D/O 발행 여부 수출자에게 Check
　(수출자는 T/T 결제받으면, 동의)

2 •Shipping Advice by E-mail(B/L Copy, C/I, P/L 등)

4 •운송비 Invoice 발행•청구 및 Arrival Notice(A/N)

6 •수출자의 Bank Information 기초로 T/T 송금 신청

8 •T/T 대금 수취

10 •D/O 발행

11 •화물 반출•인수

COD(Cash on Delivery, 물품인도결제방식) **결제의 업무 처리 절차**
- 사후송금(T/T 후결제) 방식 -

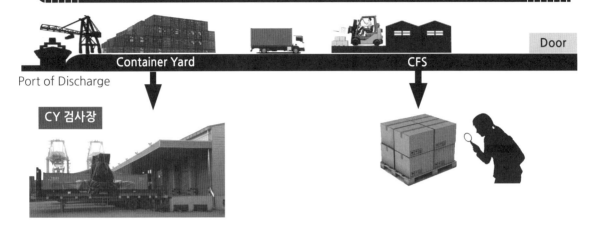

[보세화물 확인 방법] 한국의 경우
- '수입신고전 물품확인 신청서 ' 「보세화물관리에 관한 고시」 별지 제18호 서식 세관으로 제출 후 승인받아야
- (LCL) CFS에서 보세상태 화물 확인 가능. D/O 없이 CFS로 자동으로 보세운송.
- (FCL) CY 검사장으로 컨테이너 이동 시켜서 보세화물 검사. D/O 없이 CY 반출 불가
- 유가증권 발행해서 수입지 도착 화물의 반출을 통제할 수 없는 항공 건(AWB 발행)은 COD 거래와 부적절할 수도
- 결국, 해상에서도 발행 당시부터 Surrender 처리된 SWB를 발행해서 COD 거래하는 것은 부적절

[수출자의 대리인] 수입지 포워더
- (EXW, F-Terms) 수입지 포워더의 Free Cargo로서 수입지 포워더는 수입자 편
  따라서 수출자 입장에서 수입지 포워더를 믿고 COD 거래 진행하기엔 무리가 있음
- (C 혹은 D-Terms) 수출지 포워더의 Free Cargo
  수출자 입장에서 수출지 포워더와 수입지 포워더 간에 업무 협조만 잘된다면 COD 거래 진행 가능

• CAD 거래에서 '통상적으로' 은행은 선적서류 인수 거부
• 인수한다면, 서류만 인수하고 매입(추심) 거부. 유럽식 D/P

수입지 은행

3. 수출자의 Bank Information 기초로 T/T 송금 신청

수출지 은행

5. T/T 대금 수취

수입자
(운송서류 Consignee)

2. Shipping Advice by E-mail(B/L Copy, C/I, P/L 등)

4. T/T 송금 결과 통지 By-mail(송금 Cable)
7. 유가증권 Surrender 처리 사실 통지

수출자
(운송서류 Shipper)

1. 운송서류 발행
6. Surrender 처리 요청

수입지 포워더

• 수출지 포워더(및 은행)는 수입자의 대리인 될 수 없음
• 수출지 포워더는 화물 검수 대행할 수 없음
  (물품에 대한 지식 부재, 화물 검수는 공인 기관으로 의뢰해야)

수출지 포워더

CAD 건의 선적서류 인수 및 매입 거부하는 수출지 은행	
은행의 서류 인수	• CAD 및 COD 거래에서 수출지 은행은 기본적으로 수출자의 선적서류 인수 거부
매입(네고) 거부	• 수출지 은행은 선적서류를 인수하더라도 매입 거부. 환어음 발행되지 않기 때문 • (문제점) 매입으로 인한 선적 대금 조기 확보가 불가하고, 외상 거래이기 때문에 수출자 입장에서 실익 없음
유럽식 D/P	• CAD 거래에서 수출지 은행이 선적서류 인수하는 것 • 은행이 서류 Delivery 업무만 할 뿐 매입하지 않으니 수출자 입장에서 실익 없음

O/A(Open Account) 결제 방식
- 사후송금(T/T 후결제) 방식 -

[O/A 네고] 선적대금 선결제(매입)
- 수출자의 외상수출채권 구입 But 소구가능 조건
- O/A 네고 조건으로 수출자에게 담보 요구할 수도
- 만기일에 수입자가 결제 하지 않으면 소구권 행사

수출지 은행

수입지 은행

5. 선적통지 및 외상매출채권 매각
(선적서류 사본 제출)

6. 만기일까지 수출지 은행 계좌로 T/T 결제 진행

1. O/A 약정

수입자
(운송서류 Consignee)

2. 매매계약
(만기일까지 수출지 은행 계좌로 T/T 결제 조건)

4. Shipping Advice by E-mail(B/L Copy, C/I, P/L 등) 유가
증권(B/L) 발행된 경우, 특송으로 발송

수출자
(운송서류 Shipper)

3. 운송서류 발행

[O/A 개념]
- O/A는 사후송금 방식
- 선적 후 수출자에게 외상매출채권 발생

[O/A 거래 가능한 수출자]
- 신용도가 높은 대기업 혹은 중견기업

수입지 포워더

수출지 포워더

구분	O/A 거래 장점	O/A 거래 단점
수출자	• 선적 후 즉시 선적대금 결제 가능 (현금 유동성 확보)	• 높은 신용도 필요 • 은행으로 담보 제공해야 할 수도 • 만기일까지 수입자가 결제하지 않으면 선적대금 반환해야 하는 위험 노출(은행의 소구권 행사)
수입자	• 물품 인수 후 현금화 시킨 돈으로 후결제 가능 (수출자의 사기 방지, 현금 유동성 확보)	-

신용장 당사자 이해

- (개설은행) 대출하는 자

- 선적대금의 최종 결제 책임자
- 신용장에서 We, Our는 개설은행, Your는 Beneficiary

- UCP600 제2조 제12문
- 매입, 지급, 인수 등 업무 행하는 은행
- 대금지급 확약 은행 아님

개설은행
(Issuing Bank)

지정은행
(Nominated Bank)

- 통지은행
- 매입은행
- 지급은행
- 인수은행

지급인
(Drawee, Bank)

- 개설은행을 대신해서 매입은행으로 선적대금 상환 업무
- 개설은행의 지점 혹은 예치환 거래은행

[매입신용장에서 Drawee 역할을 하는 은행]

- At Sight L/C : 개설은행
- Banker's Usance L/C : 개설은행 or 해외 예치환거래은행
- Shipper's Usance L/C : 개설은행

- 은행으로 대출 신청하는 자

- 대출금 지급받는 자(조건, 선적 이행)

개설의뢰인 / 수입자
(L/C Applicant)

수익자 / 수출자
(L/C Beneficiary)

- 매매계약서의 Buyer(매수인)이자 L/C 개설 신청자
- L/C 개설신청서(Draft, Application) 작성자
- Applicant의 신용과 담보 제공으로 L/C 개설 신청

- 매매계약서의 Seller(매도인)
- 선적 후 선적 대금을 결제받는 자
- 매입 신청할 때 Beneficiary의 신용도 중요

 신용장의 장단점

| 개설은행 / 지급인 (Issuing Bank / Drawee) | | 통지/매입은행 (Advising / Negotiating Bank) |

• 신용장 거래에 소극적인 수입가인가?

• Beneficiary의 신용도가 신용장 거래에 영향을 미치는가?

| 개설의뢰인 / 수입자 (L/C Applicant) | | 수익자 / 수출자 (L/C Beneficiary) |

• 개설은행 신용도 Check 후 신용장 거래할 것

구분	Applicant	Beneficiary
신용장 장점	•부동 자산을 은행으로 담보 제공 후 물품 구입 가능 •구입한 물품을 현금화시킨 돈으로 신용장 금액 결제 가능(Usance L/C)	•선적 후 Drawee에게 결제받기 전에 수출지 은행으로부터 선적대금을 조기에 지급받을 수 있음
신용장 단점	•거래의 복잡성과 상당한 은행 이자	•선적 후 선적대금 수취 가능 •거래의 복잡성과 상당한 은행 이자
주의점	•신용장 45A Description 조항과 일치하는 물품 인수 보장하지 않음 •신용장 46A 조항과 일치하는 선적서류 인수 보장	•무조건적인 대금 지급 확약 아님 •개설은행의 신용도 Check 필요(by K-Sure) •모든 은행이 UCP600 준수하는 것 아님 •신용장 사기에 주의

[알아두기]
- 신용도가 낮고 담보 제공 능력 없는 수입자는 신용장 개설 신청 불가하다. 따라서 신용장 거래에 적극적이지 않은 수입자와의 거래에 대해서 수출자는 신중해야 한다.
- 신용장 대금의 최종 결제 책임자는 Drawee가 아니라 개설은행이다.

매입신용장 당사자와 업무 진행 절차

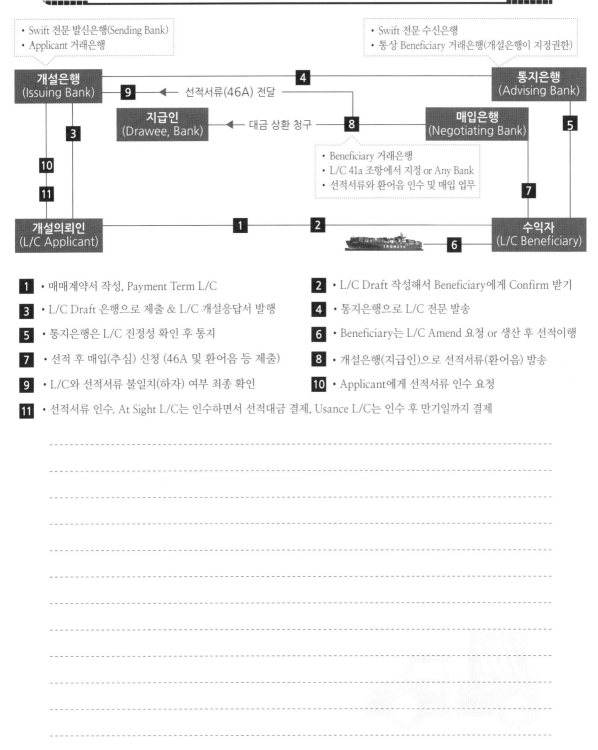

- Swift 전문 발신은행(Sending Bank)
- Applicant 거래은행

- Swift 전문 수신은행
- 통상 Beneficiary 거래은행(개설은행이 지정권한)

개설은행
(Issuing Bank)

9 ← 선적서류(46A) 전달

4

통지은행
(Advising Bank)

지급인
(Drawee, Bank) ← 대금 상환 청구 **8**

매입은행
(Negotiating Bank)

3

5

- Beneficiary 거래은행
- L/C 41a 조항에서 지정 or Any Bank
- 선적서류와 환어음 인수 및 매입 업무

10

7

11

개설의뢰인
(L/C Applicant)

1   **2**

6

수익자
(L/C Beneficiary)

1 • 매매계약서 작성, Payment Term L/C

2 • L/C Draft 작성해서 Beneficiary에게 Confirm 받기

3 • L/C Draft 은행으로 제출 & L/C 개설응답서 발행

4 • 통지은행으로 L/C 전문 발송

5 • 통지은행은 L/C 진정성 확인 후 통지

6 • Beneficiary는 L/C Amend 요청 or 생산 후 선적이행

7 • 선적 후 매입(추심) 신청 (46A 및 환어음 등 제출)

8 • 개설은행(지급인)으로 선적서류(환어음) 발송

9 • L/C와 선적서류 불일치(하자) 여부 최종 확인

10 • Applicant에게 선적서류 인수 요청

11 • 선적서류 인수. At Sight L/C는 인수하면서 선적대금 결제, Usance L/C는 인수 후 만기일까지 결제

개설은행이 Beneficiary에게 제시하는 선적대금 지급 조건

FM : KOEXKRSE 하나은행 역삼동지점 TO : BHFBDEFF200

40A	Form of Documentary Credit	: IRREVOCABLE
20	Documentary Credit Number	: MO6H7809NU00033
31C	Date of Issue	: 2018-09-12
31D	Date and Place of Expiry	: (date) 2018-10-20
		(place) IN YOUR COUNTRY
50	Applicant	: EDUTRADEHUB
59	Beneficiary	: KASTON
32B	Currency Code, Amount	: EUR 150,000.80
41a	Available with... by...	: ANY BANK BY NEGOTIATION
42C	Drafts at...	: 90 DAYS AFTER B/L DATE
42a	Drawee	: KOEXDEFA
		KEB (DEUTSCHLAND) AG, FRANKFURT
43P	Partial Shipment	: PROHIBITED
43T	Transhipment	: PROHIBITED
44E	Port of Loading/Airport of Departure	: ANY GERMAN PORT
44F	Port of Discharge/Airport of Destination	: BUSAN PORT, KOREA
44C	Latest Date of Shipment	: 2018-09-30

45A   Description of Goods and/or Services :
Tube Bending Machine S/N 119SH813ABB08
HS Code 8462.21-0000
        [Place of Terms of Price] FOB German Port [Country of Origin] DE

46A   Document Required :
+ SIGNED COMMERCIAL INVOICE IN 3 COPIES
+ FULL SET OF CLEAN ON BOARD OCEAN BILLS OF LADING MADE OUT
TO THE ORDER OF KEBHANA BANK MARKED FREIGHT COLLECT NOTIFY EDUTRADEHUB
+ PACKING LIST IN 3 COPIES

48   Period for Presentation   : DOCUMENTS TO BE PRESENTED WITHIN 21 DAYS AFTER
                THE DATE OF SHIPMENT BUT WITHIN THE VALIDITY OF THE CREDIT

53a   Reimbursement Bank   : KEB (DEUTSCHLAND) AG, FRANKFURT

[조건 1]
45A 계약 물품을 44C(S/D)까지 44E에서 선적할 것. 단, 분할선적 금지

[조건 2]
신용장 조건과 일치하게 선적 이행하였음을 증명하는 46A 선적서류를 48 조항의 선적서류제시기일까지 수출지 은행으로 제출할 것

[조건 3]
선적 및 서류의 제출은 모두 31D E/D 이내에 완료할 것

[참고]
• 44C(S/D)는 45A 물품의 선적기일
• 46A 선적서류는 신용장 내용과 일치하게 선적했음을 증명하는 서류
• 48 조항은 신용장과 일치하는 계약 이행 사실을 증명하는 46A 선적서류를 수익자 은행으로 제출해야 하는 기일

유효(선적)기일 연장과 기한부 환어음 만기일 산정

- 모든 은행이 UPC600(신용장통일규칙)을 준수하는 것은 아니다.

■ E/D와 S/D의 연장

구 분	신용장 조항	규 정	설 명
유효기일	• 31D Date and Place of Expiry	• UCP600 제29조 a항 • ISBP745 B7	[E/D가 통상의 은행 휴업일] • 최초의 다음 은행영업일까지 연장(기일 이후의 첫 은행영업일) [E/D가 불가항력 사유에 의한 은행 휴업일(UCP600 제36조)] • 연장되지 않음 [E/D가 은행 영업일] • 연장되지 않음
선적기일	• 44C Latest Date of Shipment	• UCP600 제29조 c항	• S/D가 은행 휴업일이라도 연장되지 않음 • 항구(공항)은 365일 화물 처리하기 때문

■ 기한부 환어음 만기일 산정할 때 B/L Date 의미 • (e.g.) 60 Days After B/L Date

구 분	규 정	설 명
B/L	• ISBP 745 B2	• B/L Date는 UCP600 제20조에서 규정하는 선적일을 의미한다. • B/L의 발행일과 본선적재일이 서로 다른 경우에는 그것이 B/L 발행일 전이나 후의 일자인지 여부와 상관 없이 본선 적재일이 B/L Date가 된다.
AWB	• UCP600 제23조 a항 iii호	• AWB에는 실제 선적일이 기재되지 않기 때문에 AWB의 발행일(Date of issuance)을 선적일로 본다. 물론 실제 선적일이 기재되면 당해 일자를 선적일로 본다. • Flight No.와 Flight Date는 선적일의 결정에 고려되지 않는다.

■ **기한부 환어음 만기일** • From 혹은 After를 사용한 경우, 당해 일자는 기산일에서 제외
　　　　　　　　　　　 • UCP600 제3조 10문, ISBP745 B4

	42C Drafts at		결제 만기일(At Maturity)
Case 1	• 10 Days After B/L Date • B/L Date : 5월 1일		• 5월 11일
Case 2	• 10 Days From Sight • 일치하는 제시일을 받은 날 : 5월 1일		• 5월 11일

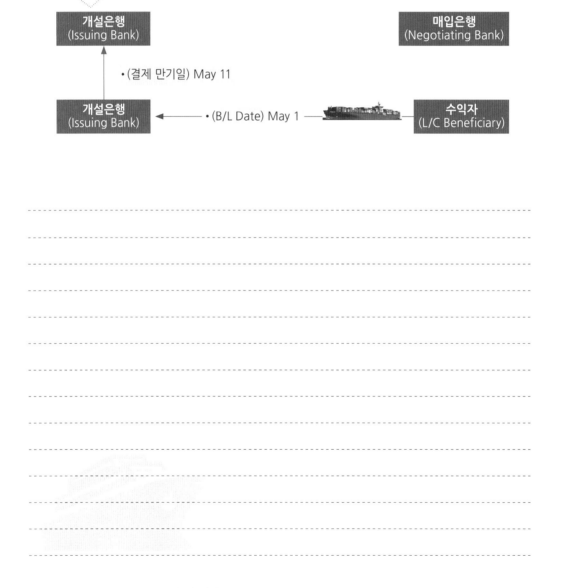

매입(Nego)과 추심(Collection)의 차이점

개설은행 / 지급인
(Issuing Bank, Drawee) → **3. Drawee의 환어음 총액 지급** ← **2. 서류 발송** ← **매입(지정)은행**
(Negotiating Bank)

▼ **4. 선적서류 인수** ▲ **1. 매입 신청 및 매입(선지급)**

개설의뢰인
(L/C Applicant)
수익자 / 환어음 발행인
(L/C Beneficiary, Drawer)

1 • 지정은행의 소구 가능 조건부 매입
  • [수출환어음 매입으로 인한 이자] • 환가료
    • 우편표(대략 2,000원~24,000원)
    • 매입수수료 (대략 5,000원~24,000원)

2 • 선적서류(46A)와 환어음 등의 서류를 One Lot으로 특송(By Courier Service) 발송

3 • (Drawee의 지급 거절) 지정은행은 Beneficiary에게 대금 반환 청구(소구)

구 분	설 명	비 고
매입 의미 (Nego)	• 수출지 매입(지정)은행이 Drawee(혹은 개설은행)를 대신해서 환어음 발행인(Drawer, Beneficiary)에게 환어음 총액(선적대금)을 선결제하는 선의를 베푸는 행위	• 매입(지정)은행은 Beneficiary에게 선적대금 지급 확약한 은행 아니다.
매입 조건 (Nego)	• 선적서류(46A)와 신용장 내용 일치해야 • Beneficiary의 신용도에 문제 없어야 • 개설은행 및 개설 국가 신용도에 문제 없어야	• 조건 갖추지 못하면, Beneficiary의 매입 신청에 대해서 매입(지정)은행은 매입 거부하고 추심 진행할 수도
소구 가능 (with Recourse)	• 매입(지정)은행이 선결제한 대금을 Drawee에게 지급받지 못했을 때, Beneficiary에게 반환 청구할 수 있는 권리	• 소구 ↔ 비소구 • 대부분 소구 조건으로 매입 • 선의를 베푼 자가 피해 보면 안 된다.
Beneficiary 신용도	• 매입(지정)은행이 Beneficiary에게 매입 조건으로 담보 요구할 수도 • 담보 제공하지 못하면 추심 진행 할 수도	• 한국무역보험공사 보험 활용
추심 의미 (Collection)	• 수출지 지정은행이 환어음 총액 선결제 하지 않고 서류만 인수 후 Drawee로부터 결제받은 환어음 총액을 Beneficiary에게 지급	• 추심 진행하면 현금 유동성 악화

지정은행으로의 매입(Nego) 신청

개설은행 / 지급인
(Issuing Bank, Drawee)

[대금 지급 시기]
- At Sight L/C : 선적서류 인수 후 5 영업일 이내 (Applicant 에게 서류 제시하고 결제받은 대금으로 지급)
- Banker's Usance : At Sight Basis(기한부 환어음 인수 즉시)
- Shipper's Usance : At Maturity(기한부 환어음 만기일)

지정은행

41a Available with by	**41a Available with by**
Any Bank or Beneficiary 거래은행	개설은행 or 수출지 은행 (Beneficiary 비거래은행)

3

수익자 / 환어음 발행인
(L/C Beneficiary, Drawer)

1 **2**

---

1. 선적이행 • 신용장 조건과 일치하는 선적(44C Latest Date of Shipment)

2. 선적서류 제출
- 선적서류제출기일 : 48 Period for Presentation
- 필요서류 : 신용장 원본(사본), 46A 선적서류, 환어음, 매입(추심)신청서, 수출신고필증

41a Available with by	**41a Available with by**
Any Bank or Beneficiary 거래은행	개설은행 or 수출지 은행 (Beneficiary 비거래은행)
매입 or 추심	**인수거절 or Re-Nego**

- 매입 : 서류 인수 + 선적대금 선결제(환가료 공제)
- 추심 : 서류만 인수(선적대금 결제 보류)

매입(Nego) 신청할 때 제출해야 하는 서류

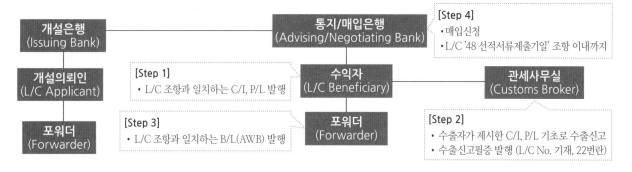

[Step 4]
- 매입신청
- L/C '48 선적서류제출기일' 조항 이내까지

개설은행
(Issuing Bank)

통지/매입은행
(Advising/Negotiating Bank)

개설의뢰인
(L/C Applicant)

[Step 1]
- L/C 조항과 일치하는 C/I, P/L 발행

수익자
(L/C Beneficiary)

관세사무실
(Customs Broker)

포워더
(Forwarder)

[Step 3]
- L/C 조항과 일치하는 B/L(AWB) 발행

포워더
(Forwarder)

[Step 2]
- 수출자가 제시한 C/I, P/L 기초로 수출신고
- 수출신고필증 발행 (L/C No. 기재, 22번란)

■ **매입신청할 때 제출하는 서류**
- 통지은행으로부터 통지받은 L/C(조건변경서 포함) 원본
- L/C 46A Documents Required 조항에서 요구하는 선적서류
- 매입(추심)신청서 및 환어음
- 수출신고필증
- 기타

■ **L/C 내용**

31D	DATE AND PLACE OF EXPIRY	: (DATE) 2020-08-20 (PLACE) IN YOUR COUNTRY
44C	LATEST DATE OF SHIPMENT	: 2020-08-03
48	PERIOD FOR PRESENTATION	: DOCUMENTS TO BE PRESENTED WITHIN 15 DAYS AFTER THE DATE OF SHIPMENT BUT WITHIN VALIDITY OF THE CREDIT

■ **선적 및 매입 신청 내용**
- On Board Date(B/L Date) : 2020-07-25(44C S/D 충족)
- 선적서류 제출일(매입신청) : 2020-08-07 (48 선적서류 제출기일 조항 충족, 7월 25일 기준으로 15일 되는 8월 9일이 선적서류제출기일)
- 선적서류 제출기일이 E/D보다 훗날이면 E/D 이내에 선적서류 제출해야
- 48 조항은 기본적으로 21 Days를 제시(개설수수료 환출 혹은 추가발생 및 L/G 발행과 연결)

매입으로 인한 환가료(일람불 매입, 기한부 매입) 개념과 계산

개설은행 / 지급인
(Issuing Bank, Drawee) ← **3. Drawee의 환어음 총액 지급** ← **2. 서류 발송** ← 매입(지정)은행
(Negotiating Bank)

▲ **1. 매입 신청 및 매입(선지급)**

개설의뢰인
(L/C Applicant)

수익자 / 환어음 발행인
(L/C Beneficiary, Drawer)

구분	설 명	비 고
환가료 개념	• 은행의 자금부담에 따른 이자 성격의 수수료 • (매입은행 환가료) 매입일로부터 동 대금 상환일까지의 기간이자	• 환가료는 선적대금 지급될 때 공제 • 추심 진행할 때는 환가료 발생하지 않음

구 분	매입일 예정지급일 기간	적용 환가료율 환가료율	환어음 금액 (선적대금) 환율	환가료 계산식 환가료	신용장 유형
• 일람불 매입	• 2020/08/10 • 2020/08/17 • 7일	• 일람불 환가료율 • 2.6866%	• USD52,000 • 1120.50	[일람불 수출환어음 매입 환가료] • 매입금액 x 매매기준율 x 매입일의 일람불 환가료율(1개월 Libor+Spread) x 표준우편일수/360 • USD52,000 x 1120.50 x 2.6866% x 7/360 • ₩30,438	• At Sight L/C • Banker's Usance L/C
• 기한부 매입	• 2020/06/17 • 2020/09/12 • 88일	• 기한부 환가료율 • 3.2725% • 90일 이내 적용	• USD135,000 • 1150.80	[기한부 수출환어음 매입 환가료] • 매입금액 x 매매기준율 x 매입일의 기한부 환가료율(기간별 Libor+Spread) x 기간일수/360 • USD135,000 x 1150.80 x 3.2725% x 88/360 • ₩1,271,023	• Shipper's Usance L/C

• 일람불(기한부) 환가료율은 은행 홈페이지에서 조회 가능
• 기한부 환가율은 30일 이내, 60일 이내, 90일 이내 등으로 구분되어 요율이 다름

At Sight L/C, Banker's & Shipper's Usance L/C 개념 정리

| 개설은행 / 지급인 (Issuing Bank, Drawee) | → | 3. Drawee의 환어음 총액 지급 | ← | 2. 서류 발송 | 매입(지정)은행 (Negotiating Bank) |

▼ 4. 선적서류 인수   ▲ 1. 매입 신청 및 매입(선지급)

| 개설의뢰인 (L/C Applicant) | | | | | 수익자 / 환어음 발행인 (L/C Beneficiary, Drawer) |

구 분		동시결제 조건	Applicant의 결제 유예 조건	
		At Sight L/C	Banker's Usance L/C - 결제유예(신용공여)주체 Bank -	Shipper's Usance L/C - 결제유예(신용공여)주체 Shipper -
Applicant의 선적대금 결제 시기		•개설은행으로부터 선적서류 인수하면서 대금 결제(동시 결제)	•선적서류 인수 후 기한부환어음 만기일까지 결제 •(만기일) 42C Draft at : 60 Days After B/L Dtae	
Drawee의 환어음 총액 지급 시기		•일람출급환어음 인수 후 5영업일 이내에 지정은행으로 지급	•At Sight Basis •Drawee가 기한부환어음 인수 '즉시' 지정은행으로 지급	•At Maturity •Drawee가 기한부환어음 인수하고 '만기일'에 지정은행으로 지급
Applicant	장점	•Applicant가 신용도 낮아도 L/C 개설 신청 가능할 수도	•수입물품 현금화 시킨 돈으로 만기일에 대금 결제 가능(현금 유동성↑)	•좌동 •Usance 이자 Applicant에게 미청구
	단점	•자기자본으로 대금 결제 후 수입물품 현금화(현금 유동성↓)	•BU Charge(인수수수료, Usance 이자) 발생	•환가료 만큼의 이자가 C/I 단가에 반영
Beneficiary	장점	•매입 조건 갖춰지면 매입 가능 (현금 유동성↑)	•좌동	•좌동
	단점	•Drawee의 환어음 결제가 예상보다 늦어질 수 있음 •지연이자 발생	•좌동	•매입(Nego) 진행하면 Usance 기간 이자는 Beneficiary에게 환가료 명목으로 청구

신용장 개설(발행)수수료 개념 및 계산 과정

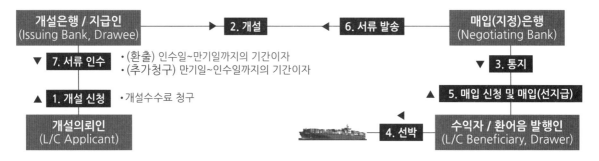

| 개설은행 / 지급인 (Issuing Bank, Drawee) | 2. 개설 | 6. 서류 발송 | 매입(지정)은행 (Negotiating Bank) |

- 7. 서류 인수
  - (환출) 인수일~만기일까지의 기간이자
  - (추가청구) 만기일~인수일까지의 기간이자
- 1. 개설 신청 · 개설수수료 청구
- 개설의뢰인 (L/C Applicant)
- 3. 통지
- 5. 매입 신청 및 매입(선지급)
- 4. 선박
- 수익자 / 환어음 발행인 (L/C Beneficiary, Drawer)

수입신용장 개설수수료 (발행수수료)
- 의미 : 신용장 개설에 따른 개설은행의 위험 부담 보상 명목
- 계산식 : 개설금액 x 매매기준율 x 발행수수료율(신용등급에 따라 차등) x 기간일수/360
- 기간일수 : 신용장 개설일부터 만기일까지의 기간이자

신용장 내용				기타 상황 제시
개설일(31C)	신용장 총액	Partial Shipment	1st Shipment 환어음 금액	매매기준율
만기일(31D)	(32B)	(43P)	2nd Shipment 환어음 금액	발행수수료율
· 2020/07/10 · 2020/11/25	· USD85,000	· Allowed	· USD55,000 · USD30,000	· 1150.20 · 1.0800%

수입신용장 개설(발행)수수료		
개설 당시 수수료	환출	추가징수
	1st Shipment 선적서류 인수일 (2020/11/19)	2nd Shipment 선적서류 인수일 (2020/11/29)
· 개설일부터 만기일까지 일수 : 138일 · USD85,000 x 1150.20 x 1.0800% x 138/360 = ₩404,755	· 개설수수료 환출(인수일>만기일) · 인수일과 만기일 일수 : 6일 · USD55,000 x 1150.20 x .0800% x 6/360 = ₩11,387	· 개설수수료 추가 청구(만기일>인수일) · 만기일과 인수일 일수 : 4일 · USD30,000 x 1150.20 x 1.0800% x 4/360 = ₩4,141

BU Charge(Banker's Usance) 개념 및 계산 과정

개설은행 / 지급인
(Issuing Bank, Drawee) ← **3. Drawee의 환어음 총액 지급** ← **2. 서류 발송** ← 매입(지정)은행
(Negotiating Bank)

▼ **4. 선적서류 인수**

개설의뢰인
(L/C Applicant)

▲ **1. 매입 신청 및 매입(선지급)**

수익자 / 환어음 발행인
(L/C Beneficiary, Drawer)

신용장 조항	31D E/D	32B Amount	44C S/D	41C Draft at
	72 Sender to Receiver Information			
내용	·2020/03/21	·USD75,247.00	·2020/03/10	·60 Days After B/L Date
	·REIMBURSE YOURSELVES ON THE REIMBURSING BANK AT SIGHT BASIS REGARDLESS OF THE DRAFT'S TENOR. ·ACCEPTANCE COMM AND DISCOUNT CHGS ARE FOR ACCOUNT OF APPICANT.			

· Banker's Usance Charge
(BU Charge, Acceptance Commission&Discount Charge, A/D Charge)

기한부 환어음	Drawee의 인수금액 (환어음 총액)	만기 기산일 (B/L Date)	예정만기일 (Applicant의 결제기일)	Drawee의 환어음 인수일
내용	·USD75,247.00	·2020/03/07	·2020/05/06	·2020/03/15

BU Charge			
계산식	매매기준율 인수수수료율	기간일수	BU Charge (AD Charge, 인수수수료)
·인수금액 x 매매기준율 x 인수수수료율(신용등급에 따라 차등) x 기간일수/360	·1150.20 ·1.6000%	·52일 ·인수일~예정만기일	* USD75,247.00 x 1150.20 x 1.6000% x 52/360 = ₩200,025

대표적인 신용장 수수료와 요율

• 수수료 출처 : 하나은행 홈페이지

개설은행 / 지급인
(Issuing Bank, Drawee)

매입(지정)은행
(Negotiating Bank)

L/C 개설(발행), 인수 및 Amend(증액, 기한 연장)

통지, 매입 및 추심

개설의뢰인
(L/C Applicant)

수익자 / 환어음 발행인
(L/C Beneficiary, Drawer)

■ 수출 관련 수수료

매입(취급)수수료	수출 추심수수료	통지수수료						
• 건당 20,000원	• 건당 20,000원	• 건당 20,000원 • (단, EDI등으로 통지하는 경우 1만원)						
환가료율 (USD기준)								
일람불	기한부							
1ml+1.85%	31일 이하	62일 이하	92일 이하	123일 이하	184일 이하	300일 이하	360일 이하	
	1ml+1.85%	• 3ml+2.50%		6ml+2.70%		12ml+3.00%	• 12ml+2.95%	

지연이자 **(Delay Charge)**	• 매입(지정)은행이 매입 후 개설은행(Drawee)으로 서류 송부했으나, 우편기일(최장 12일)이 경과할 때까지 입금되지 않는 경우 Beneficiary에게 징수하는 이자 • (상환신용장) 지정은행이 상환은행(Drawee와 일치)으로 상환 청구했으나, 지연 입금되는 경우의 지연이자는 개설은행이 부담해야(UCP600 제13조 b항 iii호)
미입금수수료 **(Less Charge)**	• 매입을 마치고 일정기간 경과 후 매입(지정)은행이 Beneficiary에게 추가로 수수료 청구할 때의 이자
상환수수료 **(Reimbursing** **Charge)**	• 상환방식 신용장에서 환어음을 받은 상환은행이 개설은행의 예금 구좌에서 환어음 총액을 매입(지정)은행으로 결제하는 업무에 대한 수수료 • 기본적으로 Beneficiary에게 청구되며, 매입 금액에서 공제 • 71B Charges : ALL BANKING CHARGES, INCLUDING REIMBURSING BANK'S CHARGE. OUTSIDE KOREA ARE FOR ACCOUNT OF BENEFICIARY.

• 수수료 출처 : 하나은행 홈페이지

개설은행 / 지급인 (Issuing Bank, Drawee)	매입(지정)은행 (Negotiating Bank)

L/C 개설(발행), 인수 및 Amend(증액, 기한 연장)

통지, 매입 및 추심

개설의뢰인 (L/C Applicant)	수익자 / 환어음 발행인 (L/C Beneficiary, Drawer)

■ 수입 관련 수수료

발행수수료 (증액, 기한연장 포함)	인수수수료
• 은행에서 정한 고객별 신용등급에 따라0.8%~1.4% • 최저금액 : 10,000원	• 은행에서 정한 고객별 신용등급에 따라 1.4%~2.0% • 최저금액 : 10,000원

■ 수출 관련 수수료

환거래수수료 (Corres Charge)	• 신용장의 통지, 확인, 매입, 지급, 상환 등 해외 거래은행의 서비스에 대한 대가로 개설은행이 해외 거래은행에 지급하는 수수료
대체료	• 외국환 결제 혹은 수취를 함에 있어 수출입자가 환전하지 않으면 은행은 외국환 매매로 인한 이익을 볼 수 없다. 이때의 매매 차익 사실에 대한 보상으로 은행이 징수하는 수수료

환어음 의미와 Check Point

| 개설은행 / 지급인
(Issuing Bank, Drawee) | | 매입(지정)은행
(Negotiating Bank) |

[추심결제(D/P, D/A)]
- Drawee : 수입자
- 수출지 은행 : 추심의뢰은행(Rmitting Bank)
- 수입지 은행 : 추심은행(Collecting Bank)

| 개설의뢰인
(L/C Applicant) | | 수익자 / 환어음 발행인
(L/C Beneficiary, Drawer) |

• 출처 : 국민은행

항목	내용
정의	• 채권자인 어음발행인(drawer)이 채무자인 지급인(drawee)에 대하여 일정 기일에 일정한 장소에서 어음상에 기재된 금액을 어음의 소지인 또는 지시인에게 무조건적으로 지급할 것을 위탁하는 요식증권 • 발행인(Drawer)이 제3자(수출지 지정은행)를 통해서 지급인(Drawee)에게 선적대금을 청구할 때 발행
Check Point	• 신용장 개설은행명, 개설일자, 지급인의 기재 • 어음의 발행일은 신용장 유효기일 이내 • 어음금액이 신용장 금액이나 신용장잔액 이내에서 상업송장 금액과 일치 • 어음금액은 정확하게 표시, 숫자나 문자로 표시하는 금액은 서로 일치 • 발행인의 서명날인이 제출된 인감서명감 신고서와 일치 • 신용장에서 요구하는 환어음의 통수, 이자에 대한 문언의 정확한 기재 • 기한부어음인 경우 기간 또는 기한의 정확한 표시 또는 설정 • 신용장에서 별도의 명시가 없는 한 타 신용장과 병행하여 발행한 환어음은 수리할 수 없으며 신용장에서 'Combined shipment with other credit are acceptable'과 같은 표시가 있는 경우에는 하나의 어음으로 발행할 수 있음. • 확정일자 후 정기출금(at ~ days after XXX date)의 경우 '만기산정 기준 일자'가 표시 여부

NO.   BILL OF EXCHANGE   Date :

FOR

AT   OF THIS FIRST BILL OF EXCHANGE (SECOND OF THE SAME

TENOR AND DATE BEING UNPAID) PAY TO   OR ORDER THE SUM OF

    SAY   ONLY

VALUE RECEIVED AND CHARGE THE SAME TO ACCOUNT OF

DRAWN UNDER

L/C NO.   DATED

TO

	설 명	비 고
No.	• 환어음 발행인이 관리 목적으로 부여하는 번호	
Date	• 환어음을 은행에 제출하는 날짜 • 48 Period for Presentation 기일 이내에 제출해야	
For	• Drawee에게 청구하는 선적대금(C/I 총액)	• ≤ L/C 32B Amount
At	[L/C 42C Drafts at 조항] • At Sight L/C : Sight • Usance L/C : 90 Days after B/L Date	[추심결제 조건] • D/P : D/P • D/A : D/A 30 Days after B/L Date
Pay to	[L/C] 매입은행	[추심결제 조건] 추심의뢰은행
Sum of	• C/I Amount를 영문으로 풀어서 표기	• Say 일금, Only 정
Account of	[L/C] Applicant(개설의뢰인)	[추심결제 조건] 수입자
Drawn Under	[L/C] 개설은행	[추심결제 조건] 공란
L/C No.	[L/C] 신용장 번호(20 Documentary Credit Number)	[추심결제 조건] 계약일
To	[L/C] Drawee, 지급인(42a Drawee)	[추심결제 조건] 수입자

수출환어음매입(추심)신청서

매입번호*	
고객번호*	
승인신청번호*	

(1) L/C 및 운송서류 내용		(2) 매입(추심)신청내역	
L/C 번 호*		통　　화*	
개 설 일 자*		금　　액*	
수출신고필증번호*		외화대체금액	
선 적 기 일		수입보증금	
유 효 기 일		원화입금액	

(3) 신용장(계약서)불일치 내용 *	
①	위 신용장(계약서)에 의한 수출환어음매입 또는
②	선적서류매입과 관련하여 본인은 아래와 같은
③	신용장(계약서) 조건과의 불일치 또는 기타 사유로
④	인한 하자사항을 확인하며 이로 말미암은 비용 및
	손해는 외국환거래 약정서에 따라 부담하겠습니다.

2014 년 08 월 8일
* 주 소
* 신청인　　　　　　　　　　　(인)

인감 및 원본확인

*DOCS	DRAFT	COMM INV	B/L	AWB	PKG LIST	INSU PO/CE	CERT ORIG	INSP CERT	CONS INV	BENEF CERT	SHIP ADV			
1 ST														
2 ND														
DRAWEE														

MAIL TO				
DRAWEE BANK		*수출보험등 부보여부	Y	N
OPENING / COLLECTING BANK		COMM/INTEREST		
BENEFICIARY		특별문구(코드)		
ACCOUNTEE		H.S. NO.		
COMMODITY		TRANSSHIPMENT	ALLOWED, NOT	
DESTINATION		PARTIALSHIPMENT	ALLOWED, NOT	

신용장 대금의 상환방식

개설은행 / 지급인 (Issuing Bank, Drawee)		매입(지정)은행 (Negotiating Bank)

• 지정은행이 Beneficiary에게 선지급(매입)한 대금을 개설은행으로부터 어떻게 상환 받을 것인가?

매입 신청 및 매입(선지급)

개설의뢰인 (L/C Applicant)		수익자 (L/C Beneficiary)

개설은행이 지정은행으로 선적대금을 상환(지급)하는 방식	
직접차기방식 (단순시용장)	• 지정은행이 개설은행의 예치환거래은행으로서 환어음 총액을 개설은행 계좌에서 직접 차감하여 Beneficiary에게 지급하는 방식. 따라서 지정은행은 자기 자본을 사용하지 않아도 되며, 대금 지급 후 동 대금을 개설은행(Drawee)으로부터 상환받지 못할 위험에 노출되지 않음.
단순송금방식 (송금신용장)	• 개설은행(Drawee)이 선적서류를 받은 후 서류에 하자가 없으면 지정은행의 지시(Instruction)에 따라서 지정은행이 지정한 계좌로 송금하는 방식, 즉 지정은행이 자기 자본으로 선적대금을 Beneficiary에게 선결제(매입) 후 동 대금을 개설은행으로부터 송금받는 방식. • At Sight L/C 일 때, 수입자 앞으로 환가료 미 발생.
상환은행방식 (상환신용장)	• 개설은행이 특정은행(일반적으로 개설은행의 해외 지점)을 상환은행(Drawee)으로 수권해서 동 은행으로 하여금 지정은행의 상환청구에 대하여 상환하도록 하는 방식 • 상환은행(Drawee)은 개설은행의 예치환거래은행으로 상환은행이 개설은행 계좌에서 차감하여 지정은행으로 대금지급 • T/T Reimbursement is Not Allowed와 T/T Reimbursement is Allowed 조건으로 구분

[환거래은행(Corres 혹은 Correspondent Bank)] 2가지 형태

• 예치환거래은행(Depositary Corres Bank) : 자기 명의의 예금계좌가 개설된 상대은행
• 무예치환거래은행(Non-Depositary Corres Bank) : 자기 명의 예금계좌가 개설되지 않은 상대은행

단순송금방식(송금신용장) 개념

■ **단순송금방식** (개설은행이 지정은행으로 직접 선적대금 상환)

- 신용장 종류 : At Sight L/C(매입 및 지급신용장), By Deferred Payment L/C(Shipper's Usance)
- 상환은행(Reimbursement Bank) 지정되지 않음
- Drawee와 개설은행은 동일한 은행(매입신용장). (연)지급신용장에서는 Drawee 미지정

```
┌─────────────────────┐               ┌─────────────────────┐
│   개설은행 / 지급인    │      5        │    매입(지정)은행      │
│ (Issuing Bank, Drawee)│─────────────│ (Negotiating Bank)   │
└─────────────────────┘      2        └─────────────────────┘
         │ 3~4                                  │ 1
┌─────────────────────┐               ┌─────────────────────┐
│     개설의뢰인        │               │      수익자           │
│  (L/C Applicant)     │               │ (L/C Beneficiary)    │
└─────────────────────┘               └─────────────────────┘
```

1 · 선적 후 매입 신청과 매입은행의 매입(선지급)

2 · 선적서류 발송(78조항 : ALL DOCS TO BE SENT TO US IN ONE LOT BY COURIER SERVICE)

3 · 개설은행이 선적서류 하자 여부 검토 후 문제 없으면 Applicant에게 인수 통지

4 · 선적서류 인수하면서 선적대금 결제(At Sight L/C) 또는 만기일까지 결제유예(Usance)

5 · 지정은행의 지시(Instruction)에 따라서 지정은행이 지정한 계좌로 선적대금 송금
- (At Sight L/C) 개설은행이 Applicant에게 결제받은 선적대금을 지정은행 계좌로 송금하기 때문에 환가료 미발생
- (DEF Payment) 개설은행이 만기일(At Maturity)에 지정은행 지정 계좌로 송금, Applicant 역시 만기일에 결제

단순송금방식 사례(신용장 문구)

매입신용장, At Sight L/C

• ISSUING BANK : MIZUHO BANK LTD. (MHBKJPJTXXX)   • ADVISING BANK : INDUTSRIAL BANK OF KOREA

41D	AVAILABLE WITH/BY	: ANY BANK BY NEGOTIATION
42C	DRAFTS AT	: AT SIGHT
42A	DRAWEE	: MHBKJPJT

78 INST TO PAY/ACP/NEGO BANK
INSTRUCTIONS TO THE NEGOTIATING BANK   : T.T. CLAIM FOR REIMBURSEMENT IS PROHIBITED.
ON RECEIPT OF DOCS IN ORDER, WE'LL REMIT AS PER YR INSTRUCTION.

지급신용장, At Sight L/C

• ISSUING BANK : DRESDEFF600   • ADVISING BANK : INDUTSRIAL BANK OF KOREA

41A AVAILABLE WITH/BY   : DRESDEFF600 BY PAYMENT
47A ADDITIONAL COND.   : BENEFICIARY MUST INCLUDE 'TEST OF THE ORIGIN DECLARATION FOR THE EU-KOREA FTA' ON THE COMMERCIAL INVOICE.(INCLUDE ISSUER SIGNATURE)
78 INST TO PAY/ACP/NEGO BANK
AFTER RECEIPT OF THE FULL SET OF CREDIT CONFORM DOCUMENTS AT OUR COUNTERS WE WILL REMIT PROCEEDS TO YOU

연지급신용장, DEF Payment L/C

• ISSUING BANK : CANVES2P   • ADVISING BANK : WOORI BANK

41D AVAILABLE WITH/BY   : ANY BANK IN SOUTH KOREA BY DEF PAYMENT
42P DEFERRED PAYM. DETAILS : 90 DAYS AFTER SHIPMENT DATE
78 INST TO PAY/ACP/NEGO BANK
REIMBURSEMENT : AT MATURITY DATE AND AFTER RECEIPT OF DOCUMENTS IN STRICT COMPLIANCE WITH L/C TERMS. WE WILL CREDIT AS PER THE NEGOTIATING BANK'S INSTRUCTIONS.

상환은행방식(상환신용장) 개념

■ **상환은행방식**   (상환은행이 개설은행을 대신해서 지정은행으로 선적대금 상환)

- 신용장 종류 : At Sight L/C(매입 신용장), Banker's Usance L/C
- 상환은행(Reimbursement Bank) 지정 (53A Reimbursing Bank)
- Drawee는 일반적으로 개설은행의 해외지점으로서 상환은행과 동일 은행

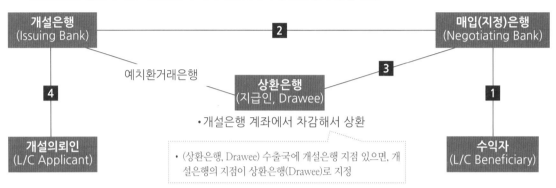

1 • 선적 후 매입 신청과 지정은행의 매입(선지급)

2 • 선적서류 발송

3 • 지정은행의 선결제 대금 상환 청구
   • Drawee는 개설은행 계좌에서 대금 차감해서 지정은행으로 상환(Drawee는 개설은행의 예치환거래은행)

4 • 개설은행이 선적서류 하자 여부 검토 후 문제 없으면 Applicant에게 인수 통지 및 Applicant의 서류 인수(Usance)

Applicant에게 청구되는 환가료와 매입으로 인한 환가료 차이

■ **환가료 개념** : 은행의 자금부담에 따른 이자 성격의 수수료

At Sight L/C 조건에서 Applicant가 청구받는 환가료	
단순송금방식	•개설은행은 선적서류를 Applicant에게 전달하면서 결제받은 선적대금을 지정은행이 지정한 계좌로 송금. •개설은행 자기 자본으로 결제 후 Applicant에게 동 대금을 결제받는 것이 아니기에 Applicant에게 환가료 미청구.
상환은행방식	•개설은행이 선적서류를 Applicant에게 제시하고 선적대금을 받기 전에 Drawee(상환은행)가 개설은행 계좌에서 동대금을 차감해서 지정은행이 지정한 계좌로 송금(T/T Reimbursement is Allowed)한다면 Applicant 앞으로 개설은행은 환가료 청구할 수도.
참 고	•매입으로 인한 환가료는 수출지 은행의 자금 부담으로 인한 이자로서 Beneficiary에게 수출지 은행이 청구해서 얻는 이자 수익. •Applicant에게 청구되는 환가료는 개설은행의 자금 부담으로 인한 이자로서 Applicant에게 개설은행이 청구해서 얻는 이자 수익.

T/T REIMBURSEMENT (NOT) ALLOWED

■ **지정은행의 상환 청구 방법** (지정은행 → 상환은행)

구 분		[방법 1] T/T REIMBURSEMENT NOT ALLOWED	[방법 2] T/T REIMBURSEMENT ALLOWED
개 념		• 우편청구(By mail) 방식 • 환어음을 Drawee에게 발송 • 우편발송일 때문에 지정은행이 상환받기까지 수일이 걸릴 수도	• 전신청구(Swift, Telex) 방식 • 환어음을 Drawee에게 발송하지 않음 • 우편발송 방식보다 빠른 상환
장단점	지정은행 & Beneficiary 입장	[단점] • 우편발송 기간으로 인해서 상환 일정 늦어지니 선결제로 인한 환가료에 영향을 미칠 수도	[장점] • 지정은행의 선지급 대금의 신속한 상환
	개설은행 & Applicant 입장	[장점, At Sight L/C] • 우편청구로 인하여 그만큼 늦어진 Drawee의 상환일과 개설은행이 선적서류 인수하고 Applicant에게 제시하면서 대금 결제받은 날의 기간 차이가 전신청구 보다 짧을 수 있으니, Applicant의 환가료 부담은 줄어들 가능성 크다.	[단점, At Sight LC 상황] • 개설은행이 선적서류를 Applicant에게 제시하면서 선적대금 결제받는 시점보다, Drawee가 지정은행으로 상환하는 시점이 빠를 수 있음. • 이때 개설은행의 자금이 먼저 인출되었으니 개설은행이 Applicant에게 환가료 청구. [단점] • 개설은행이 선적서류 인수 및 검토하기 전에 Drawee의 상환이 완료되기에, 선적서류의 하자로 인한 지급거절(Unpaid) 처리가 필요할 때 난처한 상황에 직면할 수도.
결론		• 개설은행과 Applicant가 선호하는 상환 방식 • 매입은행과 Beneficiary가 선호하지 않는 상환 방식	• 개설은행과 Applicant가 선호하지 않는 상환 방식. • 매입은행과 Beneficiary가 선호하는 상환 방식.

• 신용장에 T/T Reimbursement 금지(Not Allowed) 문구 없으면, Allowed로 해석될 수 있다.

상환은행방식 사례(신용장 문구)

매입신용장, At Sight L/C

- ISSUING BANK : SHINHAN BANK (SHBKKRSE)　　　　・ADVISING BANK : BANK OF AMERICA (BOFAUS3N)

41D	AVAILABLE WITH/BY	: ANY BANK BY NEGOTIATION
42C	DRAFTS AT	: AT SIGHT
42A	DRAWEE	: SHBKUS33XXX
53A	**REIMBURSING BANK**	: **SHBKUS33XXX**

78	INST TO PAY/ACP/NEGO BANK :

+ T/T REIMBURSEMENT ALLOWED

- Drawee에게 전신(Swift, Telex)으로 상환 요청 가능
- 전신으로 Drawee에게 상환 요청할 때는 환어음을 Drawee에게 보내지 않음
- 매입은행과 Beneficiary에게 유리한 조건

+ ALL DOCUMENTS MUST BE COURIERED TO US IN ONE LOT TO SHINHAN BANK, INT'L TRADE BUSINESS DEPT., 10, NAMAEMUN-RO CHUNG-GU, SEOUL, 10022, KOREA

매입신용장, Banker's Usance L/C

- ISSUING BANK : WOORI BANK (HVBKKRSE)　　　　・ADVISING BANK : UNCRITMM

41D	AVAILABLE WITH/BY	: ANY BANK BY NEGOTIATION
42C	DRAFTS AT	: 90 DAYS AFTER SIGHT
42A	DRAWEE	: HVBKGB2L WOORI BANK LONDON
47A	ADDITIONAL COND.	: <u>T/T REIMBURSEMENT IS NOT ALLOWED</u>
53A	REIMBURSING BANK	: HVBKGB2L WOORI BANK LONDON

- Drawee에게 전신으로 상환 요청 금지 문구
- 환어음을 우편으로 Drawee에게 발송해서 상환 요청해야. 따라서 78 조항에서 환어음 제외한 선적서류를 개설은행(US)으로 발송 요청
- 개설은행과 Applicant에게 유리한 조건

78	INST TO PAY/ACP/NEGO BANK :

+ ALL DOCUMENTS EXCEPT DRAFTS MUST BE FORWARDED TO US BY COURIER SERVICE IN ONE LOT. ADDRESSED TO WOORI BANK 22 OOO GIL MAPO-GU SEOUL 03921.

+ REIMBURSE YOURSELVES ON THE REIMBURSING BANK AT SIGHT BASIS REGARDLESS OF THE DRAFT'S TENOR.

+ ACCEPTANCE COMM AND DISCOUNT CHGS ARE FOR ACCOUNT OF APPLICANT.

상업신용장의 종류 (매입, 지급, 연지급, 인수)

■ 매입신용장(By Negotiation)

신용장 유형	At Sight L/C	Banker's Usance L/C	Shipper's Usance L/C
Available with by...	• Any Bank or 지정은행(수출지)	• 좌동	• 좌동
환어음	• 일람출급 환어음	• 기한부 환어음	• 기한부 환어음
Drawee	• 개설은행	• (Domestic) 개설은행 • (Overseas) 개설은행 해외지점 or 개설은행과 거래 관계에 있는 은행	• 개설은행
Drawee의 대금지급 시기	• Drawee가 일람출급 환어음 인수 후 5영업일 이내 • Applicant에게 서류 제시하고 결제받은 대금으로 지급	• Drawee가 기한부 환어음 인수 후 즉시 (At Sight Basis) • Applicant는 Drawee에게 만기일에 대금 결제	• Drawee가 기한부 환어음 인수 후 만기일에 대금 지급 (At Maturity) • Applicant는 Drawee에게 만기일에 대금 결제
매입(선결제)	• 조건 갖추야, 환가료 발생	• 조건 갖추야, 환가료 발생	• 조건 갖추야, 환가료 발생

32B	Currency Code, Amount	: EUR 150,000.80
41a	Available with... by...	: ANY BANK BY NEGOTIATION ┈┈ • 자유매입신용장
42C	Drafts at...	: 90 days after B/L date ┈ • Usance L/C
42a	Drawee	: KOEXDEFA
	• 환어음 발행	KEB (DEUTSCHLAND) AG, FRANKFURT

72	Sender to Receiver Information
	+ REIMBURSE YOURSELVES ON THE REIMBURSING BANK AT SIGHT BASIS REGARDLESS OF THE DRAFT'S TENOR.

┈ • Banker's Usance

72	Sender to Receiver Information
	+ UPON RECEIPT OF DOCUMENTS IN COMPLIANCE WITH THE TERMS OF THE CREDIT, WE WILL REMIT THE PROCEEDS AS PER YOUR INSTRUCTIONS AT MATURITY

┈ • Shipper's Usance

상업신용장의 종류 (매입, 지급, 연지급, 인수)

■ 지급신용장(By Payment)

신용장 유형	지급신용장(By Payment) At Sight L/C	연지급신용장(By Deferred Payment) Shipper's Usance L/C
Available with by...	• 개설은행 or 지정은행(수출지)	• 좌동
Drawee (환어음 요구)	• (기본) 환어음 요구하지 않음 • (예외) 개설은행과 일치	• 환어음 요구하지 않음
개설은행의 대금지급 시기	• 하자 없는 선적서류가 개설은행에 도착하면 개설은행(혹은 지정은행)이 대금 지급	• 하자 없는 선적서류가 개설은행에 도착하면 Usance 기간 만기일(At Maturity)에 개설은행 (혹은 지정은행)이 대금 지급
매입(선결제)	• 조건 갖추야, 환가료 발생	• 조건 갖추야, 환가료 발생

FROM : UNCRITMMXXX UNICREDIT S.P.A. MILANO ITALY

ADVICE BRANCH : THE DAEGU BANK LTD.

32B   CURRENCY CODE, AMOUNT   : USD625,000.00   • 연지급신용장

41A   AVAILALBE WITH... BY...   : UNCRITMM BY DEF PAYMENT

42P   DEFERRED PAYMENT DETAILS   : 90 DAYS FROM SHIPMENT DATE

               • Usance L/C

78   INSTRUCTIONS TO THE PAYING/ACCEPTING/NEGOTIATING
      UPON RECEIPT OF REGULAR DOCUMENTS AT OUR COUNTERS,
      WE SHALL CREDIT YOU AT MATURITY   • Shipper's Usnace

Issuing Bank : DRESDNER BANK

Advising Bank : SHBKKRSEXXX

32B   : USD82,000   • 지급신용장

41A   : SHBKKRSEXXX BY PAYMENT

78   : AFTER RECEIPT OF THE FULL SET OF CREDIT
      CONFORM DOCUMENTS AT OUR COUNTERS
      WE WILL REMIT PROCEEDS TO YOU.

상업신용장의 종류 (매입, 지급, 연지급, 인수)

■ **인수신용장**(By Acceptance)

신용장 유형	Shipper's Usance L/C
Available with by...	• 개설은행 or 지정은행(수출지)
Drawee (환어음 요구)	• Usance L/C(기한부 환어음) • 개설은행 or 지정은행(수출지)
개설은행의 대금지급 시기	• 하자 없는 선적서류가 개설은행에 도착하면 Usance 기간 만기일(기한부 환어음 만기일, At Maturity)에 개설은행(혹은 지정은행)이 대금 지급
매입(선결제)	• 조건 갖추야, 환가료 발생

SWIFT 전문발신은행 : BKKBTHBKXXX

                     BANGKOK BANK PUBLIC COMPANY LIMITED., BANGKOK THAILNAD

SWIFT 전문수신은행 : HVBKKRSEXXX

41A	Form of Documentary Credit	: IRREVOCABLE
20	Documentary Credit Number	: 1581753124
31C	Date of Issue	: 2020-05-15
31D	Date and Place of Expiry	: 2020-07-28 BENEFICIARY'S COUNTRY

32B	Currency Code, Amount	: USD 125,800.00
41a	Available with by...	: BANGKOK BANK PUBLIC COMPANY LIMITED., BANGKOK BY ACCEPTANCE
42C	Drafts at...	: 90 DAYS FROM B/L DATE IN DUPLICATE INDICATING THIS L/C NUMBER
42a	Drawee	: ISSUING BANK

• 인수신용장

• 기한부환어음 발행, Usance L/C

53a	Reimbursement Bank	: BANGKOK BANK PUBLIC COMPANY LIMITED., NEW YORK BRANCH AT MATURITY.

• Shipper's Usnace

신용장의 특징 I. 독립성의 원칙

독립성의 원칙 (UCP600 제4조)

- 은행은 매매계약서의 당사자가 아니고 신용장 당사자로서 은행 입장에서 매매계약서와 신용장은 별개의 독립된 계약서
- 따라서 은행은 오직 신용장 내용만 확인하고 매매계약서 내용 확인하지 않음
- 신용장에 매매계약서 번호가 표기되어 있더라도 은행은 그 내용에 구속되지 않음

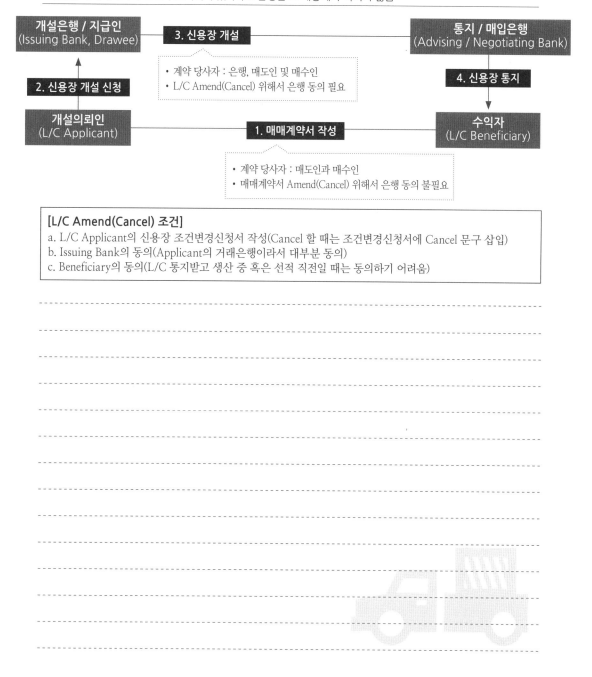

개설은행 / 지급인
(Issuing Bank, Drawee)

3. 신용장 개설

- 계약 당사자 : 은행, 매도인 및 매수인
- L/C Amend(Cancel) 위해서 은행 동의 필요

2. 신용장 개설 신청

개설의뢰인
(L/C Applicant)

1. 매매계약서 작성

- 계약 당사자 : 매도인과 매수인
- 매매계약서 Amend(Cancel) 위해서 은행 동의 불필요

통지 / 매입은행
(Advising / Negotiating Bank)

4. 신용장 통지

수익자
(L/C Beneficiary)

[L/C Amend(Cancel) 조건]
a. L/C Applicant의 신용장 조건변경신청서 작성(Cancel 할 때는 조건변경신청서에 Cancel 문구 삽입)
b. Issuing Bank의 동의(Applicant의 거래은행이라서 대부분 동의)
c. Beneficiary의 동의(L/C 통지받고 생산 중 혹은 선적 직전일 때는 동의하기 어려움)

신용장의 특징 II. 추상성의 원칙

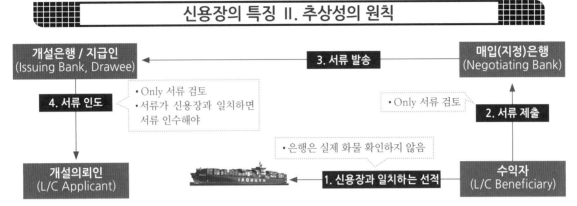

개설은행 / 지급인 (Issuing Bank, Drawee)

3. 서류 발송

매입(지정)은행 (Negotiating Bank)

4. 서류 인도

• Only 서류 검토
• 서류가 신용장과 일치하면 서류 인수해야

• Only 서류 검토

2. 서류 제출

• 은행은 실제 화물 확인하지 않음

개설의뢰인 (L/C Applicant)

1. 신용장과 일치하는 선적

수익자 (L/C Beneficiary)

추상성의 원칙 (UCP600 제5조)

- 은행은 제시받은 서류가 신용장 내용과 일치하는지 심사하고 선적 대금 지급 여부 결정
- 은행은 거래물품(45A Description)과 동일한 물품이 실제로 선적 이행되었는지 확인하지 않음(오직 서류만 본다)
- 은행은 Applicant에게 신용장과 일치하는 물품의 인수를 보장하지 않음

- (이유) 은행이 수출물품의 작업 현장에 방문해서 신용장 내용과 일치하는 물품의 수출 이행 여부 확인 불가

독립성의 원칙 사례 Ⅰ

■ **L/C Amendment**(Applicant 혹은 Beneficiary의 필요에 의한)

L/C 개설과 Amendment 과정

1 • Applicant는 신용장개설신청서(L/C Application) 작성 후 E-mail로 Beneficiary 전달

2 • Beneficiary의 Confirmation 받고 최종적으로 개설은행에 신용장개설신청서 제출(향후 L/C Amend 확률 낮추는 방법)

3 • Beneficiary는 통지은행을 통해서 신용장 통지받고 검수 후 이상 없으면 물품 생산(선적) 진행

4 • 선적 전, 원신용장 내용 Amend 필요 상황 직면하여 Applicant와 Beneficiary 양자가 동의

5 • Applicant가 신용장 조건변경신청서 작성해서 E-mail로 Beneficiary에게 Confirmation 받고 개설은행에 제출

6 • Beneficiary는 통지은행을 통해서 신용장조건변경서 통지받고 Amend 동의

L/C Amendment 사례

[선적기일(44C S/D) Amend]

• 45A Description 물품의 생산 지연 or 수출지의 파업 등
• S/D 연장되면 31D E/D 역시 연장되기에 Applicant는 추가된 기간 만큼의 개설수수료를 부담해야

[신용장 총액(32B)과 45A Amend]

• (추가 발주) 45A 조항에 물품 혹은 수량 추가되니 32B 총액 증액 → 증액된 총액만큼 개설수수료 발생
• (일부 취소) 45A 조항에 물품 혹은 수량 일부 삭제되니 32B 총액 감액 → 감액된 만큼 개설수수료 환출

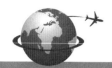

• ISSUING BANK : DRESDEFF600   • ADVISING BANK : INDUTSRIAL BANK OF KOREA

40A	FORM OF DOCUMENTARY CREDIT : IRREVOCABLE
31C	DATE OF ISSUE	: 200916
31D	DATE AND PLACE OF EXPIRY	: 201226 STUTTGART
32B	CURRENCY CODE AMOUNT	: USD59,995.00
41A	AVAILABLE WITH BY	: DRESDEFF600 BY PAYMENT
44C	LATEST DATE OF SHIPMENT	: 201205
45A	DESCRIPTION OF GOODS AND/OR SERVICES : 3,000 PCS CUTTING MACHINE, USD19.80/PCS

L/C AMENDMENT

MT 707 AMENDMENT TO DOCUMENTARY CREDIT

20	SENDER'S REFERENCE	: IT01Y2002725
31C	DATE OF ISSUE	: 200916
30	DATE OF AMENDMENT	: 201222
59	BENEFICIARY	: EDUTRADEHUB
31E	NEW DATE OF EXPIRY	: 210430
33B	DECREASE OF DOCUMENTARY CREDIT AMOUNT
		: USD19,800.00
34B	NEW DOCUMENTARY CREDIT AMOUNT AFTER AMENDMENT
		: USD40,195.00
44C	LATEST DATE OF SHIPMENT	: 200415
79	NARRATIVE	: DESCRIPTION OF GOODS
		2,000 PCS INSTEAD OF 3,000 PCS

ALL OTHER TERMS AND CONDITIONS REMAIN UNCHANGED.

• 원신용장 Cancel 하는 경우, 79 NARRATIVE 조항에 CANCEL이라는 문구 들어간다.

독립성의 원칙 사례 II

■ **Applicant의 필요에 의한 매매계약 파기 상황**

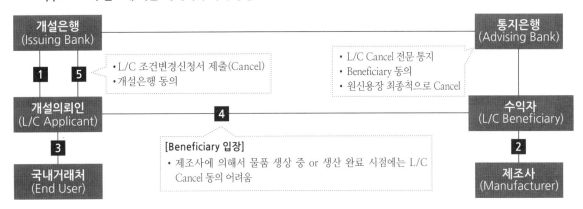

L/C Amendment 진행 절차

1 • Applicant의 신용장개설신청서 기초로 개설은행이 신용장 개설(원신용장)

2 • Beneficiary는 신용장 통지받고, 제조사에 의해서 물품 생산 발주

3 • Applicant의 국내거래처가 일방적으로 Applicant에게 계약파기 통지

4 • Applicant는 Beneficiary에게 매매계약서 파기 및 L/C Cancel 의사 전달

5 Beneficiary의 동의
- Applicant가 신용장 조건변경신청서 작성해서 개설은행으로 Cancel 신청
- 개설은행 동의 후 통지은행으로 전문 발송
- Beneficiary 동의하면 최종적으로 원신용장 Cancel

Beneficiary의 거부
- Applicant가 신용장 조건변경신청서를 개설은행에 제출하더라도 Cancel 불가
  (이유 : Beneficiary가 L/C Cancel 거부하기 때문)
- Beneficiary가 L/C 조건과 일치하는 선적서류 제출하면 은행은 선적대금 지급해야
- 개설은행에 L/C 조건과 일치하는 선적서류 도착하면 Applicant는 선적서류 인수해야
- 결국, 선적 물품은 모두 Applicant의 재고

독립성의 원칙 사례 Ⅲ

■ **Beneficiary의 필요에 의한 매매계약 파기 상황**

Beneficiary의 L/C 조건 선적이행 거부

1 • Beneficiary는 신용장 통지받고, 제조사에 의해서 물품 생산 발주

2 • 제조사와의 마찰 or Applicant의 잦은 요구사항 변경 등의 문제 발생

3 • Beneficiary는 Applicant에게 선적이행 거부 의사 전달
  • Applicant가 L/C Cancel 신청하지 않아도, 원산용장의 E/D를 기준으로 2주 정도 지나면 L/C 효력 소멸

4 • Applicant는 자신의 국내거래처에게 물품 공급할 수 없는 상황 직면

Applicant의 대응

• 매도인에게 매수인을 Beneficiary로 하는 P-Bond(Standby L/C) 개설 요청
• 거래금액이 크지 않은 거래에서 매수인의 이러한 요구를 매도인이 거부할 가능성↑
• (참고) Standby L/C 개설 요청은 상업신용장 개설 신청 전에 이루어져서 매도인의 동의를 받아야 할 것

추상성의 원칙(신용장 업무 진행 절차)

■ 신용장 업무 진행 절차

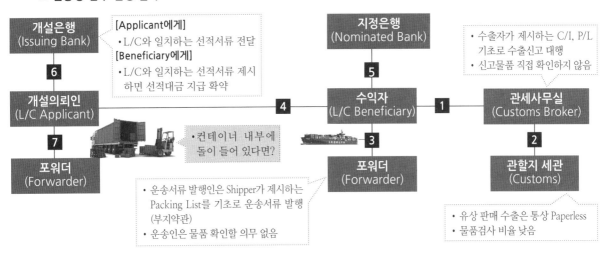

1 • L/C와 일치하는 C/I, P/L 작성해서 수출신고서 작성 대행 의뢰

2 • 수출신고 및 수출신고필증(L/C 내용과 일치) 발행

3 • Shipment Booking하면서 Packing List와 수출신고필증 번호 전달
• On Board 후 운송서류 발행 (L/C 46A 조항과 일치, 지시식 B/L)

4 • Shipping Advice by E-mail(선적서류 사본 전달)

5 • L/C와 일치하는 서류 제출하면서 매입신청 및 선적대금 선지급(Beneficiary의 신용도에 문제 없어야)

6 • L/C와 일치하는 선적서류 인수
• 이때 Applicant는 실제 화물을 확인하지 않고 선적서류의 오류만 확인하고 이상 없으면 선적서류 인수
• Transit Time이 상당한 경우, 선박이 Port of Discharge에 도착하기 전에 Applicant가 서류 인수해야 할 수도
(선적서류가 개설은행에 도착하면 일정 기간 이내에 인수해야)

7 • 인수한 선적서류를 기초로 수입신고 및 운송인에게 D/O 요청해서 화물 인수

추상성의 원칙에 대한 Applicant의 대응

[방법 1] Pre-Shipment Inspection 요구

[46A Documents Required]
+ Pre-Shipment Inspection in 1 Original Issued by SGS Hong Kong LTD., Mr. Gerrit Tang 2-1/F., 28/F, Metropole Square 2 On Yiu Street, Siu Lek Yuen, Shatin, N.T. Phone : (852) 222 1233, Fax : (852)222 1213

- Pre-Shipment Inspection(PSI) 요구할 때는 ⓐ 발행기관, ⓑ 발행기관의 주소, ⓒ 발행기관의 담당자, ⓓ 발행기관의 연락처를 명시해야.

■ PSI(Pre-Shipment Inspection, 선적전검사증명서)

- SGS 검사 비용은 수출자 혹은 수입자가 결제 가능
- SGS 검사 항목 지정 가능

제품 확인	→	포장 상태 확인	→	컨테이너 적입 작업 확인	→	PSI 발급

├──── 〈검사 내용, 검사 기간 2일 이상 필요할 수도〉 ────┤

- 검사 완료 후 수일 이내 발급

- 수출자는 SGS에 L/C, P/I, 인보이스, 패킹리스트, 사업자등록증 제출해야 할 수도
- FCL 건은 트럭 기사님이 제공하는 Seal 이외 SGS에서 별도의 Seal 사용

[방법 2] Final Acceptance Certificate 요구

[46A Documents Required]

A.   Documents for 70 Percent Payment.

   1. Draft for 70 Percent of the Commercial Invoice Value.

   2. Signed Commercial Invoice 3 Copies.

   3. Full Set of Clean On Board Ocean Bill of Lading Made Out To The Order Of Opening Bank Marked Freight Collect Notify Applicant and Issuing Bank.

   4. Packing List 3 Copies.

B.   Documents For 30 Percent Payment.

   1. Draft for 30 Percent of the Commercial Invoice Value.

   2. 30% Value Against Presentation of Final Acceptance Certificate for the Equipment(FAC) Signed by Both Parties. Expiry : 15/06/20(DD/MM/YY).

- Draft는 환어음(Bill of Exchange)
- Beneficiary는 Applicant의 서명이 들어간 FAC를 받아야, 선적대금 잔액 30%를 결제받을 수 있음
  이 조항은 악의가 없는 Beneficiary에게 독소 조항이 될 수 있음

[방법 3] 보세물품 확인 후 선적서류 인수

- 수입국이 한국일 때, 보세구역에 반입된 화물에 대해서 수입자가 세관으로 물품확인 신청할 수 있음
- (FCL) CY 검사장으로 컨테이너 이동해서 검사 가능. D/O 발행 없이도 검사장으로 컨테이너 이동 가능
- (LCL) CFS에 Carton(혹은 Pallet) 상태로 보관되고 있기 때문에 CFS에서 화물 확인 가능

[원칙] • 추상성의 원칙 때문에 수입자가 확인한 물품에 이상이 있더라도 L/C와 선적서류가 일치하면 인수해야
　　　　 • (계약상이 물품의 경우) 매매계약서를 기초로 매도인과 매수인 상호 간에 문제 해결해야

「보세화물관리에 관한 고시」 (별지 제18호 서식)

수입신고전 물품확인 승인(신청)서				처리기간	
				즉 시	
신청인	주소				
	성 명				
	생 년 월 일				
수입자	업 체 명 (화주)				
	사업자등록번호				
선(기)명			B / L 번 호		
입항일자			화물관리번호		
반입일자			장 치 장 소		
확 인 물 품 내 역					
품 명		규 격	수 량		비 고

「관세법」 제246조제3항에 따른 수입신고전 물품확인 신청합니다.	위 신청사항을 「관세법」 제246조제3항에 따라 승인함
20 년 월 일	20 년 월 일
위 신청인 (서명 또는 인) ○ ○ **세 관 장 귀하**	○ ○ 세 관 장 직인
구비서류 : B/L사본 ｜ 수수료 없음	귀하

운송인의 면책 사항(부지약관, Unknown Clause)

운송서류 전면
- Shipper's Load, Count and Seal
- Said (by Shipper) to Contain
- According to the Declaration of the Consignor
- Particulars Furnished by Consignor/Shipper

PARTICULARS FURNISEHD BY SHIPPER				
Container No. Seal No. Marks and Numbers	No. of Containers or Pkgs	Kind of Packages ; Description of Goods	Gross Weight	Measurement

운송서류 이면

화주의 책임

1) 화주는 운송인이 물품을 인수할 때에 화주가 직접 또는 그 대리인이 본 선하증권에 기재하기 위하여 제공한 물품의 일반적인 성질, 화물표식, 개수, 중량, 용적 및 수량과 경우에 따라서는 물품의 위험성에 관한 제반 명세의 정확성을 운송인에게 보장할 것으로 간주하여야 한다.

2) 화주는 상기와 같은 물품의 명세와 관련하여 그것이 부정확하거나 또는 불완전으로 인하여 발생한 모든 손실에 대해서 운송인에게 배상하여야 한다.

상법

제127조(화물명세서의 허위기재에 대한 책임) ①송하인이 화물명세서에 허위 또는 부정확한 기재를 한 때에는 운송인에 대하여 이로 인한 손해를 배상할 책임이 있다. 〈개정 2007.8.3.〉
②전항의 규정은 운송인이 악의인 경우에는 적용하지 아니한다. [제목개정 2007.8.3.]

결론
• 수입자(L/C Applicant)가 인수한 선적서류의 내용과 실제 화물이 다른 경우

개설은행으로의 Claim	운송인으로의 Claim	Beneficiary에게 Claim과 대금 환불 요청
• 불가, 추상성의 원칙 때문 • 은행은 오직 L/C와 선적서류의 일치 여부만 확인(L/C와 일치하는 물품의 선적 관심 없음)	• 불가, 부지약관 (Unknown Clause) 때문	• 불가, 연락 두절 • Applicant가 개설은행으로부터 선적서류 인수하면 선지급 받은 대금은 최종적으로 Beneficiary의 자금

46A Documents Required 조항(해상, B/L 요구 문구)

20	DOCUMENTARY CREDIT NUMBER	: MA122911NU00111
31	DATE OF ISSUE	: 2020-01-13
31D	DATE AND PLACE OF EXPIRY	: 2020-04-15 IN YOUR COUNTRY
50	APPLICNT	: EDUTRADEHUB
59	BENEFICIARY	: KASTON ASIA LTD.
32B	CURRENCY CODE AMOUNT	: USD59,400.00

44E	PORT OF LOADING/AIRPORT OF DEPARTURE	: SHANGHAI PORT, CHINA
44F	PORT OF DISCHARGE/AIRPORT OF DESTINATION	: BUSAN PORT, KOREA
44C	LATEST DATE OF SHIPMENT	: 2020-03-30
45A	DESCRIPTION OF GOODS AND/OR SERVICES	:

TELEPHONE ANSWERING MACHINE 3,000 PCS, USD19.80/PCS
FOB SHANGHAI PORT, CHINA

46A DOCUMENTS REQUIRED :

+ MANUALLY SIGNED COMMERCIAL INVOICE IN 3 ORIGINALS
+ PACKING LIST IN 3 COPIES
+ FULL SET OF CLEAN ON BOARD MARINE BILL OF LADING MADE OUT TO ORDER OF INDUSTRIAL BANK OF KOREA MARKED FREIGHT COLLECT NOTIFY APPLICANT
+ CERTIFICATE OF ORIGIN IN 1 ORIGINAL ISSUED BY THE CHINA COUNCIL FOR THE PROMOTION OF INTERNATIONAL TREADE ATTESTING THAT THE GOODS ARE CHINA ORIGIN
+ BENEFICIARY'S CERTIFICATE CERTIFYING THAT 01 SET OF NON-NEGOTIABLE DOCUMENTS HAS BEEN SENT TO THE APPLICANT WITHIN 05 DAYS AFTER SHIPMENT DATE BY E-EMAIL

> • B/L Consignee가 은행 지시식으로서 Shipper의 배서 없이 은행으로 서류 제출

47A ADDITIONAL CONDITIONS

+ ALL DOCUMENTS MUST BEAR OURT L/C REFERENCE
+ IN THE EVENT OF DOCUMENTS BEING PRESENTED TO US CONTAINING DISCREPANCIES WE WILL CHARGE A DISCREPANCY FEE OF USD100.00 FOR BENEFICIARY'S ACCOUNT

| 48 | PERIOD FOR PRESENTATION | : 21 DAYS AFTER SHIPMENT DATE IN ANY CASE WITHIN THIS L/C VALIDITY |

Shipper			B/L No.	WOLO2099871

Shipper
KASTON ASIA LTD.
8F, TRADING CENTER 298 HENNESSY ROAD, WANCHAI, HONGKONG

WOORI LOGISTICS LTD

Consignee

• 지시식 B/L

TO THE ORDER OF INDUSTRIAL BANK OF KOREA

Bill of Lading

...ss otherwise indicated ... mentioned, to be carried ...Lading by the vessel named ...the place of receipt or the ...e to be delivered unto order or assigns. This Bill of Lading duly endorsed must be surrendered in exchange for the Goods or delivery order. In accepting this Bill of Lading, the Merchant agrees to be bound by all the stipulations, exceptions, terms and ...r written, typed, stamped or printed, as fully as if signed by the ...ontrary notwithstanding, and agrees that all agreements or freight ...riage of the Goods are superseded by this Bill of Lading

• Third Party B/L is Acceptable (L/C에서 금지 하지 않아야, UCP600 제14조 k항)
• 일반적으로 L/C BENEFICIARY와 일치

Notify Party • L/C APPLICANT와 일치

EDUTRADHUBE
xxx, Nonhyundong, Kangnamgu, Seoul, Korea

• D/O 발행하는 목적지 포워더

Pre-carriage by	Place of Receipt	**Party to contact for cargo release**

KOREA TRANS
12F DOOSOL B/D, 1 GA, NAMSAN-DONG, JUNG-GU
SEOUL KOREA TEL : 02-000-0000 FAX : 02-000-0000
ATTN : MS. S.H. KIM

Vessel Voy. No.	Port of Loading
HYUNDAI JAKARTA 812E	SHANGHAI PORT, CHINA

Port of Discharge	Place of ...	...estination (Merchant's reference only)
BUSAN PORT, KOREA	BUSAN CY	

• L/C 44A, 44E, 44F, 44B

Container No. Seal No. Marks and Numbers	No. of Containers or Pkgs	Kind of Packages ; Description of Goods	Gross Weight	Measurement
	95 PLTS	SHIPPER'S LOAD, COUNT & SEAL 40' HC X 2, 20' DV X 1 TELEPHONE ANSWERING MACHINE	2,580.00KGS	109.203CBM
FJKU6012246/ES013627/CY/CY/40/HC TCKU6159156/ES013628/CY/CY/40/HC TCNU1547153/ES013629/CY/CY/20/DV		PRICE TERM : FOB SHANGHAI PORT	L/C NO. : MA122911NU00111	
P.O.#19031 EDUTRADEHUB (IN DIA) BUSAN REP. OF KOREA MADE IN CHINA		"FREIGHT COLLECT"	• Credit Number	
		ABOVE PARTICULARS FURNISHED BY SHIPPER • Unknown Clause		

Total Number of Containers or other Packages or Units (in words)	SAY : NINETY FIVE PALLETS ONLY.	**FIRST ORIGINAL**

Merchant's Declared Value (See Clauses 18 & 23) :

Note :
The Merchant's attention is called to the fact that according to Clauses 18 & 23 of this Bill of Lading the liability of the Carrier is, in most cases, limited in respect of loss of or damage to the Goods.

Freight and Charges	Revenue Tons	Rate Per	Prepaid	Collect
"FREIGHT AS ARRANGED"		**FREIGHT COLLECT AS ARRANGED**		

Exchange Rate	Prepaid at	Payable at	Place and Date of Issue
		DESTINATION	SHANGHAI, CHINA MAR. 22, 2020

• On Board Date(B/L Date)
• P.O.L.에서 화물이 선적된 날짜

...of Original B/L

THREE / 3 • B/L 발행운송인 서명

In witness whereof, the undersigned has signed ...s) of Lading stated herein, all ...or ... and date, one of which being accomplished, the others to stand void

Laden on Board the Vessel

Vessel	HUNDAI JAKARTA 812E	DATE MAR. 22, 2020
Port of Loading	SHANGHAI PORT	BY

WOORI LOGISTICS LTD
AS AGENT FOR THE CARRIER,
HYUNDAI MERCHANT MARINE

운송서류의 서명

[운송서류 서명에 포함되어야 할 내용]
- 운송인 상호와 운송인의 자격(As Carrier 혹은 As Agent)
- (해상 B/L) UCP600 제20조 a항 i호
- (항공 AWB) UCP600제23조 a항 i호

■ **선하증권(B/L), ISBP 745 E5**

- 서명자 : 운송인(Carrier), 선장(Master), 운송인 대리인 혹은 선장 대리인

WOORI LOGISTICS LTD. AS CARRIER	WOORI LOGISTICS LTD. AS AGENT FOR HANJIN SHIPPING CO., THE CARRIER	WOORI LOGISTICS LTD. AS AGENT ON BEHALF OF HANJIN SHIPPING CO., THE CARRIER

■ **항공화물운송장(AWB), ISBP 745 H6**

- 서명자 : 운송인(Carrier) 혹은 운송인 대리인

WOORI LOGISTICS LTD. AS AGENT FOR THE CARRIER, KOREAN AIR	WOORI LOGISTICS LTD. AS AGENT ON BEHALF OF KOREAN AIR, THE CARRIER

Shipper

KASTON ASIA LTD.

8F, TRADING CENTER 298 HENNESSY ROAD, WANCHAI, HONG KONG

Consignee

TO THE ORDER OF INDUSTRIAL BANK OF KOREA

Notify

EDUTRADEHUB

XXX, Nonhyundong, Kangnamgu, Seoul, Korea

ORIGINAL

COMMERCIAL INVOICE

Number / Date
IV-20135 / MAR. 18. 2020

Customer P.O. No. 19031

L/C No. MA122911NU00111

Your Contact Person
MR. GERRIT JANG
E-Mail : david@XXXX.com

Payment Term : L/C Banker's Usance 90 Days After B/L Date

Price Term : FOB Shanghai Port, China

Description	Quantity	Unit Price	Value/USD
Telephone Answering Machine (Item Number 17ABA309)	3,000 pcs	USD 19.80	USD 59,400.00
		Total Amount	**USD 59,400.00**

[L/C에서의 C/I 발행]

- C/I의 발행인은 L/C Beneficiary로 보여야 (ISBP 745 C2)
- 일반적으로 C/I Consignee는 운송서류 Consignee(지시식)와 동일하게 작성
- C/I Notify에 L/C Applicant를 기재 (L/C 조건 제외하고 기본적으로 C/I에 Notify란 필요치 않음)
- L/C에서 C/I Notify는 수입신고필증의 '수입자', 수출신고필증의 '해외거래처'로 해석

Commercial Invoice 발행 규정

[UCP600 제18조]
- 신용장에서 지정된 수익자에 의하여 발행된 것으로 보여야
- 신용장의 개설의뢰인 앞으로 작성되어야
- 신용장과 동일한 통화로 작성되어야
- 신용장에 의하여 요구되지 않는 한, 서명될 필요가 없다.

ISBP 745	L/C 내용	발행된 C/I 내용	비고
A21	• (신용장 언어) 영어로 발행 [47A Additional Cond.] + ALL DOCUMENTS MUST BE ISSUED IN ENGLISH	• 신용장에서 특별히 특정 언어로 서류를 발행해 야한다는 문구가 없으면, 서류는 어떤 언어로 발행되어도 무방	
C1	• 46A 조항에서 Commercial Invoice 요구	[제목] • Invoice, Customs Invoice, Tax Invoice, Final Invoice, Consular Invoice	• 수리
		• Proforma Invoice, Provisional Invoice	• 하자
C6	• 단가 표기	• C/I에도 단가 표기해야	
	• 단가 미표기	• C/I에 단가 표기하지 않아도	
	• 신용장 통화 USD	• 신용장 통화와 일치해야	
C8	• 45A Description Incoterms 2020 CIF Busan Port	• Price Term : Incoterms 2020 CIF Busan Port	
C10	• 46A Signed Commercial Invoice	• 기본적으로 C/I에는 서명 또는 일자를 표기하지 않아도 되나, 신용장에서 요구하면 준수해야	
C12	• 무료(FOC) 샘플, 광고물 등 요구하지 않음	• Telephone Answering Machine 3,000 PCS	• 수리
	• 45A Description : Telephone Answering Machine 3,000 PCS	• Telephone Answering Machine 3,000 PCS • Sample 50 PCS Free of Charge	• 하자
기타	[47A Additional Cond.] + THE NUMBER OF THIS CREDIT MUST BE INDICTED IN ALL DOCUMENT	• C/I 뿐만 아니라 Beneficiary가 제시하는 모든 서류에 L/C No. 기재되어야	

1. Exporter (Name, address, country)	Reference No.	CCPIT630-1800925889	**ORIGINAL**
KASTON ASIA LTD.	Reference Code.	18C4401A0632/09887	

<table>
<tr><td colspan="2"></td><td colspan="2" align="center">CERTIFICATE OF ORIGIN
OF
THE PEOPLE'S REPUBLIC OF CHINA</td></tr>
</table>

2. Consignee (Name, address, country)	
EDUTRADEHUB	

	3. Country of Origin
	THE PEOPLE'S REPUBLIC OF CHINA

4. Transport details	5. Remarks
FROM : SHANGHAI PORT, CHINA	Invoice Number & Date
TO : BUSAN PORT, KOREA	IV-200135 & Mar. 18. 2020
BY : HYUNDAI JAKARTA 812E	
ON : MAR. 22. 2020	

관세사무실
(Customs Broker) — **1** — **Exporter**
(L/C Beneficiary) — **2** — **비특혜 C/O 발행 기관**
(한국은 상공회의소, 중국은 CCPIT)

1 ・수출신고 의뢰 및 수출신고필증 발행

2 **[비특혜 C/O 발급 신청]**
・수출신고필증 발행되어야(수출신고필증 기초로 비특혜 C/O 발행)
・수출신고필증 발행 시점과 On Board 사이 혹은 On Board 이후 1년 이내까지 발행 신청 가능
・On Board 이후 발급되어도 비특혜 C/O에는 사후 발급 날인 되지 않음(기관 발급되는 특혜 C/O에는 날인)
・On Board 이후 수출신고 내용 정정이 발생할 수 있기 때문에 대부분 On Board 이후에 비특혜 C/O 발급 신청

[비특혜 C/O Shipper]
・L/C Beneficiary 및 B/L Shipper와 비특혜 C/O Shipper는 다를 수 있다. (ISBP 745 L6)

[비특혜 C/O Consignee]
・지시식 B/L Consignee(To Order)와 동일할 수도 있고, L/C Applicant가 될 수도 있다(ISBP 745 L5).

BENEFICIARY'S CERTIFICATE

Inovice No. IV-20135   **Date.** Mar. 25. 2020

TO WHOM IT MAY CONCERN:

1. L/C NO.	:	MA122911NU00111
2. CONTRACT NO	:	CT-20177
3. PO.NO	:	19031
4. AMOUNT	:	59400
5. COMMODITY	:	Telephone Answering Machine

WE CERTIFY THAT :

ALL DOCUMENTS HAS BEEN EMAILED TO APPLICANT, ATTN: GERRIT JANG, IMMEDIATELY AFTER SHIPMENT.

THANKING YOU,   YOURS TRULY,

■ Beneficiary's Certificate 활용(L/G 신청을 위해서)

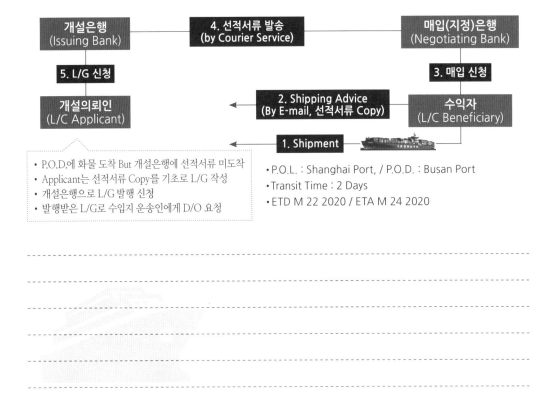

L/G 발행 상황과 업무 절차

[LCL] CFS 반입 및 장치
- 보세창고료 발생
- 조속한 반출이 수입원가 절감 효과

[FCL] CY 반입 및 장치
- Storage 및 DEM Free Time 적용
- Free Time 이내까지는 Free로 보관 가능

CFS

CY

T Time : 2 Days

- 보세구역 화물 반입
- Mar. 25. 2020

- P.O.D. : Busan Port
- E.T.A. : Mar. 24. 2020

- P.O.L. : Shanghai Port
- E.T.D. : Mar. 22. 2020

6   5   4   3   2   1

- 선적서류 발송
- (매입은행 → 개설은행)
- Mar. 27. 2020

- 매입신청 및 선결제
- Mar. 26. 2020

- Shipping Advice by E-mail
- Beneficiary → Applicant
- Mar. 23. 2020

- 해상 L/G 신청, Mar. 24. 2020

개설은행
(Issuing Bank)

A

B

개설의뢰인
(L/C Applicant)

- 해상 L/G 발행, Mar. 24. 2020(원본 선적서류 도착 전)
- L/G 발행하면 향후 도착하는 선적서류에 하자 있더라도 인수해야
- L/G 발행되더라도 Applicant는 향후에 도착하는 B/L 인수해서 1부를 L/G로 D/O 발행 한 포워더에게 제시해야(포워더는 1부 회수해야)

C

- L/G 제시와 운송비 결제 (D/O 발행 요청) Mar. 25. 2020

D/O 발행하는 운송인
(Forwarder)

- (매입 신청 전) Beneficiary가 유가증권 상태의 B/L 3부를 소지한 상태에서 D/O 발행 가능한가? D/O 발행을 위해서 Shipper의 확인서(LOI, 각서) 필요하지 않을까?

수입화물선취보증신청서
(Application For Letter of Guarantee)

선박회사명 (Shipping Co.) Woori Logistics LTD		신용장(계약서)번호(L/C NO.) MA122911NU00111	L/G 번호 (L/G NO.)
		선하증권번호 (B/L NO.)	WOLO2099871
송하인 (Shipper) Kaston Asia LTD		선박명 (Vessel Name)	HYUNDAI JAKARTA
		도착(예정)일 (Arrival Date)	2020. MAR. 24
상업송장금액 (Invoice Value) USD59,400.00		항해번호 (Voyage No)	812E
선적항 (Port of Loading) SHANGHAI PORT, CHINA		도착항 (Port of Discharge)	BUSAN PORT, KOREA
인수예정자 (Party to be Delivered) EDUTRADEHUB		수하인 (Consignee)	INDUSTRIAL BANK OF KOREA
화물표시 및 번호 (Nos. & Marks) P.O.#19031	포 장 수 (Packages) 95 PLTS	상 품 명 세 (Description of Goods) TELEPHONE ANSWERING MACHINE	

☐ 본인은 위 신용장의 수입물품을 대도(T/R) 신청함에 있어 따로 제출한 외국환거래약정서 및 양도담보계약서의
　모든 조항에 따를 것을 확약 합니다.

☐ 본인은 EDI 방식에 의한 수입물품선취보증서(L/G) 발급의 경우 소정의 서비스 이용료를 납부하고 본건이 발급된
　후에는 변경 또는 취소가 불가능 함을 확약합니다

본인은 위 신용장 등에 의한 관계선적서류가 귀행에 도착하기 전에 수입화물을 인도받기 위해 수입화물 선취보증을
신청하며 본인이 따로 제출한 수입화물 선취보증서(LETTER OF GUARANTEE)에 귀행이 서명함에 있어 다음 사항을 따를
것을 확약합니다

1. 귀행이 수입화물 선취보증서에 서명함으로써 발생하는 위험과 책임 및 비용은 모두 본인이 부담하겠습니다

2. 본인은 위 수입화물에 대하여는 귀행이 소유권이 있음을 확인하며 귀행이 수입화물선취보증서에 따른 보증채무를
　이행하여야 할 것이 예상될 경우 또는 본인에 대하여 은행여신거래 기본약관 제7조의 사유가 발생할 경우에는
　귀행의 청구를 받는 즉시 위 수입화물을 귀행에 인도하겠으며, 수입화물의 인도가 불가능할 경우에는 위
　수입물품에 상당하는 대금으로 상환하겠습니다.

3. 본인은 위 수입화물에 대한 관계선적서류를 제3자에게 담보로 제공하지 않았음을 확인하며, 또한 귀행의 서면
　동의없이 이를 담보로 제공하지 않겠습니다.

4. 본인은 위 수입화물에 관한 관계 선적서류가 도착할 때는 신용장 조건과의 불일치 등 어떠한 흠에도 불구하고 이들
　서류를 반드시 인수하겠습니다.

2020 년　03 월　24 일

신 청 인 : 　에듀트레이드허브

주 　소 :

인감 및 원본확인	

46A Documents Required 조항(항공, AWB 요구 문구)

20	DOCUMENTARY CREDIT NUMBER	: MD112908NU00349
31	DATE OF ISSUE	: 2019-08-05
31D	DATE AND PLACE OF EXPIRY	: 2019-09-10 U.S.A.
50	APPLICNT	: EDUTRADEHUB
59	BENEFICIARY	: KASTON
32B	CURRENCY CODE AMOUNT	: USD 40,275.00

44E	PORT OF LOADING/AIRPORT OF DEPARTURE	: LOS ANGELES AIRPORT
44F	PORT OF DISCHARGE/AIRPORT OF DESTINATION	: INCHEON AIRPORT
44C	LATEST DATE OF SHIPMENT	: 2019-08-25
45A	DESCRIPTION OF GOODS AND/OR SERVICES	:

STAINLESS STEEL PLATE, MODEL NO. BBS880

TOTAL 2 SET ON WOODEN CRATE PACKING, U'PRICE USD20,137.50 PER SET, EXW SELLER'S LA DOOR

46A DOCUMENTS REQUIRED   :

+ 3 COPIES COMMERCIAL INVOICE SIGNED BY BENEFICIARY SHOWING THE EXW VALUE OF THE GOODS AS PER PROFORMA INVOICE #PRO110-56.

+ ONE ORIGINAL AIR WAYBILL (ORIGINAL FOR SHIPPER) AND 1 COPY CONSIGED TO WOORI BANK MARKED FREIGHT COLLECT NOTIFY APPLICANT

+ PACKING LIST IN TRIPLICATE

47A ADDITIONAL CONDITIONS

+ ALL DOCUMENTS MUST BEAR OURT L/C REFERENCE

[TRIPLICATE와 IN TRIPLICATE 의미]

• 서류가 3통 발행될 때, 'TRIPLICATE'는 그 중에 다른 하나의 원본을 의미(3통 모두 원본) 'IN TRIPLICATE'는 3통을 의미하고, 그 중 최소 1통은 원본을 은행으로 제출해야

• 3통(Full Set) 발행되는 첫 번째 B/L에 ORIGINAL, 2번째 B/L에 DUPLICATE, 3번째 B/L에 TRIPLICATE 표기 가능 이때 ORIGINAL뿐만 아니라 DUPLICATE 및 TRIPLICATE 모두 ORIGINAL로 해석

180	LAX	4600 9983															ABCF5002308

Shipper's name and Address		Shipper's Account Number	
KASTON •L/C BENEFICIARY			

Not negotiable
Air Waybill
Issued by

ABC FORWARDER
1255 RANCHO DOMINGUEZ, CA 901120 UNITED STATES

Copies 1, 2 and 3 of this Air Waybill are originals and have h same validity.

Consignee's Name and Address	Consignee's Account Number
CONSIGNED TO WOORI BANK •기명식	

It is agreed that the goods described herein are accepted in apparent good order and condition (except as noted) for carriage SUBJECT TO THE CONDITIONS OF CONTRACT ON THE REVERSE HEREOF. ALL GOODS MAY BE CARRIED BY ANY OTHER MEANS INCLUDING ROAD OR ANY OTHER CARRIER UNLESS SPECIFIC CONTRARY INSTRUCTIONS ARE GIVEN HEREON BY THE SHIPPER, AND SHIPPER AGREES THAT THE SHIPMENT MAY BE CARRIED VIA INTERMEDIATE STOPPING PLACES WHICH THE CARRIER DEEMS APPROPRIATE. THE SHIPPER'S ATTENTION IS DRAWN TO THE NOTICE CONCERNING CARRIER'S LIMITATION OF LIABILITY. Shipper may increase such limitation of liability by declaring a higher value for carriage and paying a supplemental charge if required.

Issuing Carrier's Agent Name and City	
ABC FORWARDER	
Agent's IATA Code •L/C 44E, 44F	

Accounting information

Notify : EDUTRADEHUB
"FREIGHT COLLECT"

Airport of Departure (Addr. Of First Carrier) and Requested Routing	Reference Number	Optional Shipping Information
LOS ANGELES - LAX		

to	By first Carrier	to	by	to	by	Currency	CHGS Code	WT/VAL		Other		Declared	Declared
								PPD	COLL	PPD	COLL	Value for Carriage	Value for Customs
ICN	KOREAN AIRLINES					USD			X		X	N.V.D.	USD40,275.00

Airport of Destination	Requested Flight/Date	Amount of Insurance
INCHEON AIRPORT	KE504 08/31/2019	NIL

INSURANCE - if carrier others Insurance, and such insurance is requested in accordance with the conditions the real, indicate amount to be insured in figures in box marked "Amount of Insurance".

Handling Information

L/C NO. MD112908NU00349 ···· •Credit Number

No.of Pieces RCP	Gross Weight	kg lb	Rate Class		Chargeable Weight	Rate Charg	TOTAL	Nature and Quantity of Goods (incl. Dimensions or Volume)
				Commodity				
2 CRATE	2,125.0 (4,685.0)	kg lb	Q		2,125.0 (4,685.0)	AS ARRANGED		STAINLESS STEEL PLATE DETAILS AS PER ATTACHED INVOICE INV# IV-190590 PO# PO-19058 148in X 52in X10in 2 CRATE
2 CRATE	2,125.0 (4,685.0)	kg lb						

Prepaid	Weight Charge	Collect

Other Charges

Valuation Charge

Tax

Total Other Charges Due Agent

Total Other Charges Due Carrier

Shipper certifies that the particulars on the face ... any part of the consignment contains dangerous goods, such part is properly described by name and is ... according to the applicable Dangerous Goods Regulations

•AWB 발행인

ABC FORWARDER CO., LTD AS AGENT OF KASTON
Signature of Shipper or his Agent

Total Prepaid	Total Collect

Currency Conversion Rates	CC Charges in Dest. Currency

ABC FORWARDER CO.
AS AGENT FOR THE CARRIER : KOREAN AIR

•On Board Date(B/L Date)
= AWB ISSUING DATE

31-Aug-2019 ...cuted on (Date) at (Place) LOS ANGELES-LAX MICHAEL
Signature of Issuing Carrier or its Agent

For Carrier's Use only at Destination		Total Collect Charges

ORIGINAL 3 FOR SHIPPER HAWB : ABCF5002308

B/L & AWB의 Consignee와 배서인

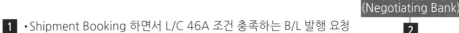

개설은행
(Issuing Bank)

개설의뢰인
(L/C Applicant)

4

D/O 발행하는 운송인
(Forwarder)

매입(지정)은행
(Negotiating Bank)

수익자
(L/C Beneficiary)

1

B/L 발행하는 운송인
(Forwarder)

1 • Shipment Booking 하면서 L/C 46A 조건 충족하는 B/L 발행 요청

2 • 매입 신청

3 • 선적서류 인수

4 • 해상에서는 B/L, 항공에서는 AWB 제시하면서 Cargo Release 요청
• 운송인은 운송서류에 배서인의 배서 여부 확인할 필요

배서인	해상 B/L		AWB
	To the Order of 개설은행	To Order (of Shipper)	Consigned to 개설은행
Shipper	• 불필요	• 필요(Shipper가 최초 배서인) • (배서방법) 46A 조항 B/L 요구 문구에서 제시	• 불필요
개설은행	• 필요(개설은행이 최초 배서인)	• 필요(개설은행은 2번째 배서인)	• 필요 • 기명식이지만 실제 Cargo Release 요청은 Applicant가 하기 때문에 Consignee 권리 이전되어야
D/O 요청자 (Cargo Release)	• L/C Applicant • 배서인의 배서가 된 B/L을 최소 1부 운송인에게 제시해야 D/O 발행	• L/C Applicant • 배서인의 배서가 된 B/L을 최소 1부 운송인에게 제시해야 D/O 발행	• L/C Applicant • 배서인의 배서가 된 AWB를 운송인에게 제시

Shipper 지시식 B/L 배서 방법(백지, 기명식 및 지시식 배서)

■ 백지배서

+ FULL SET OF CLEAN ON BOARD OCEAN BILL OF LADING MADE OUT TO ORDER OF SHIPPER AND ENDORSED IN BLANK MARKED FREIGHT PREPAID AND NOTIFY APPLICANT.

Shipper 지시식 B/L		백지배서(B/L 이면)
Shipper	EDUTRADEHUB	Edutradehub (명판 날인)
Consignee	To Order of Shipper	

■ 기명식 배서

+ FULL SET OF CLEAN ON BOARD OCEAN BILL OF LADING MADE OUT TO ORDER OF SHIPPER AND ENDORSED TO KASTON CO., LTD. MARKED FREIGHT PREPAID AND NOTIFY APPLICANT.

Shipper 지시식 B/L		백지배서(B/L 이면)
Shipper	EDUTRADEHUB	(Delivery) to Kaston. Co., Ltd.
Consignee	To Order of Shipper	Edutradehub (명판 날인)

■ 지시식 배서

+ FULL SET OF CLEAN ON BOARD OCEAN BILL OF LADING MADE OUT TO ORDER OF SHIPPER AND ENDORSED TO THE ORDER OF ANZ BANK MARKED FREIGHT PREPAID AND NOTIFY APPLICANT.

Shipper 지시식 B/L		백지배서(B/L 이면)
Shipper	EDUTRADEHUB	(Delivery) to the order of ANZ Bank
Consignee	To Order of Shipper	Edutradehub (명판 날인)

Shipper의 백지배서와 2/3 Set B/L 요구하는 신용장

46A   DOCUMENTS REQUIRED   :

+ FULL SET LESS ONE ORIGINAL CLEAN ON BOARD OCEAN BILL OF LADING TO ORDER OF SHIPPER AND ENDORSED IN BLANK FREIGHT PREPAID NOTIFY APPLICANT AND ISSUING BANK

47A   ADDITIONAL CONDITIONS   :

+ ONE SET OF ORIGINAL SHIPPING DOCUMENTS INCLUDING 1/3 SET OF ORIGINAL BILL OF LADING, COMMERCIAL INVOICE AND PACKING LIST MUST BE SENT DIRECTLY TO APPLICANT BY BENEFICIARY

■ B/L 1부를 특송으로 Applicant에게 Direct 발송한 경우

구 분	개설은행 지시식 - To the Order of Issuing Bank -	Shipper 지시식 - To Order (of Shipper) -
D/O 발행 조건	[운송인] •개설은행 배서가 된 B/L 인수 필요 [Applicant] •개설은행으로 B/L 1부 제시하여 개설은행 배서 요청 •At Sight L/C의 경우, 선적대금 결제	[운송인] •Shipper의 배서가 된 B/L 인수 필요 •배서인이 Shipper이니 Shipper의 배서 여부 중요 [Applicant] •개설은행 배서받지 않고 운송인에게 B/L 제시하여 D/O 요청 가능 •개설은행으로 B/L 제시하면 Shipper 배서와 함께 개설은행 배서가 된 B/L을 포워더에게 제시
개설은행 및 Beneficiary 입장	•B/L Full Set 중 1부를 특송으로 Applicant에게 발송해도 문제 되지 않음	•Shipper의 배서만으로 화물 인수 후, 개설은행에 도착한 선적서류의 미미한 하자를 이유로 선적서류 인수 거부 가능성 •개설은행의 지급 거절은 매입은행의 소구권 행사로 이어질 수 있음

단일 선적 화물의 T/T와 L/C 분할 결제 사례

■ **신용장 내용**
- 기계 설비 1 Set 거래
- 매매계약서 총액 USD100,000 중 Downpayment(계약금, 선수금) 명목으로 30% T/T 선결제

32B	CURRENCY CODE, AMOUNT	: USD70,000
42C	DRAFTS AT	: Sight
45A	DESCRIPTION OF GOODS AND/OR SERVICES	: Sausage Mixer Machine MT800B 1 Set
		CIF Busan Port
46A	DOCUMENTS REQUIRED	:

A. T/T in Advance for Downpayment 30% of the contract value

B. Negotiation for 70% of the contract value ;

+ Signed commercial invoice, 3-fold, issued for 70% of the contract value, showing full value of the goods shipped confirming that 30% of the contract value has already been received by the Beneficiary in advance outside the L/C.

+ Full set of clean on board ocean Bills of Lading made out to the order of opening bank, marked freight prepaid, Notify the Applicant.

+ Packing List, 3-fold.

+ Insurance Certificate for 110% of goods value stating that claims, if any, are payable in US Dollars at Destination.

47A	ADDITIONAL CONDITIONS	: + Draft at sight for 70% Commercial Invoice Value.

■ Commcercial Invoice와 환어음(Draft) 발행

• 선적대금을 청구하는 C/I와 환어음 금액은 동일해야

Payment Term : at Sight L/C by Negotiation   Price Term : CIF Busan Port, Korea

Description	Quantity	Unit Price	Value/USD
Sausage Mixer Machine MT800B	1 Set	USD 100,000.00	USD 100,000.00

Total Amount	USD	100,000.00
Less Advance Payment 30% by T/T	(-) USD	30,000.00
Total Invoice Amount against Shipping Documents	**USD**	**70,000.00**

NO.   BILL OF EXCHANGE   **Date :**

FOR   USD70,000

AT   SIGHT   OF THIS FIRST BILL OF EXCHANGE (SECOND OF THE SAME

TENOR AND DATE BEING UNPAID) PAY TO   OR ORDER THE SUM OF

              SAY   US DOLLAR SEVENTY THOUSAND   ONLY

VALUE RECEIVED AND CHARGE THE SAME TO ACCOUNT OF

DRAWN UNDER

L/C NO.   DATED

TO

(1) 신 고 자 ABC관세사사무실 홍길동	(5)신고번호 00000-20-899598X	(6)세관·과 154-10	(7)신고일자 2020-03-18		
(2)수 출 대 행 자 에듀트레이드허브 (통관고유번호) 에듀트레이드허브-0-0		(10)거래구분 11 일반형태	(11)종류 A 일반수출	(12)결제방법 LS 일람출급 L/C	
		(13)목적국 TAIWAN	(14)적재항 KRPUS 부산항	(15)선박회사 (항공사)	
수 출 화 주 에듀트레이드허브 (통관고유번호) 에듀트레이드허브-0-0 (주소) 서울 강남 논현 000-0 (대표자) 홍길동 (사업자등록번호) 211-87-00000		(16)선박명(항공편명)	(17)출항예정일자	(18)적재예정보세구역 3078011	
		(19)운송형태 10 LC		(20)검사희망일 2020-03-18	
		(21)물품소재지 충청남도 홍성군 광천읍 홍남로 000길 00 32291			
(3)제 조 자 대한정밀 (통관고유번호) 대한정밀-0-00-0-00-0 제조장소 22319 산업단지부호		(22)L/C번호 5CMLC112321		(23)물품상태 N	
		(24)사전임시개청통보여부 N		(25)반송 사유	
(4)구 매 자 JENN TECH (구매자부호) TWJENNTE0001E		(26)환급신청인 2 (1 : 수출대행자/수출화주, 2 : 제조자) 간이정액환급 NO			

(44)총중량	4,860.0 (KG)	(45)총포장갯수	1 (GT)	(46)총신고가격(FOB)	$ 98,334 ₩ 116,556,000
(47)운임(W)	1,950,000	(48)보험료(W)	25,000	(49)결제금액	CIF - USD - 100,000.00
(50)수입화물 관리번호				(51)컨테이너번호	N
※ 신고인기재란 TT 및 LS 분할 결제 TT 30% USD30,000 in Advnace, LS 70% USD70,000			(52)세관기재란	신고수리 : 대전세관 관세사 홍 길 동 전자서류수입통관확인	
(53)운송(신고)인 (54)기간		(55)적재의무기한 2020-04-17	(56)담당자	(57)신고수리일자 2020-03-18	

단일 선적 화물의 L/C 분할 결제 사례

■ **신용장 내용**
• 기계 설비 1 Set 거래
• 선급금(AP Bond 발행 조건) 30%, 중도금(선적 후 매입 금액) 50%, 잔금 20%(설비 설치 후)

32B	CURRENCY CODE, AMOUNT	: USD100,000
42C	DRAFTS AT	: 120 Daya After B/L Date
45A	DESCRIPTION OF GOODS AND/OR SERVICES	: Pipe bending machine R5-87(380V/60HZ) 1 Set
		FOB Busan Port
46A	DOCUMENTS REQUIRED	:

A. First negotiation for 30% of the contract value ;

+ Signed commercial invoice, 3-fold, issued for 30% of the contract value.

+ Advance Payment Bond issued for 30% of the contract value.

B. Second Negotiation for 50% of the contract value ;

+ Manually signed commercial invoice, 3-fold, issued for 50% of the contract value

+ 2/3 Set of clean on board ocean bill of lading made out to the order of issuing bank marked freight collect notify applicant.

+ Packing List, 3-fold.

+ Asian-Korea FTA Certificate of Origin(Form AK) issued by the Korea Chamber of Commerce and Industry within 3 working day on B/L Date in 1 Original.

C. Last Negotiation for 20% of the contract value ;

+ 20% value against presentation of final acceptance certificate for the equipment(FAC) signed by both parties. Expiry : 15/06/20(DD/MM/YY).

■ First Negotiation

- L/C Beneficiary(매도인)가 L/C Applicant(매수인)를 Beneficiary로 하는 AP Bond 개설 조건으로 30% 지급하겠다는 내용
- AP Bond 개설 후 C/I 및 환어음 발행해서 30%에 대한 대금 매입 신청

[AP Bond 요구 다른 표현]
- 30% of total invoice value have to paid by L/C upon presentation of advanced payment bank guarantee bond for the 30% payment.
- 10 PCT of the Contract Price : L/C payment within 7 Days upon L/C Beneficiary's presentation of advance payment guarantee bond equivalent to 10 PCT of the contract price.

■ Second Negotiation

- 45A Description 물품을 실제로 선적 후 선적서류 제출하면서 50%에 대한 금액 매입 신청
- 한-아세안 FTA C/O(AK Form)를 On Board 이후 3 영업일 이내(On Board Date 포함) 발급받으면 소급발행 문구(ISSUED RETROACTIVELY) 날인되지 않음
- 수입체약국이 인도네시아라면 필히 On Board 이후에 AK Form 발행되어야

■ Last Negotiation

- 수입국에 도착한 45A 조항 물품 Test 후 Applicant의 Final Acceptance Certificate를 Beneficiary가 받아서 은행으로 제출

Payment Term : Banker's Usance L/C 120 Days after B/L Date　　　　Price Term : FOB Busan Port, Korea

Description	Quantity	Unit Price	Value/USD
Pipe bending machine R5-87(380V/60HZ)	1　Set	USD　100,000.00	USD　100,000.00

Total Amount	USD	100,000.00
Less Payment against AP-Bond 30%	(-) USD	30,000.00
Less Payment against Shipping Documents 50%	(-) USD	50,000.00
Total Invoice Amount against FAC 20%	**USD**	**20,000.00**

분할선적(43P Partial Shipment)과 환적(43T Transshipment)

[UCP600 제31조 a항]
- 신용장에서 특별히 분할선적 금지 문구가 없으면 분할선적은 허용

20	DOCUMENTARY CREDIT NUMBER	: 30-0105-032181
31	DATE OF ISSUE	: 2020-11-01
31D	DATE AND PLACE OF EXPIRY	: 2021-01-31 NEGOTIATING BANK
50	APPLICNT	: SANKO JAPAN
59	BENEFICIARY	: EDUTRADEHUB
32B	CURRENCY CODE AMOUNT	: USD50,000.00
39A	PERCENTAGE CREDIT AMOUNT TOLERANCE	: 05/05
43P	PARTIAL SHIPMENT	: ALLOWED
43T	TRANSSHIPMENT	: PROHIBITED
44E	PORT OF LOADING/AIRPORT OF DEPARTURE	: SHANGHAI PORT / PUDONG AIRPORT, CHINA
44F	PORT OF DISCHARGE/AIRPORT OF DESTINATION	: YOKOHAMA PORT / NARITA AIRPORT, JAPAN
44C	LATEST DATE OF SHIPMENT	: 2021-01-17
45A	DESCRIPTION OF GOODS AND/OR SERVICES	: EMPTY COSMETIC BOTTLE, 5,000 SETS, BLUE COLORED, MODEL NO. 9C78

SHIPMENT FOR VESSEL TERMS OF DELIVERY CIF YOKOHAMA PORT, CHINA
SHIPMENT FOR PLANE TERMS OF DELIVERY CIP NARITA AIRPORT, JAPAN

46A DOCUMENTS RQUIRED :

+ SIGNED COMMERCIAL INVOICE IN 3 COPIES

+ PACKING LIST IN 3 COPIES

+ FULL SET OF CLEAN ON BOARD MARINE BILL OF LADING MADE OUT TO ORDER OF SHIPPER AND BLANK ENDORSED MARKED FREIGHT PREPAID NOTIFY APPLICANT

+ AIRWAYBILL CONSIGNED TO ISSUING BANK MARKED FREIGHT PREPAID NOTIFY APPLICANT

47A	ADDITIONAL CONDITIONS	: 5 PCT MORE OR LESS QUANTITY AND AMOUNT ALLOWED
48	PERIOD FOR PRESENTATION	: DOCUMENT MUST BE PRESENTED WITHIN 10 DAYS AFTER THE DATE OF SHIPMENT BUT WITHIN THE VALIDITY OF THIS CREDIT ·

개설은행
(Issuing Bank)

매입(지정)은행
(Negotiating Bank)

• 48 Period for Presentation까지 선적 건별로 매입신청
• 선적 건별로 선적 대금 결제

b. 매입신청 및 선결제

c. 선적서류 인수

• 선적 건별로 선적서류 인수 및 선적대금 결제

개설의뢰인
(L/C Applicant)

a. On Board

수익자
(L/C Beneficiary)

• 각각의 선적 건은 44C S/D 이전에 선적되어야
• 수출신고 역시 선적 건별로 진행

신용장

• **1st Shipment** : By Air, 500 Set

| C/I, P/L | 수출신고필증 | AWB | (a)On Board | (b)매입신청 및 선결제 | (c) 선적서류 인수 |

• C/I : 500 Set, USD5,000.00   • AWB : 기명식 (Issuing Bank)   • 환어음 : USD5,000.00

• **2nd Shipment** : By Vessel, 4,000 Set

| C/I, P/L | 수출신고필증 | (a)On Board | 운송서류 | (b)매입신청 및 선결제 | (c) 선적서류 인수 |

• C/I : 4,000 Set, USD45,000.00   • B/L : Shipper 지시식   • 환어음 : USD40,000.00

• 500 Set 미선적   • Applicant와 Beneficiary 사전 조율
• S/D 및 E/D 모두 지남
• Applicant는 개설은행으로 잔액 정리 신청
• 수입신용장 미사용잔액 정리(수입보증금 환급) 신청서

	□수입신용장 □내국신용장	미사용잔액 정리(수입보증금 환급) 신청서	

본인은 다음 내용과 관련한 수입(내국)신용장의 미사용잔액을 정리하여 줄 것을 신청하며 아울러/또는 귀행에 적립된 수입보증금을 귀행이 정하는 절차에 따라 환급하여 주시기 바랍니다. 또한 이로 말미암은 비용과 손해가 은행의 고의 또는 중대한 과실로 인한 것이 아닌 한 본인이 부담하겠습니다.

	번 호	
수입(내국) 신 용 장	수 입 방 식	( ) 일람불 L/C ( ) 기한부 L/C ( ) D/P ( ) D/A ( ) 기 타
	개 설 금 액	
	유 효 기 일	
	미사용잔액 정리금	
수입보증금	환급 신청 금액	
	환급시 입금 계좌	
	환 급 사 유	

■ 환적의 개념

[ISBP 745 E17]
환적은 신용장에 명시된 선적항으로부터 양륙항까지 물품운송 중에 한 선박으로부터 물품을 양하하여 다른 선박에 재적재하는 것이다. 선하증권에 그러한 두 항구 사이의 어떠한 양하 및 재적재가 표시되어 있지 않다면 이는 신용장과 UCP600 제20조 제b항과 제c항에서 말하는 환적이 아니다.

[ISBP 745 H17]
환적은 신용장에 명시된 출발공항으로부터 도착공항까지 물품운송 중에 한 항공기로부터 물품을 양하하여 다른 항공기에 재적재하는 것이다. 항공운송서류에 그러한 두 공항 사이의 어떠한 양하 및 재적재가 표시되지 않는다면 이는 신용장과 UCP600 제23조 제b항과 제c항에서 말하는 환적이 아니다.

과부족 허용 조항(More or Less Clause)에 대한 이해

과부족	설 명
필요 화물	• (Meter, Kg, Metric tons 등 단위) 계약 수량과 정확하게 일치하게 생산 및 인도가 어려운 화물. • (Piece, Carton , drum등 단위) 정확한 수량의 생산과 인도가 가능하기 때문에 일반적으로 과부족 허용하지 않으나, 필요하면 허용 가능
허용 조항	• 32B 신용장 총액 및 45A 수량과 단가에 과부족 허용 가능(일반적으로 단가에는 비적용) • 47A 조항에서 허용하기도
허용 범위	• 32B 금액 및 45A 수량에 동일하게 각각 3% 등으로 허용 (수량에 대해서 단독으로 과부족 허용하는 경우는 일반적이지 않음) • about 혹은 approximately라는 단어를 사용하면 10%의 과부족 허용으로 해석
UCP600 제30조 b항	• (Meter, Kg, Metric tons 등 단위 화물) • 환어음(C/I) 총액이 신용장 총액을 초과하지 않으면 45A 조항에서 제시된 수량을 기준으로 (±)5% 범위 내에서 선적 가능

과부족 허용 사례 1
(수량에 Approximately 혹은 About 사용)

32B	CURRENCY CODE, AMOUNT	: JPY3,421,840
39A	PERCENTAGE CREDIT AMOUNT TOLERANCE	: (±) 10/10 (%)
39B	MAXIUM CREDIT AMOUNT	: PLUS/MINES (PERCENTAGE)
45A	DESCRIPTION OF GOODS AND/OR SERVICES	: APPROX. 298,000M OF SAUSAGE COLLAGEN CASING [TERMS OF PRICE] FOB [COUNTRY OF ORIGIN] JP JAPAN
47A	ADDITIONAL CONDITIONS	: LATE PRESENTATION B/L ACCEPTABLE.
48	PERIOD FOR PRESENTATION	: DOCUMENTS TO BE PRESENTED WITHIN 21 DAYS AFTER THE DATE OF SHIPMENT BUT WITHIN THE VALIDITY OF THE CREDIT.

[참고]
• Stale B/L 허용하는 신용장 : 선적서류 제시기일 지나서 E/D 이내까지 매입 신청해도 하자 아님(ISBP745 A19 b)
• 45A 조항에서 단가(Unit Price) 표기가 없으니 C/I에도 단가 미표기하여도 하자 아님(ISBP724 C6 b)

과부족 허용 사례 2		

32B	CURRENCY CODE, AMOUNT	: USD80,000.00
39A	PERCENTAGE CREDIT AMOUNT TOLERANCE	: (±) 3/3 (%)
39B	MAXIUM CREDIT AMOUNT	: PLUS/MINES (PERCENTAGE)

45A	DESCRIPTION OF GOODS AND/OR SERVICES:	ITEM	Q'TY	U'PRICE	AMOUNT
		RELEASE FILM	20,000 Square meter	USD1.40	USD28,000
		PROTECTIVE FILM	40,000 Square meter	USD1.30	USD52,000
		QUANTITY 3 PCT MORE OR LESS ALLOWED.			

3% 과부족 이내에서 C/I 및 환어음 발행 가능

[L/C 내용]
- 32B Amount : USD80,000
- 45A Quantity : 60,000 Square meter

①

(실제 선적) 2% 초과 선적

[Commercial Invoice]
- Amount : USD81,600
- Quantity : 61,200 Square meter

[환어음, Draft]
- Amount : USD81,600

[-3%]
- Amount : USD77,600
- Quantity : 58,200 Square meter

[+3%]
- Amount : USD82,400
- Quantity : 61,800 Square meter

3% 부족 ◄─────► 3% 초과

②

수익자 (L/C Beneficiary)	매입신청 및 선결제	매입(지정)은행 (Negotiating Bank)	개설은행 (Issuing Bank)	선적서류 인수	개설의뢰인 (L/C Applicant)

- 환어음 총액 USD81,600 지급(이자 공제)

- 선적대금 USD81,600 결제해야
- 필요 수량보다 1,200 Square meter 초과된 물품 인수해야
- 초과 수량은 재고로 남을 수도
- (결론) Applicant는 과부족 허용에 신중해야

L/C 개설신청서(L/C Application, L/C Draft) **작성 방법**

일반정보

개설신청일자	2014-06-10 ▼	개설방법	By full cable ▼
운송방법	Sea/Air ▼		
신용공여주체	Banker's ▼	결제조건유형	Usance L/C ▼
개설의뢰은행 　찾기		(희망)통지은행 　찾기	
*외환점포코드		*은행명	
*은행명		*지점명	
*지점명			
*Tel No			

결제조건유형과 신용공여주체

'결제조건유형'을 'Usance'로 선택하였고, '신용공여주체'는 'Banker's'로 선택하였다.

매입신용장(By Negotiation L/C)		
At Sight L/C	Banker's Usance L/C	Shipper's Usance L/C

(희망)통지은행 · 개설은행이 개설한 신용장을 Beneficiary에게 통지하는 수출지의 은행

a. 매매계약서 작성할 때, 수출자(L/C Beneficiary)가 수입자(L/C Applicant)에게 자신의 거래은행을 통지은행으로 지정 요청
b. (이때 Bank Address, Name, Swift Code 등의 Bank Information 정보 전달)
c. 수입자는 신용장 개설신청서 작성할 때 이를 반영
d. 개설은행이 최종적으로 통지은행 지정(수출자의 거래은행이 아닌 개설은행의 해외 지점이 지정될 수도)

SWIFT 정보

40A	Form of Documentary Credit	IRREVOCABLE ▼			
31D	Date and place of expiry	(date) 2014-08-20 ▼		(place)	IN YOUR COUNTRY

40A Form of Documentary Credit

- 현재는 UCP600 하에서 개설되는 모든 신용장은 취소불능(IRREVOCABLE) 신용장
- (Field 40E APPLICABLE RULES) UCP LATEST VERSION
- 개설된 신용장이 취소되려면 개설은행과 수출자의 동의가 필요하다.

신용장 Cancel(Amend) 조건		
Applicant의 Cancel(Amend) 신청	개설은행의 동의	Beneficiary의 동의

31D Date and Place of Expiry

■ Date of Expiry (E/D, 만기일)

의 미	• (기본) Beneficiary에 대한 개설은행의 대금 지급 보증을 종료하는 기일
Applicant	• L/C 개설일로부터 E/D까지의 기간 이자로서 개설수수료 계산에 영향 • 개설수수료에 영향을 미치는 E/D와 48 Period for Presenation 기간
Beneficiary	• E/D 이내에 선적과 선적서류 제출 완료해야

■ Place of Expiry (만기장소)

의 미	• Beneficiary는 선적서류가 E/D까지 만기장소의 은행에 제출되도록 해야(그렇지 않으면 하자) • In Your Country, 수출지 국명 혹은 At Negotiationg Bank 등으로 만기 장소 지정

50	Applicant	EDUTRADEHUB
		#000 XXX B/D 222-22
		NONHYUNDONG KANGNAMGU
		SEOUL KOREA
		[TEL N(02 000 0000
59	Beneficiary	KASTON LIMITED
		Los Angeles, CA 90012,
		United States
		[TEL No.]

50 Applicant, 59 Beneficiary

- Applicant는 L/C 개설신청서 작성할 때 상호 및 주소에 오타가 발생하지 않도록 상당한 주의가 필요
- Beneficiary가 제출하는 선적서류상의 Applicant와 Beneficiary '상호'가 신용장과 다르면 하자 처리될 수도

[UCP 600 제14조 k항]

- 모든 서류상의 물품의 송화인(Shipper)란에는 신용장의 Beneficiary가 아닌 다른 제3자가 Shipper로 표기될 수 있다.
- L/C 조항에서 특별히 Third Party B/L is Not Acceptable이라는 문구가 없다면 Beneficiary가 아닌 제3자가 B/L의 Shipper가 될 수 있다.

[ISBP 745 L6]

- 원산지증명서에는 신용장 수익자 이외의 자 혹은 명시된 다른 서류상 선적인(Shipper)으로 나타나는 자가 송하인(Consignor)이나 수출자로 표시될 수 있다.

32B	Currency Code Amount	통화코드 ▼	USD	찾기	850,000.00
39B	Maximum Credit Amount	과부족허용율 사용여부 ▼			
39A	Percentage Credit Amount Tolerance	(+) ☐ / (-) ☐			

32B Currency Code Amount

- 개설은행이 Beneficiary에게 지급 보증하는 최대 한도금액
- Beneficiary는 32B 금액을 초과한 선적할 수 없고, 설령 초과 선적했더라도 초과 금액에 대해서는 L/C가 아닌 T/T와 같은 결제조건으로 수출입자 간에 해결해야
- C/I(선적 대금) 및 환어음(선적 대금 청구서) 각각의 총액은 32B 금액을 초과할 수 없음
- C/I 총액과 환어음 총액은 일치해야

C/I 총액 (선적 물품의 총액)	=	환어음 총액 (선적대금 청구액)	≤	신용장 총액 (개설은행이 보증하는 한도액)

39B, 39A 과부족 조항

과부족 허용 조항	• (선적 대금) 32B 신용장 총액 혹은 47A Additional Conditions • (선적 수량) 45A Description 혹은 47A Additional Conditions
Bulk 단위 거래 화물	• (Meter, Kg, Metric ton 등 단위) 45A 수량에 과부족 허용하지 않더라도 ± 5% 범위 내에서 선적 가능. 그러나 환어음 금액은 32B 총액 초과할 수 없음
개품 포장 거래 화물	• (Piece, Carton, Drum 등 단위) 과부족 허용하지 않으면 45A 수량과 32B 총액 내에서 선적 및 대금 청구 가능

42	Drafts at / Mixed payment Detail / Deferred Payment Details	Drafts at ▼
		90 DAYS AFTER B/L DATE

42 Drafts at

구 분	At Sight L/C	Usance L/C	
기재요령	At Sight	60 Days After B/L Date 90 Days After B/L Date 120 Days After B/L Date 등	60 Days After Sight 90 Days After Sight 120 Days After Sight 등

- Usance L/C일 때, 이 부분만으로 Banker's인지 Shipper's인지 알지 못함
- Banker's Usance는 Drawee가 수출지 은행으로부터 상환 청구받는 즉시(At Sight Basis) 지급
- Shipper's Usance는 Drawee가 수출지 은행으로부터 상환 청구받고 만기일(At Maturity) 지급

■ Usance 기간

Applicant 신용도	• Applicant의 신용도에 따라서 Applicant가 결제 유예받는 Usance기간에 영향
기산일과 인수수수료	• 90 Days AFter B/L Date보다 90 Days After Sight의 결제 만기일이 훗날이니 Applicant에게 유리할 수도 • 물론 선적서류 인수일부터 만기일까지의 인수수수료는 90 Days After Sight가 더 많이 발생할 것
Usance 기간과 대금 결제 만기일	• Applicant가 선적서류 인수해서 인도받은 화물을 현금화할 수 있는 날보다 Usance 만기일이 훗날이어야 유리 • Usance 만기일이 먼저 도래하면 현금화 전에 Applicant 자금으로 신용장 대금 결제해야
Shipper's Usance 개설의 경우	• Applicant와 Beneficiary의 사전 협의가 있어야 • 수출지에서 매입 이루어졌을 때 Beneficiary에게 청구되는 환가료 기간이 Usance 만기일(At Maturity)까지로 계산되기 때문

| 45A | Description of Goods and/or Service | ITEM   Q'TY   U'PRICE   AMOUT
ABC   1,000CTNs   USD850.00   USD850,000

HS NO. 3917.32.9000
Terms of Place   FOB ▼
Place of terms of price   U.S.A.
Country of origin 국가코드   US   찾기   U.S.A. |

45A Description of Goods and/or Service

[ISBP 745 A23]
- 단어 또는 문장의 의미에 영향을 미치지 않는 오자 또는 오타는 서류를 하자로 만들지 않는다.
- 예를 들어 상품명세에서 'machine' 대신에 'mashine', 'fountain pen' 대신에 'fountan pen', 'model' 대신에 'modal'이라고 표시된 것 때문에 하자있는 서류가 되지 않을 수도 있다.
- 그러나 'model 321' 대신에 'model 123'이라고 표시된 명세는 오타로 간주되지 않고 하자가 될 수도 있다.

[사례]
- 신용장에 명기된 수익자(수출자) 주소의 일부가 'INDUSTRIAL PARK'인데, 제시된 항공운송장에는 'INDUSTRIAL PARL'로 기재되어 있음

- **(판정)** 하자가 아니다 - ICC 공식 견해
- **(이유)** 주소에 포함된 'Industrial Park'를 실제로 'Industrial Parl'이라고 읽을 우려가 없으므로 거절사유가 되지 않는다.

43P Partial Shipment

[UCP600 제31조 a항]
- 신용장에서 특별히 분할선적 금지 문구가 없으면 분할선적은 허용

Partial Shipment Allowed	• Beneficiary는 45A 조항 물품을 1회에 전량 선적할지 혹은 2회 이상 나누어서 선적할지 선택 가능 • 분할선적 하더라도 각 선적 건의 환어음 금액 합계는 신용장 32B Amount를 초과할 수 없음
Partial Shipment Not Allowed (Prohibited)	• Beneficiary는 45A 조항 물품을 2회 이상 분할해서 선적할 수 없음
선적서류의 제출 (매입 or 추심 신청)	• 선적 건별로 매입(추심) 신청하며, 선적 건별로 선적 대금 결제가 이루어짐

43T Transhipment

- 신용장 44E Port of Loading(Airport of Departure)와 44F Port of Discharge(Airport of Destination) 사이에 운송서류가 1회 발행하여 44E에서 44F까지의 운송 Tracking이 가능하면, 실제로 당해 구간에서 환적했더라도 환적으로 해석하지 않음
- 결국, 44E에 지정된 항구가 속한 국가에 물품을 위치한 상태에서 운송인에게 Shipment Booking해야 하며, Shipment Booking 할 때 44F에 지정된 항구까지 운송 요청해야
- 화주의 특별한 요청이 없으면 운송서류에는 경유항과 환적항이 별도 기재되지 않음

[ISBP 745 E17]
환적은 신용장에 명시된 선적항으로부터 양륙항까지 물품운송 중에 한 선박으로부터 물품을 양하하여 다른 선박에 재적재하는 것이다. 선하증권에 그러한 두 항구 사이의 어떠한 양하 및 재적재가 표시되어 있지 않다면 이는 신용장과 UCP600 제20조 제b항과 제c항에서 말하는 환적이 아니다.

[ISBP 745 H17]
환적은 신용장에 명시된 출발공항으로부터 도착공항까지 물품운송 중에 한 항공기로부터 물품을 양하하여 다른 항공기에 재적재하는 것이다. 항공운송서류에 그러한 두 공항 사이의 어떠한 양하 및 재적재가 표시되지 않는다면 이는 신용장과 UCP600 제23조 제b항과 제c항에서 말하는 환적이 아니다.

44E Port of Loading, 44F Port of Discharge

Field	Case 1		Case 2	
	신용장 내용	은행 제출 B/L	신용장 내용	은행 제출 B/L
44A Place of Receipt	-	공란	-	공란
44E Port of Loading	Longbeach Port, CA	Longbeach Port, CA	Any Chinese Port	Shanghai Port, China
44F Port of Discharge	Busan Port, Korea	Busan Port, Korea	Any Korean Port	Incheon Port, Korea
44B Place of Delivery	-	공란	-	공란
46A, 운송서류 요구	[단일운송 선하증권 요구] + FULL SET OF CLEAN ON BOARD OCEAN BILL OF LADING MADE OUT OT THE ORDER OF ISSUING BANK MARKED FREIGHT COLLECT AND NOTIFY APPLICANT.		좌동	

Field	Case 3		Case 4	
	신용장 내용	은행 제출 B/L	신용장 내용	은행 제출 B/L
44A Place of Receipt	Atlanta CY, GA	Atlanta CY, GA	-	공란
44E Port of Loading	Any U.S.A. Port	Longbeach Port, CA	Shenzhen Port, China	Hongkong Port, HK
44F Port of Discharge	Busan Port, Korea	Busan Port, Korea	Incheon Port, Korea	Incheon Port, Korea
44B Place of Delivery	-	공란	-	공란
46A, 운송서류 요구	[복합운송 선하증권 요구] + FULL SET OF CLEAN MULTIMODAL TRANSPORT DOCUMENT MADE OUT TO THE ORDER OF ISSUING BANK MARKED FREIGHT COLLECT AND NOTIFY APPLICANT		• 불일치(하자, Discrepancy)	

44E Airport of Departure, 44F Airport of Destination

Field	Case 1		Case 2	
	신용장 내용	은행 제출 AWB	신용장 내용	은행 제출 AWB
Airport of Departure	Los Angeles Airport	Los Angeles Airport	Any Chinese Airport	Pudong Airport, China
Airport of Destination	Incheon Airport	Incheon Airport	Incheon Airport	Incheon Airport

Partial Shipment Allowed

신용장 내용		은행 제출 AWB	은행 제출 B/L
43P Partial Shipment	Allowed	1st Shipment	2nd Shipment
44E Port of Loading / Airport of Departure	Rotterdam Port / Schiphol Airport	Schiphol Airport, NL	Rottderdam Port, NL
44F Port of Discharge / Airport of Destination	Any Korean Port / Airport	Incheon Airport, KR	Busan Port, KR
44C Latest Date of Shipment	25. Jun. 2020	On Board Date 5. Jun. 2020	On Board Date 17. Jun. 2020

46A Document Required

46A	Document Required	☑ 380 : SIGNED COMMERCIAL INVOICE IN 3 COPIES
		☑ FULL SET(705) ▼ OF CLEAN ON BOARD OCEAN BILLS OF LADING MADE OUT
		TO THE ORDER OF [ABC BANK]
		MARKED FREIGHT [COLLECT ▼] NOTIFY [EDUTRADEHUB]
		☐ 740 : AIRWAY BILL CONSIGNED TO [ ]
		MARKED FREIGHT [▼] NOTIFY [ ]
		☐ 760 : FULL SET OF CLEAN MULTIMODAL TRANSPORT DOCUMENT MADE OUT TO THE ORDER OF [ ]
		MARKED FREIGHT [▼] NOTIFY [ ]
		☑ 271 : PACKING LIST IN [3] COPIES
		☐ 861 : CERTIFICATE OF ORIGIN
		☐ 24A : OTHER DOCUMENT(S)

+ 01 ORIGINAL(S) AND 02 COPY(IES) OF CERTIFICATE OF ORIGIN(AK FORM) ISSUED BY KOREA CHAMBER OF COMMERCE. C/O MUST NOT BE HAND-WRITTEN EXCEPT FOR SIGNATURE.

+ FULL SET OF ORIGINALS AND 02 COPY(IES) OF INSURANCE POLICY/CERTIFICATE IN ASSIGNABLE FORM AND ENDORSED IN BLANK FOR 110 PCT OF SHIPMENT VALUE COVERING ALL RISKS AND SHOWING CLAIM PAYABLE IN KOREA IN INVOICE CURRENCY AND INDICATING THE TOTAL NUMBER OF ORIGINALS ISSUED.

+ 05 ORIINAL(S) OF DETAILED PACKING LIST.

■ 선사의 증명서를 요구하는 문구

신용장 문구	+ CERTIFICATE FROM THE SHIPPING COMPANY STATING THAT THE GOODS ARE SHIPPED ON CONFERENCE/REGULAR LINE VESSELS EVIDENCING THAT ARE ALLOWED BY THE ARAB AUTHORITIES TO CALL AT ARABIAN PORTS AND NOT SCHEDULE TO CALL AT ISRAEL PORT DURING ITS VOYAGE TO QATAR
해석	화물이 정기선에 선적되었음을 증명하는 선사가 발행한 증명서로서 당해 선박이 아랍쪽 항구를 경유하는 것은 허락되나, 이스라엘 항구를 경유하지 않았다는 사실 역시 증명해야 한다.

• (이스라엘 항구) Ashdod Port와 Haifa Port 있음

신용장 문구	+ SHIPPING COMPANY'S/SHIPPING AGENT'S CERTIFICATE THAT THE VESSEL IS REGISTERED WITH AN APPROVED CLASSIFICATION SOCIETY AS PER THE INSTITUTE CLASSIFICATION CLAUSE AND CLASS MAINTAINED EQUIVALENT TO LLOYD'S 100A1 AND THE VESSEL IS SEAWORTHY AND NOT MORE THAN 25 YEARS OLD.
해석	협회선급약관을 이행하는 선급협회에 등록된 선박으로서 로이드(영국선급협회)의 100A1 등급과 동일한 선급을 유지하는 선박으로서, 선령이 25년이 넘지 않는 감항성(항해에 적합한)을 갖춘 선박이라는 사실을 증명하는 증명서를 요구하고 있는 내용 **[LLOYD'S 100A1 의미]** • Lloyd : 영국선급협회 • 100 : 해상운송서비스에 적합하다는 의미 • A : 로이드선급(Lloyd's Register) 감독하에 건조되었고, 로이드선급에 등록된 선박으로서 운항과 유지에 문제가 없이 충분한 상태를 의미 • 1 : 정박(Anchoring)과 계선(Mooring)에 문제 없이 충분한 상태를 의미

■ 선사가 발행한 Line B/L 요구

신용장 문구	+ SHORT FORM, FREIGHT FORWARDER'S AND HOUSE B/L NOT ACCEPTABLE. B/L SHOWING SHIPPER OTHER THAN BENEFICIARY NOT ACCEPTABLE.
해석	B/L 이면조항이 없는 SHORT FORM B/L과 포워더가 발행한 B/L은 불허한다. 그리고 B/L Shipper란에는 L/C Beneficiary가 기재되어야 한다. 즉, 선사가 발행한 Line B/L로서 이면조항이 기재되어야 하며, Third Party B/L Not Acceptable이라는 내용

47A Additional Conditions

47A Additional Conditions	+ ALL DOCUMENTS MUST BEAR OUR CREDIT NUMBER + THE DRAFT(S) AND ALL DOCUMENTS MUST BE ISSUED IN ENGLISH (EXCEPT FOR LETTERHEAD AND STAMP) + IF THE PRESENTED DOCUMENTS CONTAIN ANY DISCREPANCIES USD105 WILL BE DEDUCTED FROM THE PROCEEDS BEING OUR DISCREPANCY FEE + T/T REIMBURSEMENT IS NOT ALLOWED + THIS CREDIT IS SUBJECT TO THE ICC UCP600
해석	+ 은행으로 제출하는 모든 서류에는 L/C 번호가 기재되어 있어야 + 환어음과 모든 서류는 신용장 언어인 영어로 발행되어야 + 하자가 발견되면 USD105를 공제 + 우편 상환방식 + 본 신용장은 UCP 600을 따른다.

48 Period for Presentation

신용장 문구	DOCUMENTS TO BE PRESENTED WITHIN 21 DAYS AFTER THE DATE OF SHIPMENT BUT WITHIN THE VALIDITY OF THE CREDIT
해석	• Beneficiary는 선적일(On Board Date)을 기준으로 21일 이내에 선적서류를 은행에 제출해야 • 단, 서류의 제출일은 신용장 만기일(E/D)보다 앞서야 • 보통 21일이 제시되며, Applicant 입장에서 신용장 개설 당시 지불한 개설수수료를 선적서류 인수할 때 환불받거나 추가로 지불하더라도 최소화하기 위해서는 21일보다 촉박한 기일을 제시할 필요

상업신용장과 보증신용장 차이점

구 분	상업신용장(일반적인 신용장)	보증신용장(Standby L/C)
의 미	• 매매계약 물품의 Payment Term • 수입업자의 의뢰를 받고 수입대금의 결제를 위하여 개설하는 신용장	• 보증신용장 내용 불이행에 대한 보상 지급 보증서 • Payment Term과는 별개의 것
대금지급 조건	• 신용장 조건과 일치하는 선적	• 보증신용장의 보증 내용을 Applicant가 불이행 했을 때
대금지급 시점	• (매입) 선적 후 수출지 은행으로 서류 제출 • (추심) Drawee가 환어음 인수 후 결제	• Beneficiary가 보증의뢰인(Applicant)의 계약 불이행을 증명하는 계약 불이행 진술서(Default Statement)를 은행으로 제출하여 보상받음
종 류	• 매입, 지급, 연지급, 인수신용장	[이행보증신용장] • P-Bond(Performance Standby) • Warranty Bond(Standby) • AP-Bond(Advance Payment Standby) 등
개설조건	• 수입자(Applicant)의 신용과 담보 제공 필요	[이행보증신용장] • 수출자(Applicant)의 신용과 담보 제공 필요
Applicant Beneficiary	• Applicant(개설의뢰인) : 수입자 • Beneficiary(수익자) : 수출자	[이행보증신용장] • Applicant(보증의뢰인) : 수출자 • Beneficiary(수익자) : 수입자
지급 보증액	• 32B Credit Amount • Beneficiary는 선적 후 32B 총액을 한도로해서 선적대금(환어음 총액) 청구	• Applicant의 계약 불이행이 있을 때, 매매계약 총액 중 일부(e.g. 대략 5%~10%)를 Beneficiary에게 보상
특 징	[독립성 원칙] • 매매계약서와는 별개의 계약서 [추상성 원칙] • 은행은 서류 심사만 한다.	[독립성 원칙] • 매매계약서 및 상업신용장과 별개의 보증서 [추상성 원칙] • Beneficiary가 보증신용장의 보증 내용을 입증하면 Applicant의 계약 이행 여부와 관계없이 보증대금 지급
통일규칙	• 신용장통일규칙(UCP600)	• 보증신용장통일규칙(ISP 98)

보증신용장의 종류와 보증 내용

보증신용장
(Standby L/C)

이행보증신용장
(매도인의 계약이행 담보)

보증신용장
(매수인의 대금지급 담보)

입찰보증신용장
(Bid Bond, Tender Bond Standby)

- 공사 발주자(Buyer)가 입찰 참가하는 공사 시공자(Constructor, Builder)에게 요청
- 낙찰받은 공사 시공자의 계약 불이행 or 입찰 포기 위험 방지 목적

이행보증신용장
(P-Bond, Performance Standby)

- 수입자가 수출자에게 요청
- 수출자의 매매계약서 혹은 L/C 계약 이행 불이행 방지 목적

[매매계약서 문구]

- L/C Issuing Conditions : Kaston Asia LTD(Supplier) shall submit to the Edutradehub(Purchaser), not later than 10 days after the date of PO Date, Performance Bond issued by a first class bank acceptable to purchase for a sum equal to ten percent(10%) of the PO Total Amount valid until the arrival date on destination port.

하자보증신용장
(Warranty Bond, Warranty Standby)

- 수입자가 수출자에게 요청(기계설비 등의 거래)
- 설비 시공 완료 후 하자 발생하면 Beneficiary(수입자)가 은행으로 보상 요청

[상업신용장 문구]

- Warranty Bond for USD 26,700 (us dollars twenty six thousand and seven hundred only) issued by any bank in south korea as per request of L/C beneficiary in favor of L/C applicant valid for 18 month from the date of successful testing operation or 20 months from B/L issuing date whichever comes early.
- Warranty Bond for 10% of total contract price amount issued by a first class international bank acceptable by the buyer's covering guarantees obligation until the expiry of the warranty period.

선수금환급보증신용장
(AP-Bond, Advance Payment Standby)

- 수입자가 수출자에게 요청(계약금을 지급하는 거래)
- 계약금 명목으로 선수금 받은 수출자의 계약 불이행 방지 목적
- T/T 선불로 계약금 지급 전에 AP Bond 요구할 수도 있지만, L/C 조건 하에서 계약금 30% 지급 전에 AP Bond를 은행으로 제출하면 은행이 L/C Beneficiary에게 지급하는 조건으로도 거래 가능

[상업신용장 문구]

- 30% of total invoice value have to paid by L/C upon presentation of advanced payment bank guarantee bond for the 30% payment.
- 10 PCT of the Contract Price : L/C payment within 7 Days upon L/C Beneficiary's presentation of advance payment guarantee bond equivalent to 10 PCT of the contract price.

직접보증신용장과 간접보증신용장

■ **직접보증신용장**(3당사자 보증신용장)

• Applicant : 보증의뢰인(매도인), 보증인 : 개설은행(매도인 거래은행), Beneficiary : 수익자(매수인)

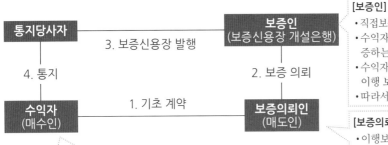

[보증인]
• 직접보증신용장에서 보증인은 매도인 거래은행
• 수익자(매수인)에게 매도인의 계약 이행을 보증하는 은행
• 수익자는 자국의 은행으로부터 매도인의 계약 이행 보증 받기를 원함
• 따라서 대부분의 거래는 간접보증신용장 형태

[보증의뢰인, Applicant]
• 이행보증신용장 개설 의뢰인
• P-Bond, AP-Bond or Warranty Bond 등

[수익자, Beneficiary]
• 보증의뢰인(채무자)이 보증신용장에 기술된 계약 내용을 불이행했을 때, 계약 불이행 진술서(Default Statement)를 제출해서 보상 요청하는 채권자

■ **간접보증신용장**(4당사자 보증신용장)

- (1st 구상보증신용장) Applicant : 매도인, 보증인 : 매도인 거래은행, Beneficiary : 매수인 국가은행
- (2nd 보증신용장) Applicant : 매도인 거래은행, 보증인 : 매수인 국가은행, Beneficiary : 매수인

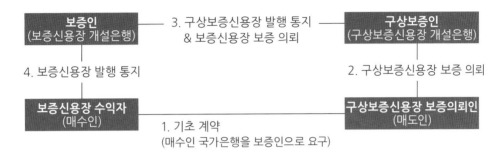

어려운 무역실무는 가라

온/오프라인
무역실무 교육 교재
Part 1. 기본 개념 및 절차

무역서류 서식

1. 일반거래조건협정서(SALES AND PURCHASE AGREEMENT)

<u>SALES AND PURCHASE AGREEMENT</u>

No. : SA-12011
Date : June 8, 2012

Buyer : James International
　#501 Samwha B/D 211-1 Nonhyundong Kangnamgu Seoul Korea

Seller : Harry Trading
　123 Sydney Road Newcastle NSW Australia

It is mutually agreed by the parties undersigned that the Seller agrees to sell to the Buyer and the Buyer agrees to buy from the Seller the following goods with general terms and conditions hereunder:

1. VALID OF CONTRACT

This Sales and Purchase Agreement (hereinafter referred to as "Contract") shall enter into force and become effective upon signing of the Contract by the parties hereto. And this Contract will be terminated after 1 year from effective date.

2. ITEM SPECIFICATION

Details are as per Offer No. OF-12135 dated June 05, 2012, issued by the Seller.

3. ORDER DETAILS

3-1 The "Sales Contract", SC-12095, Total Amount is USD85,500 on condition of FOB Sydney Port. (INCOTERMS 2010)

3-2 Order Item Description is as per SC-12095 dated June 18, 2012, issued by the Seller.

4. GENERAL TERMS AND CONDITIONS

A. PAYMENT TERMS

A-1 USD85,500 - by irrevocable letter of credit negotiable at sight in favor of the Seller.

A-2 Advising Bank - ANZ(Australia and New Zealand Banking Group Ltd.) Sydney Branch, 255 George St. Newcastle NEW Australia, SWIFT CODE ANBBAUNW

A-3 Before the Buyer submit L/C Draft to Opening Bank, the Buyer shall e-mail L/C Draft to the Seller for Seller's final confirmation.

B. SHIPMENT DATE

B-1 The entire quantity shall be shipped within August 30, 2012 at nominated port located in Australia.

C. PARTIAL SHIPMENT

Partial Shipment is Allowed but only by vessel.

D. PRICE TERM

D-1 The delivery terms for Products shall be FOB Sydney Port, which is governed by the INCOTERMS 2010 of the International Chamber of Commerce.

D-2 Both parties shall comply with INCOTERMS 2010.

D-3 INCOTERMS 2010 stipulates that FOB(Free on Board) means that the Seller delivers the goods on board the vessel nominated by the Buyer at the named port of shipment. The risk of loss of or damage to the goods passes when the goods are on board the vessel, and the buyer bears all costs from that moment onwards.

E. PACKING

E-1 Packing shall be at Seller's option. In case of special instructions are necessary, the Buyer shall notify the Seller thereof in time to enable the Seller to comply with the same and all additional cost thereby incurred shall be borne by the Buyer.

E-2 Regardless of INCOTERMS, the problem incurred by the poor packing is the Seller's responsibility.

F. SHIPPING MARK

Each Box shall be born the mark "James" in diamond with port mark, running case numbers, and the country of origin as follows ;

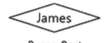

Busan Port
C/N(Running Number)
Made in Australia

G. Sample and Quality

The quality of the goods to be shipped shall be about equal to the "Sample Quality Report" e-mailed by the Buyer to the Seller on June 10, 2012.

H. INSPECTION

Export inspection by the Manufacturer or Seller shall be considered as final. When the Buyer appoints special inspection, the Buyer must inform the Seller of the name of the appointed inspector, and bear all inspection expenses.

I. CLAIMS

I-1 Claim Report, if any claims, shall be submitted by e-mail within thirty(30) days after arrival of goods at destination port or airport specified in the bills of lading.

I-2 In case of less than 3% defective goods of invoice total quantity, the Seller shall issue Credit Note and refund the money to the Buyer by T/T within twenty(20) days after receiving Buyer's Claim Note. In case of over 3% defective goods of invoice total quantity, the Seller shall ship on the replacement within twenty(20) days after receiving Buyer's Claim Note. The cost regarding the replacement dispatch shall be fully covered by the Seller.

I-3 The arrangement of the different goods compared with sample provided in Article G shall comply with Article I-2.

J. RETURN

Return is only available against defective products. Otherwise, not available.

K. FORCE MAJEURE

Seller shall not be responsible for the delay in shipment due to force majeure including war, strikes, riots, civil commotion, hostilities, blockade, prohibition of export, fires, floods, earthquakes, tempest and any other contingencies beyond Seller's control, which prevent shipment within the stipulated period. In the event of any of the aforesaid causes arising, documents proving its occurrence or existence shall be sent by Seller to Buyer without delay.

L. DELAYED SHIPMENT

L-1 In all cases of force majeure provided in the Article K. FORCE MAJEURE, the period of shipment stipulated shall be extended for a period of twenty one(21) days.

L-2 In the case of delayed shipment due to force majeure, the Buyer is able to apply L/C amendment after receiving agreement from the Seller.

M. GOVERNING LAW AND ARBITRATION

M-1 This Contract shall be governed and construed by the laws of Republic of KOREA. All the disputes shall be, first of all, settled in an amicable way of mutual communication between the Seller and the Buyer. In case such a discussion cannot be settled amicably for both parties, all disputes in relation to this contract shall be settled by arbitration Rules of the Korean Commercial Arbitration Board in Seoul, Korea and under the laws of Korea. The award rendered by the arbitrator(s) shall be final and binding upon both parties concerned.

M-2 The arbitral tribunal consists of three arbitrators, each party shall appoint one arbitrator and the two arbitrators chosen by them shall appoint a third arbitrator, as a presiding arbitrator.

The Buyer : James Internationa
By :
Title :
Date :

The Seller : Harry Trading
By :
Title :
Date :

⟨ANNEXES⟩
  * Offer Sheet : OF-12135
  * Sales Contract : SC-12095
  * Sample Quality Report issued June 10, 2012.

2. B/L(선하증권)

Shipper **EDUTRADHUBE** xxx, Nonhyundong, Kangnamgu, Seoul, Korea	**B/L No.** XXXJKFLD8978 **Multimodal Transport Bill of Lading**
Consignee **Kaston** xxxx, Market Street, Sydney NSW 2000, Australia	Received by the Carrier from the shipper in apparent good order and condition unless otherwise indicated herein, the Goods, or the container(s) or package(s) said to contain the cargo herein mentioned, to be carried subject to all the terms and conditions appearing on the face and back of this Bill of Lading by the vessel named herein or any substitue at the Carrier's option and/or other means of transport, from the place of receipt or the port of loading to the port of dischargе or the place of delivery shown herein and there to be delivered unto order or assigns. This Bill of Lading duly endorsed must be surrendered in exchange for the Goods or delivery order. In accepting this Bill of Lading, the Merchant agrees to be bound by all the
Notify Party **Same As Above**	stipulations, exceptions, terms and conditions on the face and back hereof, whether written, typed, stamped or printed, as fully as if signed by the Merchant, any local custom or privilege to the contrary notwithstanding, and agrees that all agreements or freight engagements for and in connection with the carriage of the Goods are superseded by this Bill of Lading

Pre-carriage by	Place of Receipt	Party to contact for cargo release
		XXX Ultimo Road Sydney NSW 2000, Australia

Vessel	Voy. No.	Port of Loading	TEL : 00-0000-0000 FAX : 00-0000-0000
ISLET ACE	**832W**	**BUSAN, KOREA**	**ATTN : GERRIT DEKKER**

Port of Discharge	Place of Delivery	Final Destination (Merchant's reference only)
SYDNEY, AUSTRALIA		

Container No. Seal No. Marks and Numbers ABCU3030123 P411999 SYDNEY AUSTRALIA MADE IN KOREA C/NO. 1-35 PO#9332	No. of Containers or Pkgs **17 PLTS**	Kind of Packages ; Description of Goods **SHIPPER'S LOAD, COUNT & SEAL** **1 X 40' CONTAINER G.P.** **BABY CARRIER** **COUNTRY OF ORIGIN : KOREA** **PRICE TERM : FOB BUSAN PORT** **"FREIGHT COLLECT"**	Gross Weight **820.00 KGS**	Measurement **28.5 CBM**

Total Number of Containers or Packages(inworks)	**SAY : ONE (1) CONTAINER ONLY**	**FIRST ORIGINAL**
Merchant's Declared Value (See Claused 18 & 23) :	Note : The Merchant's attention is called to the fact that according to Clauses 18 & 23 of this Bill of Lading the liability of the Carrier is, in most cases, limited in respect of loss of or damage to the Goods.	

Freight and Charges	Revenue Tons	Rate Per	Prepaid	Collect
		FREIGHE COLLECT **AS ARRANGED**		

Exchange Rate	Prepaid at	Payable at **DESTINATION**	Place and Date of Issue **BUSAN, KOREA JUN. 22, 2014**
	Total Prepaid in Local Currency	No. of Original B/L **THREE / 3**	In witness whereof, the undersigned has signed the number of Bill(s) of Lading stated herein, all of this tenor and date, one of which being

	Laden on Board the Vessel		accomplished, the others to stand void
Vessel **ISLET ACE 823W**	DATE **JUN. 22, 2014**	As Carrier **ABC MARITIME CO., LTD.**
Port of Loading **BUSAN, KOREA**	BY	

An enlarged copy of back clauses is <br> available from the Carrier upon request.

(TERMS CONTINUED ON BACK HEREOF)

3. 항공화물운송장(AWB)

180 | ICN | 28088112   **180-28088112**

Shipper's name and Address EDUTRADEHUB	Shipper's Account Number	Not negotiable Air Waybill Issued by	**KOREAN AIR CARGO** 0000, GONGHANG-DONG, GANGSEO-GU, SEOUL, KOREA

Copies 1, 2 and 3 of this Air Waybill are originals and have h same validity.

Consignee's Name and Address KASTON ASIA LTD	Consignee's Account Number

It is agreed that the goods described herein are accepted in apparent good order and condition (except as noted) for carriage SUBJECT TO THE CONDITIONS OF CONTRACT ON THE REVERSE HEREOF. ALL GOODS MAY BE CARRIED BY ANY OTHER MEANS INCLUDING ROAD OR ANY OTHER CARRIER UNLESS SPECIFIC CONTRARY INSTRUCTIONS ARE GIVEN HEREON BY THE SHIPPER, AND SHIPPER AGREES THAT THE SHIPMENT MAY BE CARRIED VIA INTERMEDIATE STOPPING PLACES WHICH THE CARRIER DEEMS APPROPRIATE. THE SHIPPER'S ATTENTION IS DRAWN TO THE NOTICE CONCERNING CARRIER'S LIMITATION OF LIABILITY. Shipper may increase such limitation of liability by declaring a higher value for carriage and paying a supplemental charge if required.

Issuing Carrier's Agent Name and City ABC FORWARDER	Accounting information Notify : SAME AS CONSIGNEE "FREIGHT PREPAID"

Agent's IATA Code	Account No.	

Airport of Departure (Addr. Of First Carrier) and Requested Routing INCHEON AIRPORT, KOREA	Reference Number	Optional Shipping Information

to	By first Carrier	to	by	to	by	Currency	CHGS Code	WT/VAL		Other		Declared Value for Carriage	Declared Value for Customs
								PPD	COLL	PPD	COLL		
HKG	KOREAN AIRLINES					USD		X		X		N.V.D.	USD40,275.00

Airport of Destination HONGKONG AIRPORT	Requested Flight/Date KE813 08/31/2019	Amount of Insurance USD40,275.00	INSURANCE - if carrier others Insurance, and such insurance is requested in accordance with the conditions the real, indicate amount to be insured in figures in box marked "Amount of Insurance".

Handling Information

CALL DANGEROUS GOODS AS PER ATTACHED SHIPPER'S DECLARATION
ATTACHED : COMM INV

No.of Pieces RCP	Gross Weight	kg lb	Rate Class		Chargeable Weight	Rate Charg	TOTAL	Nature and Quantity of Goods (incl. Dimensions or Volume)
				Commodity				
20	340.0	kg	Q		340.0	8,500	2,890,000	STAINLESS STEEL PLATE DETAILS AS PER ATTACHED INVOICE INV# IV-190590 PO# PO-19058 DIMS : 25x25x34cmx20ctn (V/W'T : 70.8K)

Prepaid	Weight Charge	Collect	Other Charges
	2,890,000		MYC 173,400

	Valuation Charge	

	Tax	

Shipper certifies that the particulars on the face hereof are correct and that insofar as any part of the consignment contains dangerous goods, such part is properly described by name and is in proper condition for carriage by air according to the applicable Dangerous Goods Regulations

Total Other Charges Due Agent

Total Other Charges Due Carrier
173,400

Signature of Shipper or his Agent

Total Prepaid	Total Collect
3,063,400	

Currency Conversion Rates	CC Charges in Dest. Currency

31-Aug-2019	ICN		SUNGMI KIM
Executed on (Date)	at (Place)	Signature of Issuing Carrier or its Agent	

For Carrier's Use only at Destination	Charges at Destination	Total Collect Charges	ORIGINAL 3 FOR SHIPPER **180-28088112**

4. 수입신고필증

수 입 신 고 필 증

※ 처리기간 : 3일

(1)신고번호	(2)신고일	(3)세관.과	(6)입항일	(7)전자인보이스 제출번호
12312-11-123123U	2011/09/12	000-00	2011/09/12	

(4)B/L(AWB)번호	(5)화물관리번호	(8)반입일	(9)징수형태
KKK20012312	11KK0000000-0000-000	2011/09/12	11

(10)신 고 인	ABC관세사사무실 홍길동	(15)통관계획 D	(19)원산지증명서	(21)총중량
		보세구역장치후	유무 N	105KG

(11)수 입 자	엠솔	(엠솔-0-00-0-00-0 A)

(12)납세의무자	(엠솔-0-00-0-00-0 / 211-87-00000)
(주소)	서울 강남 논현 000-0 XX B/D #000
(상호)	엠솔
(전화번호)	
(이메일주소)	
(성명)	최규삼

(16)신고구분 A	(20)가격신고서	(22)총포장갯수
일반P/L신고	유무 N	1CT

(17)거래구분 11	(23)국내도착항 ICN	(24)운송형태
일반형태수입	인천공항	40-ETC

(18)종류 K	(25)적출기 NL NETHERL
일반수입(내수용)	(26)선기명 AB123 NL

(13)운송주선인	㈜ABC 포워딩
(14)해외거래처	AAA TRADING COMPANY

(27)MASTER B/L 번호	(28)운수기관부호
12300000000	

(29)검사(반입)장소	00000000-XXXES	(XX항공화물터미널A)

● 품명.규격 (란번호/총란수 : 999/999)

(30)품 명	CLEANING PREPARATINOS	(32)상 표	NO
(31)거래품명	CLEANING PREPARATINOS		

(33)모델·규격	(34)성분	(35)수량	(36)단가 (USD)	(37)금액 (USD)
ULTRA LIQUID SOAP		590 BX	58.5	34,515.00

(38)세번부호	3402.90-3000	(40)순중량	45 KG	(43)C/S 검사	S 청CS검사 생략	(45)사후기관	
(39)과세가격	$ 34642	(41)수 량		(44)검사변경			
(CIF)	₩ 37,083,994	(42)환급물량		(46)원산지	NL-B-Y-B	(47)특수세액	

(48)수입요건확인 (발급서류명)	

(49)세종	(50)세율(구분)	(51)감면율	(52)세액	(53)감면분납부호	감면액	*내국세종부호
관	6.50(C 가가)		2,410,460		본 수입신고필증은 수입통관사무처리에 관한 고시 제 X-X-X조 규정에 의거 수입	
부	10.00(A)		3,949,440			

(54)결제금액 (인도조건-통화종류-금액-결제방법)	CFR - USD - 34,515 - LU	(56)환 율	1,070.50

(55)총과세가격	$ 34,642	(57)운 임	0	(59)가산금액	135,686	(64)납부번호	0123-000-00-00-0-000000-0
	₩ 37,083,994	(58)보험료	0	(60)공제금액		(65)부가가치세과표	39,494,453

(61)세종	(62)세 액	※ 관세사기재란	(66) 세관기재란
관 세	2,410,460		- 이 물품을 수입통관 후 단순가공하거나 날개·산물·분할 또는 재포장하여 판매하거나 시공할 경우, 관련 법령에 의거 원산지표시를하여야 하고, 양도(양수자의 재양도 포함)시에는 양수인에게 이 의무를 서면으로 통보하여야 하며, 이를 위반시에는 관세법 제276조 및 대외무역법 제54조에 의거 처벌을 받게 됩니다. - 이 물품은 사후심사결과에 따라 적용세율이 변경 될 수 있습니다.
개별소비세			
교 통 세			
주 세			
교 육 세			
농 특 세			XXX공항세관관할
부 가 세	3,949,440		관세사 홍길동
신고지연가산세			전자서류수입통관증명
미신고가산세			

(63)총세액합계	6,359,900	(67)담당자	홍길동	000000	(68)접수일시	2011-09-12, 12:55	(69)수리일자	2011/09/12

업태=도매,소매 종목=무역,전자상거래

세관·과 000-00 신고번호 : 12312-11-123123U Page : 1/1

* 수입신고필증의 진위 여부는 관세청 통관포탈시스템(http://portal.customs.go.kr) 또는 수출입통관정보시스템(http://kcis.ktnet.co.kr)에 조회하여 확인하시기 바랍니다.
* 본 수입신고필증은 세관에서 형식적인 요건만을 심사한 것이므로 신고내용이 사실과 다른 때에는 신고인 또는 수입화주가 책임을 저야 합니다.

5. 수출신고필증

수출신고필증(수출이행)

※ 처리기간 : 즉시

(1) 신 고 자	ABC관세사사무실 홍길동	(5)신고번호 11700-20-800111X	(6)세관·과 030-15	(7)신고일자 2020-03-02	(8)신고구분 일반P/L신고	(9)C/S구분 A

(2)수 출 대 행 자 (통관고유번호)	에듀트레이드허브 에듀트레이드허브-0-00-0-00-0 (수출자구분 C)	(10)거래구분 11 일반형태	(11)종류 A 일반수출	(12)결제방법 TT 단순송금방식

수 출 화 주 (통관고유번호)	에듀트레이드허브 에듀트레이드허브-0-00-0-00-0	(13)목적국 VN VIETNAM	(14)적재항 KRPUS 부산항	(15)선박회사 (항공사)

(주소)	서울 강남 논현 000-0 XX B/D #000		
(대표자)	홍길동 (소재지) 111	(16)선박명(항공편명)	(17)출항예정일자	(18)적재예정보세구역 3077016
(사업자등록번호)	211-87-00000	(19)운송형태 10 FC		(20)검사희망일 2020-03-02

(3)제 조 자 (통관고유번호)	카스톤 카스톤-0-00-0-00-0	(21)물품소재지 48562 부산광역시 남구 신선로 000(용당동)
제조장소 111	산업단지부호 111	(22)L/C번호	(23)물품상태 N

(4)구 매 자	HANOI MATERIAL	(24)사전임시개청통보여부 N	(25)반송 사유
(구매자부호)	HAPEVM0001C	(26)환급신청인 2 (1 : 수출대행자/수출화주, 2 : 제조자) 자동간이정액환급 NO

● 품명.규격 (란번호/총란수 : 001/001)

(27)품 명	POLYPROPYLENE	(29)상 표
(28)거래품명	POLYPROPYLENE	

(30)모델·규격	(31)성분	(32)수량	(33)단가 (USD)	(34)금액 (USD)
(NO. 01) RECYCLE PELLET PE		5,200 KG	10.8	56,160
(NO. 02) RECYCLE PELLET PP		1,800 KG	15.2	27,360

(35)세번부호	3902.10-0000	(36)순중량	42,000 (KG)	(37)수량		(38)신고가격(FOB)	$82,378.59 ₩99,020,710
(39)송품장번호	CI208803	(40)수입신고번호		(41)원산지	KR---N	(42)포장갯수(종류)	79(BG)

(43)수출요건확인 (발급서류명)			

(44)총중량	43,180 (KG)	(45)총포장갯수	79 (BG)	(46)총신고가격(FOB)	$82,378.59 ₩99,020,710
(47)운임(₩)	1,358,000	(48)보험료(₩)	14,000	(49)결제금액	CIF - USD - 83,520.00
(50)수입화물 관리번호			(51)컨테이너번호		N

※ 신고인기재란	(52)세관기재란
	신고수리:XX공항세관 관세사 홍 길 동 전자서류수입통관확인

(53)운송(신고)인 (54)기간		(55)적재의무기한	2020-04-01	(56)담당자		(57)신고수리일자	2020-03-02

6. 신용장개설신청서(L/C Draft)

취소불능화환신용장 발행 신청서

전자문서번호			전자문서기능	Original ▼	
수신처		찾기	수입계약정보		선택

일반정보

개설신청일자	2014-06-10 ▼	개설방법	By full cable ▼
운송방법	Sea/Air ▼		
신용공여주체	Banker's ▼	결제조건유형	Usance L/C ▼
개설의뢰은행 찾기		(희망)통지은행 찾기	
*외환점포코드		*은행명	
*은행명		*지점명	
*지점명			
*Tel No			

SWIFT 정보

40A	Form of Documentary	IRREVOCABLE ▼	
31D	Date and place of expiry	(date) 2014-08-20 ▼	(place) IN YOUR COUNTRY
50	Applicant	EDUTRADEHUB #000 XXX B/D 222-22 NONHYUNDONG KANGNAMGU SEOUL KOREA [TEL Nc 02 000 0000	
59	Beneficiary	KASTON LIMITED Los Angeles, CA 90012, United States [TEL No.]	
32B	Currency Code Amount	통화코드 ▼ USD 찾기	850,000.00
39B	Maximum Credit Amount	과부족허용율 사용여부 ▼	
39A	Percentage Credit Amount Tolerance	(+) ☐ / (-) ☐	
42	Drafts at / Mixed payment Detail / Deferred Payment Details	Drafts at ▼ 90 DAYS AFTER B/L DATE	
43P	Partial Shipment	ALLOWED ▼	
43T	Transhipment	ALLOWED ▼	

44A	Place of Taking in Charge / Dispatch from... /	
44E	Port of Loading / Airport of Departure	LONGBEACH PORT, U.S.A.
44F	Port of Discharge / Airport of Destination	BUSAN PORT KOREA
44B	Place of Final Destination / For Transportation to... / Place of	
44C	Latest Date of Shipment	2014-08-01 ▼

45A Description of Goods and/or Service

ITEM	Q'TY	U'PRICE	AMOUT
ABC	1,000CTNs	USD850.00	USD850,000

HS NO. 3917.32.9000

Terms of Place   FOB ▼

Place of terms of price   U.S.A.

Country of origin 국가코드   US   찾기   U.S.A.

46A Document Required

☑ 380 : SIGNED COMMERCIAL INVOICE IN 3 COPIES

☑ FULL SET(705 ▼)

OF CLEAN ON BOARD OCEAN BILLS OF LADING MADE OUT TO THE ORDER OF

ABC BANK

MARKED FREIGHT   COLLECT ▼   NOTIFY   EDUTRADEHUB

☐ 740 : AIRWAY BILL CONSIGNED TO

OF

MARKED FREIGHT   ▼ NOTIFY

☐ 530 : FULL SET OF INSURANCE POLICIES OR CERTIFICATES, ENDORSED IN BLANK FOR 110%

OF THE INVOICE VALUE, EXPRESSLY STIPULATING THAT CLAIMS ARE PAYABLE IN KOREA AND

IT MUST INCLUED : INSTITUE CARGO CLAUSE

☑ 271 : PACKING LIST IN 3 COPIES

☐ 861 : CERTIFICATE OF ORIGIN

☐ 24A : OTHER DOCUMENT(S)

47A Additional Conditions

☐ SHIPMENT BY

☐ ACCEPTANCE COMMISSION & DISCOUNT CHARGES ARE FOR BUYER'S ACCOUNT

☑ ALL DOCUMENTS MUST BEAR OUR CREDIT NUMBER

☐ LATE PRESENTATION B/L ACCEPTABLE

☐ OTHER ADDITIONAL CONDITIONS

71B	Charges	ALL BANKING COMMISSIONS AND CHARGES INCLUDING REIMBURSEMENT CHARGES OUTSIDE KOREA ARE FOR ACCOUNT OF BENEFICIARY ▼
48	Period for Presentation	DOCUMENTS TO BE PRESENTED WITHIN 10 DAYS AFTER THE DATE OF SHIPMENT BUT WITHIN THE VALIDITY OF THE CREDIT
49	Confirmation instructions	▼

7. 신용장개설응답서

취소불능화환신용장개설응답서
(Irrevocable Documentary Credit Information)

> Except so far as otherwise expressly stated. This documentary credit is Subject to the "Uniform Customs and Practice for Documentary Credits"(2007 Revision) International Chamber of Commerce(Publication No.600)

전자문서번호 : APP7002011061000000000   전자문서기능 : Original

--- < 일 반 정 보 > ---

개설신청일자   : 2014-06-10
(Date of Applying)

개설방법   : By full cable
(Way of Issuing

SWIFT 전문발신은행 : [ABABKRSEXXX]
(SWIFT Sending Bank) [ABC BANK, SEOUL   SEOUL]
                     [000-00, ABC DONG, 1-GA, ABC-GU]
SWIFT 전문수신은행 : [CITI BANK   LOS ANGELES]
                     [Los Angeles, CA 1004, United States]
기타정보   : ABC 은행 ABC 지점   수입계   L/C NUMBER = MA122406NU00111
(Others)   OPEN CHARGE = 24000   CABLE CHARGE = 15000
                     수입보증금 = 0   TOT CHARGE = 39000

--- < 스 위 프 트 > ---

41A	Form of Documentary Credit	: IRREVOCABLE ---------------------->	취소불능 신용장
20	Documentary Credit Number	: MA122406NU00111 ---------------->	신용장 번호 (L/C No.)
23	Reference to Pre-Advice	:	
31	Date of Issue	: 2014-06-10 --------------------->	신용장 개설 일자
40E	Applicable Rules	: UCP LATEST VERSION --------->	UCP600 조건으로 신용장 개설
31D	Date and place of expiry	: (date)2014-08-20 ---------->	신용장 만기일(E/D) 및 만기 장소
		(place) U.S.A.	
50	Applicant	: EDUTRADEHUB ---------------->	개설의뢰인 상호 및 주소
		#000 XXX B/D 222-22	
		NONHYUNDONG KANGNAMGU SEOUL KOREA	
59	Beneficiary	: KASTON LIMITED ------------------->	수익자 상호 및 주소
		Los Angeles, CA 90012, United States	
32B	Currency Code Amount	: USD 850,000.00 -------------------->	신용장 총액
39A	Percentage Credit Amount Tolerance	:	
39B	Maximum Credit Amount	: NOT EXCEEDING ------------------>	과부족 허용 여부
42C	Drafts at	: 90 DAYS AFTER B/L DATE ---------->	Usance L/C
41a	Available with ... by ...	: ANY BANK BY NEGOTIATION --------->	자유매입신용장
42A	Drawee	: ABCDUSXX ------------------------>	지급인
		AMERICAN BBB BANK LTD LOS ANGELES	
43P	Partial Shipment	: ALLOWED --------------------	분할선적 & 환적 허용 여부
43T	Transhipment	: ALLOWED	

44E	Port of Loading / Airport of Departure	: LONGBEACH PORT, U.S.A. - - - - - - - - - - - - - ->	수출지의 항구/공항
44F	Port of Discharge / Airport of Destination	: BUSAN PORT KOREA - - - - - - - - - - - - - - - ->	수입지의 항구/공항
44C	Latest Date of Shipment	: 2014-08-01 ->	선적기일 (S/D)

45A   Description of Goods and / or Service :

```
                ITEM      Q'TY       U'PRICE      AMOUT
                ABC       1,000CTNs  USD850.00    USD850,000.00
                HS NO. 3917.32.9000        [ Terms of price ] FOB
                [ Place of terms of price ] U.S.A.      Country of origin U.S.A.
```

46A   Document Required

: + SIGNED COMMERCIAL INVOICE IN 3 COPIES
+ FULL SET OF CLEAN ON BOARD OCEAN BILLS OF LADING MADE OUT
  TO THE ORDER OF ABC BANK MARKED FREIGHT COLLECT NOTIFY EDUTRADEHUB
+ PACKING LIST IN 3 COPIES

47A   Additional Conditions : + ALL DOCUMENTS MUST BEAR OUR CREDIT NUMBER

71B   Charges : ALL BANKING COMMISSIONS AND CHARGES INCLUDING REIMBURSEMENT
CHARGES OUTSIDE KOREA ARE FOR ACCOUNT OF BENEFICIARY

48   Period for Presentation : DOCUMENTS TO BE PRESENTED WITHIN 10 DAYS AFTER THE DATE OF
SHIPMENT BUT WITHIN VALIDITY OF THE CREDIT - - - - -> 선적서류제출기일

49   Confirmation Instructions : WITHOUT

53A   Reimbursement Bank : AMERICAN BBB BANK LTD LOS ANGELES ABCDUSXX

72   Sender to Receiver Information : TO PAY /ACC/NEG/BK :
+ THE AMOUNT OF EACH DRAFT MUST BE ENDORSED ON THE REVERSE OF
  THIS CREDIT
+ALL DOCUMENTS MUST BE FORWARDED TO US BY COURIER SERVICE IN ONE LOT.
  ADDRESSED TO ABC BANK 203. XXX DONG 1 GA. XXX GU. SEOUL. KOREA
+REIMBURSE YOURSELVES ON THE REIMBURSING BANK AT SIGHT BASIS.
+ ACCEPTANCE COMM AND DISCOUNT CHGS ARE FOR ACCOUNT OF
  APPLICANT. - - - - - - - - - - - - - - - - - -> Banker's Usance

-- < 전 자 서 명 > --

신청업체 전자서명 : 에듀트레이드허브
　　　　　　　　　　최규삼
　　　　　　　　　　서울시 강남구 논현동 XXX

개설은행 전자서명 : ABC BANK SEOUL KOREA
　　　　　　　　　　홍길동
　　　　　　　　　　203. XXX DONG 1 GA. XXX GU. SEOUL. KOREA

8. 신용장조건변경신청서(L/C Amend)

수입신용장조건변경신청서

Header

전자문서번호*		전자문서기능*	Original ▼
수신처*	찾기	수입신용장 정보	선택

일반정보

조건변경신청일*	2014-06-15	개설방법*	By full cable ▼
운송방법*	▼		

개설의뢰은행*	찾기	(희망)통지은행	찾기
* 외환점포코드		*은행명	
* 은행명		*지점명	
* 지점명		* 최초개설시 지정한 통지은행이므로, 위 항목의 변경신청기재로
* Tel No		인해 (희망)통지 은행이 변경되지 않음을 유의하십시오!

개설의뢰인*	* 상호	EDUTRADEHUB
	* 주소	#000 XXX B/D 222-22
		NONHYUNDONG KANGNAMGU
		SEOUL KOREA
	* 전화	02 000 0000

기타정보	

SWIFT정보

20	Sender's Reference(L/C No.)*	MA122406NU00111
31C	Date of Issue*	2014-06-10
26E	Number of Amendment*	1 회
59	Beneficiary (before this amendment)*	KASTON LIMITED 찾기 Los Angeles, CA 90012, United States [Account No.]
31E	New Date of Expiry	
32B	Increase / Decrease of Documentary Credit Amount	○ N/A ● Increase of L/C Amount(신용장증액분) ○ Decrease of L/C Amount(신용장감액분) 통화코드 ▼ USD 찾기 85,000.00
34B	New Documentary Credit Amount After Amendment	* 변경 후 최종금액 USD 935,000.00
39B	Maximum Credit Amount	과부족허용율 사용여부 ▼
39A	Percentage Credit Amount Tolerance	(+) ☐ / (-) ☐ 39B에서 % 선택시, 반드시 입력하세요

39C	Additional Amount Covered		
44A	Place of Taking in Charge / Dispatch from... /		
44E	Port of Loading / Airport of Departure		
44F	Port of Discharge / Airport of Destination		
44B	Place of Final Destination / For Transportation		
44C	Latest Date of Shipment		
79	Narrative	45A Description of Goods and/or Service Before : 　　　ITEM　　　　Q'TY　　　　U'PRICE　　　　　AMOUNT 　　　ABC　　　1,000CTNs　　USD850.00　　USD850,000.00 　　　HS NO. 3917.32.9000 After : 　　　ITEM　　　　Q'TY　　　　U'PRICE　　　　　AMOUNT 　　　ABC　　　1,100CTNs　　USD850.00　　USD935,000.00 　　　HS NO. 3917.32.9000 본 항목은 1. 주요 조건변경사항(유효기일, 선적항, 금액 증감 등) 이외의 조건변경사항을 기재 2. 실질적인 신용장조건변경 없이 조건변경사항의 단순 통지만을 목적으로 하는 경우에는 　 "DETAILS TO FOLLOW" 3. 기 발급된 신용장을 취소 할 경우에는 문장 처음에 "CANCEL" 문구를 사용		

전자서명	*상호	EDUTRADEHUB
	*대표자명	최규삼
	*주소	서울시 강남구 논현동 222-22 XXX B/D #000
	*전자서명	

9. 신용장조건변경응답서

취소불능화환신용장조건변경응답서
(Irrevocable Documentary Credit Amendment Information)

Except so far as otherwise expressly stated. This documentary credit is Subject to the "Uniform Customs and Practice for Documentary Credits"(2007 Revision) International Chamber of Commerce(Publication No.600)

전자문서번호 : APP7002011061000000000   전자문서기능 : Original

-- < 일 반 정 보 > --

조건변경신청일자 : 2011-06-15
(Date of Applying)

개설방법   : By full cable
(Way of Issuing)

운송방법   : Sea/Air

개설(의뢰)은행   : [A122]
(SWIFT Sending Ban [ABC은행]
                  [ABC 지점]

(희망)통지은행   :
개설의뢰인   : EDUTRADEHUB
                 #000 XXX B/D 222-22
                 NONHYUNDONG KANGNAMGU
                 SEOUL KOREA
                 02 000 0000

기타정보 (Others) :

-- < 스 위 프 트 > --

20	Sender's Reference (L/C No)	: MA122406NU00111
31C	Date of Issue	: 2014-06-10
26E	Number of Amendment	: 1
59	Beneficiary (before this amendment)	: KASTON LIMITED Los Angeles, CA 90012, United States
32B	Increase of Documentary Credit Amount	: USD 85,000.00
34B	New Documentary Credit Amount After Amendment	: USD 935,000.00
79	Narrative	: 45A Description of Goods and/or Service

Before :

ITEM	Q'TY	U'PRICE	AMOUT
ABC	1,000CTNs	USD850.00	USD850,000.00

HS NO. 3917.32.9000

After :

ITEM	Q'TY	U'PRICE	AMOUT
ABC	1,100CTNs	USD850.00	USD935,000.00

HS NO. 3917.32.9000

-- < 전 자 서 명 > --

신청업체 전자서명 : 에듀트레이드허브
                  최규삼
                  서울시 강남구 논현동 XXX

10. 적하보험증권

HANGLE Korean Fire and Marine Insurance Company Korea.
22Fl., Samwha B/D, 213-7 Gangnam-ku, Seoul, Korea
Tel) +82 2 2222 1111 / Fax) +82 2 2222 3333

Hangle Insurance

Marine Cargo Insurance Policy

Policy No. HAG1122312   **Assured(s), etc**   EDUTRADEHUB

Claim, if any, payable at	Ref. No.
HANGLE KOREAN INSURANCE CO. KOREA 22TH FLOOR, SAMWHA B/D, 213-7 GANGNAM-KU, SEOUL, KOREA TEL : +82 2222 1111, FAX : +82 2222 3333	INV. NO. 0009090 ORDER NO. 14-233

Claims are payable in KRW

Amount insured hereunder
EXCH @ 1795.2600
EUR 721.58 (WON 1,295,424)
EUR 655.98 X 110%

Survey should approved by
HANGLE KOREAN INSURANCE CO. KOREA
22TH FLOOR, SAMWHA B/D, 213-7 GANGNAM-KU, SEOUL, KOREA
TEL : +82 2222 1111,   FAX : +82 2222 3333

Local Vessel or Conveyance	From(interior port or place of loading)	Conditions and Warranties
		INSTITUTE CARGO CLAUSE(ALL RISKS) EXCLUDING THE RISK OF SHORTAGE DUE TO BREAKAGE OF BOTTLE
Ship or Vessel called the T.B.D.	**Sailing on or about** Sep. 22, 2009	
at and from AMS, NETHERLAND	**transhipped at**	

Subject-matter Insured

ULTRASAN SPECTRUM 85ML TRIGGER 20 BOXES
EXP 2010-12 LOT 998 AND OTHERS

TOTAL 26 BOXES

Marks and Numbers as per Invoice No. specified above.

Place and Date Signed in	No. of Policies Issued
SOUTH KOREA / Sep. 19, 2009	DUPLICATE

This insurance is subject to the following Clauses current at time of shipment Institute Cargo Clauses (so for as applicable)
Institute Classification Clause
On-Deck Clause(applicable if not notice of on-deck shipment)
Special Replacement Clause(applying to machinery)
Termination of Transit Clause(Terrorism)
Institute Extended Radioactive Contamination Chemical,
Biological, Bio-Chemical, Electromagnetic
Weapons Exclusion Clause
Institute Cyber Attack Exclusion Clause

어려운 무역실무는 가라

온/오프라인
무역실무 교육 교재
Part 1. 기본 개념 및 절차

부록

1. 특송 및 EMS 화물

특송(EMS) 화물 C/I 양식 샘플

DATE OF EXPORTATION 발송일	20-Apr.-2018	C/I Issuing No.	CI-18087
SHIPPER / EXPORTER 발송인/수출인 (이름, 주소, 전화번호, 필요시 사업자 등록 변호 기재)		CONSIGNEE 발송인/수출인 (이름, 주소, 전화번호, 필요시 사업자 등록 변호 기재)	
COUNTRY OF EXPORT	South Korea	COUNTRY OF ULTIMATE DESTINATION 최종도착국가	
REASON FOR EXPORT 수출사유 (e.g. personal gift, return for repair)	Commerical Goods	IMPORTER - IF OTHER THAN CONSIGNEE 수입인 - 수취인과 다를 경우 (이름, 주소, 전화번호 기재)	
Payment Term 결제조건	T/T 30% Deposit with Order 70% Before Shipment	Price Term 가격조건	CPT

No. Item	DESCRIPTION OF GOODS	Q'ty	Packing (No. of PKGS)	Net Weight	Gross Weight	COUNTRY OF ORIGIN	Unit Price (USD)	Total Price (USD)	Remakrs
1	Ladies' 100% Silk Knitted Blouse Color Blue	20 pieces	1 CTN (1 of 2)	20 kg (1kg/piece)	22 kg (1.1kg/piece)	S. Korea	5.50 (per piece)	110.00	
2	Ladies' 100% Silk Knitted Blouse Color White	10 pieces	1 CTN (2 of 2)	10 kg (1kg/piece)	11 kg (1.1kg/piece)	S. Korea	5.50 (per piece)	55.00	
3	100% Cotton Woven Fabrics Color Grey	1 piece	(2 of 2)	1 kg (1kg/piece)	1.1 kg (1.1kg/piece)	S. Korea	5.50 (per piece)	5.50	Sample
		Total PKGS	2 CTNs	Total G.W.	34.1 kg	Total Invoice		170.50	

Note

SIGNATURE OF SHIPPER/EXPORTER

Express Mail Service

국가간 우체국 연계 시스템.
해외 우체국 사정에 따라 나라별로 EMS 서비스 질 (Quality) 상당한 차이 존재
선진국일수록 서비스 질 높음

구분	설명
장점	• 운임이 Big 4에 비해 상당히 저렴한 편 • Big 4를 통하여 보내기 까다로운 음식물 등의 물품을 발송 가능할 수도 • 판매용 아닌 개인 사용 물품으로 면세 범위에 들어가는 경우 및 개인 선물(음식물 등) 등의 발송은 EMS 적절할 수도
단점	• 배송기간이 Big 4 대비 오래 걸린다 할 수 있음 • 운임 착불 서비스 제공하지 않음(수출지에서 운임 결제해야 발송 가능) • 통관 서비스 대행하지 않음(세관에 신고 및 세액 납부하기 위해서 수취인이 별도로 관세사 사무실에 요청 혹은 자가 통관해야)

주의점	
수출자 입장	• 관세사 사무실로 수출신고 의뢰 후 '수출신고필증(적재 전)'을 전달받아서 발송 물품과 함께 EMS 접수자에게 전달하면서 '전산등록' 요청해야. • 수출신고 수일로부터 30일 이내에 외국으로 나가는 배/비행기에 적재되어야 하기에 반드시 전산등록 요청하여 전산상으로 적재되었다는 사실 확인되어야. 그렇지 않으면 벌금 발생될 수도
수입자 입장	• 우편물 보관기간은「국제우편규정」제31조에 따라 도착일로부터 15일 이내(45일 연장가능)이며, 보관 기간 내 세관에 신고하지 않는 경우 반송될 수도

EMS 국가별 중량 및 부피 제한

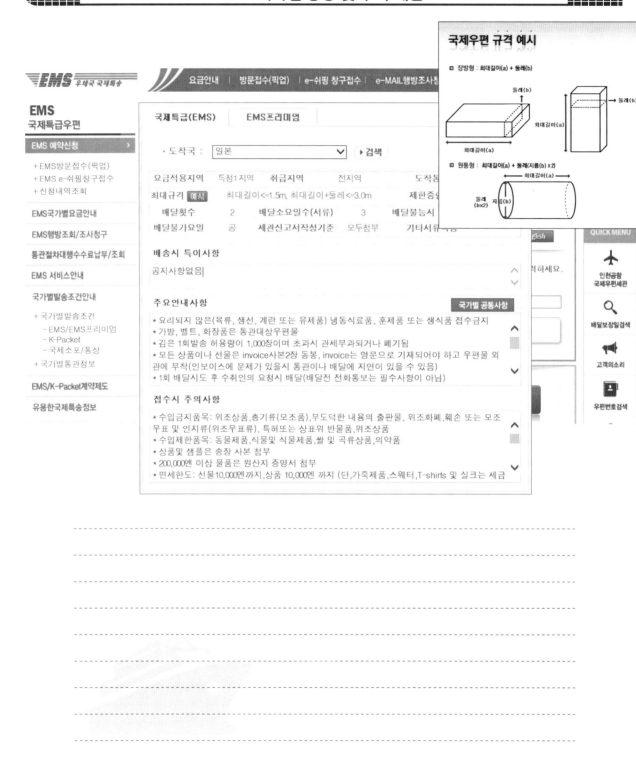

특송과 EMS 비교 설명

구 분	특송(DHL 등)	EMS
통관 대행	• 수출(입) 신고 대행 O • 별도의 수수료 미청구(관세사 수수료)	• 수출(입) 신고 대행 X • 별도 관세사 사무실에 대행 의뢰 • EMS 운임과 별도로 관세사 수수료 발생
운임 착불 서비스	• 운임 착불 발송 가능 • (조건) 수취인이 해당 특송사와 운송 계약하여 Account No. 있어야 • EXW or FCA or FOB로도 발송 가능	• 운임 착불 불가능 • 무조건 선불로만 발송 가능 • C/I 단가에 EMS 운임 포함시켜야 (Price Term : CFR or CPT or DAP(=DDU))
DDP 발송	• DDP 발송 가능 • (조건) 발송인이 해당 특송사와 운송 계약하여 Account No. 있어야 • C/I 가격조건 : DDP	• DDP 발송 불가능 • EMS 발송 건은 DDP라는 가격조건 사용 불가능
운임 적용	• 2개 이상의 Carton(CTN, Box)이라도 운송장은 1 건으로 발행되며, 전체 수량에 대해서 운임 책정 • 수출(입)신고필증 역시 모든 Carton을 묶어서 한 건으로 발행	• Carton 별로 운임 책정하고 Carton 별로 운송장 발행 • 수출(입)신고필증은 모든 Carton을 묶어서 한 건으로 발행 가능
Chargeable Weight	• 실제 무게 or 용적무게 중 더 큰 값	• 실제 무게로만 계산(용적무게 개념 없음)
부피, 무게 제한	• 기본적으로 없음	• 국가별로 제한
국가별 서비스	• 큰 차이 없음	• EMS는 국가간의 우편물 서비스로서 선진국 or 후진국이냐에 의해서 서비스 Quality 차이 상당할 수도
운송 시간	• 통상적으로 EMS보다는 신속	• 통상적으로 특송보다 느림 • 인접국(ex. 일본)은 비슷할 수도
기타	• 소량의 1회성 발송 건은 EMS가 운임이 저렴할 수 있으나, 반복·상당량 발송 시 Discount 받으면 특송이 저렴할 수도 • EMS는 수입지에서 수입통관 대행하지 않아 수취인이 통관하는 데 어려움이 있을 수도	

사업자의 견품(샘플) 수입 건, 면세 범위

사 유 서

Shipper : KASTON

Consignee : EDUTRADEHUB

운송장 번호	품 명	Q'ty	용도
---	Sausage Casing	1 CTNs	Test

1. 귀관의 노고에 감사드리오며, 일익 번창하심을 기원합니다.

2. 본건의 물품은 소시지 케이싱 (소시지 껍질) 제조업체인 Kaston 사에서 당사에 무상으로 제공하는 샘플입니다. 본 샘플은 국내 소시지 제조업체인 A사, B사, 그리고 C사로 당사에 의해서 Test 용 샘플로 공급될 예정입니다. 공급된 샘플은 소시지 제조 시에 기계 충진(stuffing) 적성 및 열처리 과정에서의 적합도를 측정하기 위함을 그 목적으로 합니다.

3. 당사는 본 품을 통관 후 Test 용도로만 사용할 것입니다.

2020년 5월 13일
에듀트레이드허브 대표 최주호

관세법 시행규칙

제45조(관세가 면제되는 소액물품) ①법 제94조제3호의 규정에 의하여 관세가 면제되는 물품은 다음 각호와 같다.
1. 물품이 천공 또는 절단되었거나 통상적인 조건으로 판매할 수 없는 상태로 처리되어 견품으로 사용될 것으로 인정되는 물품
2. 판매 또는 임대를 위한 물품의 상품목록·가격표 및 교역안내서 등
3. 과세가격이 미화 250달러 이하인 물품으로서 견품으로 사용될 것으로 인정되는 물품
4. 물품의 형상·성질 및 성능으로 보아 견품으로 사용될 것으로 인정되는 물품

②법 제94조제4호의 규정에 의하여 관세가 면제되는 물품은 다음 각호와 같다. <개정 2003.2.14., 2004.3.30., 2015.12.1.>
1. 물품가격이 미화 150달러 이하의 물품으로서 자가사용 물품으로 인정되는 것. 다만, 반복 또는 분할하여 수입되는 물품으로서 관세청장이 정하는 기준에 해당하는 것을 제외한다.
2. 박람회 기타 이에 준하는 행사에 참가하는 자가 행사장안에서 관람자에게 무상으로 제공하기 위하여 수입하는 물품(전시할 기계의 성능을 보여주기 위한 원료를 포함한다). 다만, 관람자 1인당 제공량의 정상도착가격이 미화 5달러 상당액 이하의 것으로서 세관장이 타당하다고 인정하는 것에 한한다.

소액물품의 FTA 협정세율 적용(자가사용물품, 판매용)

- FTA C/O(원산지증명서)를 대신하여 구매영수증 or C/I(상업송장, 송품장)에 원산지 표기 되어 있어야
- FTA C/O 없이 FTA 협정세율 받기 위해서 FTA 협정별로 각각 다른 조건 요구(ex. 사용 용도, 과세가격 등)
- (한-미 FTA) 용도 제한은 없으나, 과세가격 USD1,000 이하의 건
- (한-EU FTA) 비상업적 용도로서 과세가격 USD1,000 이하의 건

협 정	원산지증명 면제 대상	용도	금 액
미국	(금액) 미화 1,000불 이하	제한없음	1,000불 이하
EU	(대상) 개인이 개인에게 송부한 소포 및 여행자 개인 수하물 　　　상업적으로 수입되지 아니한 제품 (금액) 미화 1,000불 이하	비상업용	1,000불 이하
아세안	(대상) 당사국의 영역을 원산지로 하는 물품 　　　당사국의 영역으로부터 우편으로 송부된 물품 (금액) FOB 가격기준 미화 200불을 초과하지 아니하는 물품	제한없음	200불 이하
호주	(금액) 미화 1,000불 이하(호주 → 한국)	제한없음	1,000불 이하
중국	(금액) 과세가격 미화 700 달러		

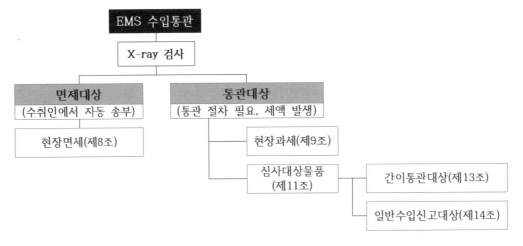

현장면세 : X-Ray 검사 결과 우범성이 없는 다음 물품은 현품검사 없이 현장면세 가능할 수도.

- 과세가격 USD 250 이하인 물품으로서 견품으로 사용될 것으로 인정되는 물품
  (관세법시행규칙 제45조제1항의 물품)
- 물품가격 USD 150 이하의 물품으로 자가 사용 물품으로 인정되는 것(반복 또는 분할 수입 제외)
  (관세법시행규칙 제45조 제2항 제1호의 소액면세 물품)
- 상업서신, 카탈로그, 서적 등, 관세 등 제세가 부과되지 아니하는 물품 등

현장과세

- 세관장이 송품장 등을 기초로 직접 과세가격 결정하고 간이세율 적용하여 세액 계산
- 수취인에게 '국제 우편물 현장과세 안내서(별지 제1호 서식)' 발송

간이통관

- 수취인에게 '국제 우편물 통관 안내서(별지 제2호 서식)' 발송
- 수취인은 간이통관 대상 우편물에 속하는 경우, '간이 통관 신청서(별지 제3호 서식)'을 작성하여 세관장에서 제출
- 간이세율 적용

〈주요물품의 간이세율〉

품 명	세 율		품 명	세 율
향수	35%		신발, 의류	25%
모피 제품	30%		기타물품	20%

일반 수입신고 대상

- ①판매용 물품, ②미화 1,000달러 초과 구매물품, ③500만원을 초과한 선물, ④세금계산서 발급이 필요한 경우
- 수취인이 회사인 경우, 판매용 물품이 아니더라도 일반 수입신고 대상이 될 수 있음
  특히 USD1,000초과 구매 물품에 대해서는 판매 유무(샘플일지라도)와 상관없이 일반 수입신고 대상 될 수도
- 수취인이 개인으로서 자가 사용 물품이라도 미화 1,000달러 초과 or 500만원을 초과하는 선물에 대해서도 일반 수입신고 대상 될 수도

특송 및 EMS 건의 수입신고와 세액 납부 기준

a) 샘플의 일반적 의미 : 판매 목적이 아닌 소량의 소액물품   b) 특송과 EMS는 운송 업무뿐만 아니라 통관 규정도 상이함

특송(Courier) 화물								
C/I Consignee	사업자					개인		
구분	판매용 (일반수입신고)	샘플(견품)			판매용 (일반수입신고)	자가사용물품		
		물품금액 USD150 이하 (목록통관)	과세가격 USD250 이하 (면세범위)	과세가격 USD250 초과 (과세)		물품금액 USD150 이하 (목록통관)	물품금액 USD150 초과 (과세)	
세관신고	O	X	O	O	O	X	O	
수입신고필증 발행	O	X	O	O	O	X	O	
세액납부 (관세, 내국세)	과세	면세	면세 (샘플 인정 필요)	과세 (샘플 관계없이 과세)	과세	면세	과세	
수입요건	필요	-	-	-	필요	면제	면제	

※ C/I Consignee가 '일반수입신고' 요청하면 목록통관 건 역시 수입신고필증 발행되며, 세액의 합계가 1만원 초과하면 과세(징수금액의 최저가 1만원)

※ 운송장(Air Waybill)의 Receiver는 수입통관 완료된 화물의 실제 수취인. C/I의 Consignee는 Shipper와 매매계약하고 물품을 해외 Seller(C/I의 Shipper)에게 직접 구입한 자로서, 수입지 세관에 수입신고하고 세액을 납부하는 자. 따라서 수입지 세관에 수입신고하여 세액을 납부하는 자와, 수입 통관 완료된 화물을 수취하는 자는 다를 수 있음.

EMS(우편물) 화물								
C/I Consignee	사업자					개인		
구분	샘플(견품)		판매용 등			자가사용물품		판매용
	과세가격 USD250 이하 (면세범위)	과세가격 USD250 초과 (과세)	판매용	USD1,000 초과 물품	세금계산서 필요한 경우	물품금액 USD150 이하	간이통관	USD1,000 초과 물품 or 500만원 초과 선물	판매용
세관신고	X (현장면세)	O (일반수입신고)	O (일반수입신고)	O (일반수입신고)	O (일반수입신고)	X (현장면세)	O (간이신고)	O (일반수입신고)	O (일반수입신고)
수입신고필증 발행	X	O	O	O	O	X	X	O	O
세액납부 (관세, 내국세)	면세	과세	과세	과세	과세	면세	과세 (간이세율)	과세	과세
수입요건	-	-	필요	필요	필요	면제	면제	면제	필요

2. 세금계산서 발행과 다양한 형태의 거래

일반과세자(법인·개인)의 부가가치세 신고 기간

과세기간	과세대상 기간		신고납부 기간	신고의무 대상자
1기 1월~6월	예정신고	1월 1일 ~ 3월 31일 실적	4월 1일 ~ 4월 25일	법인
	확정신고	1월 1일 ~ 6월 30일 실적	7월 1일 ~ 7월 25일	법인 및 개인사업자
2기 7월 12월	예정신고	7월 1일 ~ 9월 30일 실적	10월 1일 ~ 10월 25일	법인
	확정신고	7월 1일 ~ 12월 31일 실적	다음해 1월 1일 ~ 1월 25일	법인 및 개인사업자

기간	매출 부가세	매입 부가세	납부(환급) 세액	신고납부 기간	환급
1월 1일 ~ 3월 31일	5,000,000	4,00,000	1,000,000	4월 25일까지	없음
4월 1일 ~ 6월 30일	3,500,000	3,800,000	-300,000	7월 25일까지	300,000
7월 1일 ~ 9월 30일	5,500,000	5,000,000	500,000	10월 25일까지	없음
10월 1일 ~ 12월 31일	4,500,000	3,000,000	1,500,000	다음해 1월 25일까지	없음

■ 부가세 환급 「부가가치세법」 제59조(환급)

• 확정 신고 기한이 지난 후 30일 이내
• (예외, 조기환급) 재화의 수출로 영세율 적용받은 경우

부가세의 과세와 면세

구분			설 명	부가가치세법
과 세	세금계산서	10%	• 국내 사업자 간의 국내에 위치한 재화(용역)의 공급 • 재화의 수입	• 제4조(과세대상)
		영세율	• 재화의 수출(내국물품을 외국으로 반출하는 경우) • 국내 사업자 간에 구매확인서 혹은 내국신용장 발행된 경우 • 외국항행용역의 공급	• 제21조(재화의 수출) • 제23조(외국항행용역의 공급)
면 세	[국내 사업자 간 거래] 계산서		• 가공되지 아니한 식료품 • 수돗물, 연탄, 무연탄, 여성용 생리 처리 위생용품, 도서, 신문 등	• 제26조(재화 또는 용역의 공급에 대한 면세)
	[수입 재화] 수입 계산서 (세관장 발행)		• 가공되지 아니한 식료품 • 도서, 신문 및 잡지로서 대통령령으로 정하는 것 • 수입하는 상품의 견본과 광고용 물품으로서 관세가 면제되는 재화 • 국내에서 열리는 전시회 등의 행사에 출품하기 위하여 무상으로 수입하는 물품으로서 관세가 면제되는 재화 • 수출된 후 다시 수입하는 재화로서 관세가 감면되는 것 중 대통령령으로 정하는 것. • 기타	• 제27조(재화의 수입에 대한 면세)

[참고] 외국항행용역의 공급
선박 또는 항공기에 의하여 여객이나 화물을 국내에서 국외로, 국외에서 국내로 또는 국외에서 국외로 수송하는 것을 말하며, 외국항행사업자가 자기의 사업에 부수하여 공급하는 재화 또는 용역으로서 대통령령으로 정하는 것을 포함

(수출) 세금계산서 발행과 수출자의 매입 세액 공제

1 [물품공급 계약] FOB Busan Port → **2** [물품공급 계약] FOB Busan Port →

국내 공급자 (A사, 제조사) → **국내 구매자** (B사, Exporter) → **Importer** (C사, 국외 위치)

3 — 세금계산서 발행 —
- 공급하는 자 : A사
- 공급받는 자 : B사
- 공급가액 : 5,000,000원
- 부가세 : 500,000원
- 합계금액 : 5,500,000원

4 — Commercial Invoice 발행 —
- Shipper : B사
- Consignee : C사
- Price : FOB 6,000,000원

■ 국내 거래

구 분	국내 공급자	국내 구매자		
	매출 부가세	매입 부가세	매출 부가세(수출)	공제
구매확인서 미발행	500,000원 (부가세 10% 세금계산서 발행)	500,000원	0	-500,000원 (환급)
구매확인서 발행	0원 (부가세 영세율 세금계산서 발행)	0원	0원	0원

■ 수출 재화

구 분	설 명	비고
공급시기 (매출 발생시기)	선(기)적일 운송서류 On Board Date	「부가가치세법 시행령」 제28조 6항
과세표준	수출신고필증 (48) 결제금액	'서울외국환중개 매매기준율' 적용
영세율 적용서류	수출신고필증, 외화입금증명서 등	

(수출) 구매확인서 발행과 영세율 세금계산서

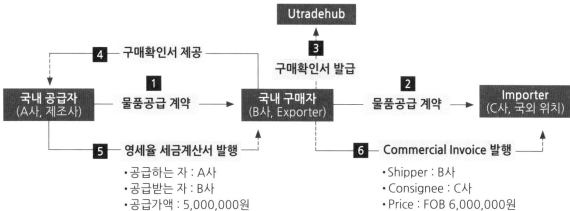

- 공급하는 자 : A사
- 공급받는 자 : B사
- 공급가액 : 5,000,000원
- 부가세 : 0원 (0% 부가세율 적용)
- 합계금액 : 5,000,000원

- Shipper : B사
- Consignee : C사
- Price : FOB 6,000,000원

구 분	거래 진행 순서				
	거래일	구매확인서	세금계산서		
			발행일	부가세	발행 기한
경우 1	5월 15일	미발행	5월 15일	10%	6월 10일 (익월 10일까지)
경우 2	8월 25일	(사전 발행) 8월20일	8월 25일	영세율	9월 10일
경우 3	8월 25일	(사후 발행) 8월 30일	8월 30일	영세율	9월 10일
경우 4			8월 25일	10% 일반 세금계산서 발행 후 수정 발행	

(수입) 매입 부가세 공제와 수입 관세 전가

[Final Destination]
- 입항지에서 수입통관 후 바로 국내 거래처 Door로 공급

Exporter (A사)	CY CFS	Importer (B사)	국내 거래처 (C사, 수원공장)

[물품공급 계약]
- Price Term : CIF Busan Port
- Item : Bending Machine 1 Set
- C/I Amount : KRW20,000,000

[물품공급 계약]
세금계산서 발행

- 수입 관세 전가

구 분	CIF Busan Port 수입		금 액(KRW)
	발생 비용 항목		
기 본	• CIF Busan Port C/I Amount • KRW20,000,000		•20,000,000
국내 비용	• + O/F 할증료(BAF 등) • + 터미널 부대비용(T.H.C., W/F, CCF 등) • + 포워더 H/C, D/O Charge • + 수입통관비 • + 내륙운송비(도착지 항구 to Final Destination)		•1,600,000
세액	• + 관세		•1,000,000
	• 부가세(수입 원가에 미포함)		•2,100,000
수입 원가			**•22,600,000**
수입자 마진			**•2,400,000**

세금계산서	
공급가액	•25,000,000
부가세(10%)	•2,500,000
합계	**•27,500,000**

수입자의 매출·매입 부가세	
매출 부가세	•2,500,000
매입 부가세	•2,100,000
공제 금액	**•400,000 (납부)**

4자 거래, (세금)계산서 발행과 매출입 증빙

•4자 거래는 중계•중개 무역, 외국인도수출 및 외국인수 수입과 다름.

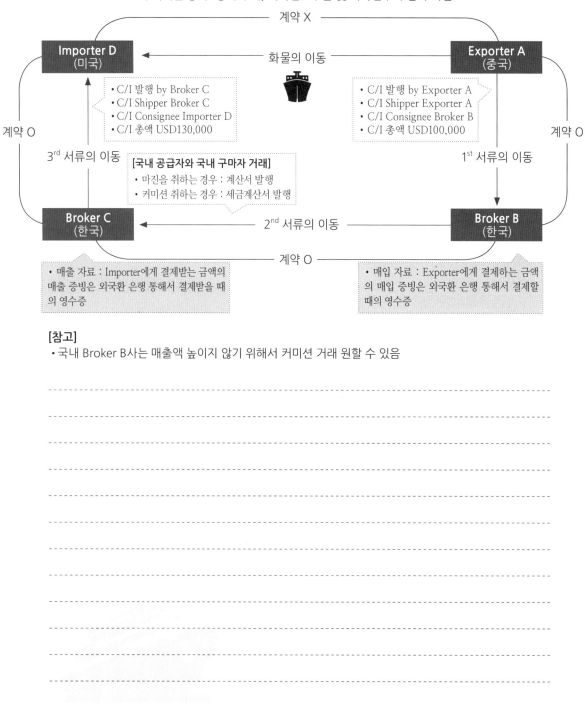

계약 X

Importer D (미국) ← 화물의 이동 ─ **Exporter A** (중국)

• C/I 발행 by Broker C
• C/I Shipper Broker C
• C/I Consignee Importer D
• C/I 총액 USD130,000

• C/I 발행 by Exporter A
• C/I Shipper Exporter A
• C/I Consignee Broker B
• C/I 총액 USD100,000

계약 O

3rd 서류의 이동

1st 서류의 이동

계약 O

[국내 공급자와 국내 구마자 거래]
• 마진을 취하는 경우 : 계산서 발행
• 커미션 취하는 경우 : 세금계산서 발행

Broker C (한국) ← 2nd 서류의 이동 ─ **Broker B** (한국)

계약 O

• 매출 자료 : Importer에게 결제받는 금액의 매출 증빙은 외국환 은행 통해서 결제받을 때의 영수증

• 매입 자료 : Exporter에게 결제하는 금액의 매입 증빙은 외국환 은행 통해서 결제할 때의 영수증

[참고]
•국내 Broker B사는 매출액 높이지 않기 위해서 커미션 거래 원할 수 있음

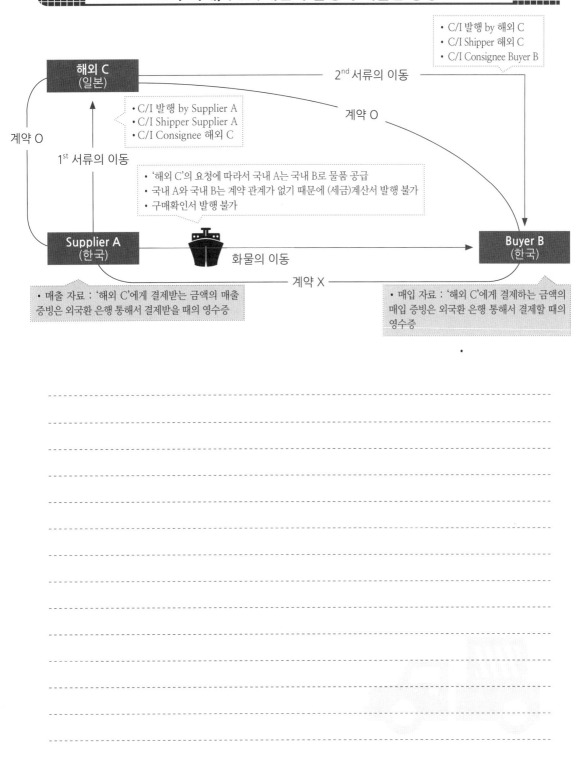

3자 거래, (세금)계산서 발행과 매출입 증빙

해외 C (일본)

- C/I 발행 by 해외 C
- C/I Shipper 해외 C
- C/I Consignee Buyer B

2nd 서류의 이동

계약 O

- C/I 발행 by Supplier A
- C/I Shipper Supplier A
- C/I Consignee 해외 C

1st 서류의 이동

계약 O

- '해외 C'의 요청에 따라서 국내 A는 국내 B로 물품 공급
- 국내 A와 국내 B는 계약 관계가 없기 때문에 (세금)계산서 발행 불가
- 구매확인서 발행 불가

Supplier A (한국)

화물의 이동

계약 X

Buyer B (한국)

- 매출 자료 : '해외 C'에게 결제받는 금액의 매출 증빙은 외국환 은행 통해서 결제받을 때의 영수증

- 매입 자료 : '해외 C'에게 결제하는 금액의 매입 증빙은 외국환 은행 통해서 결제할 때의 영수증

제3자 지급과 외국환(한국)은행 신고 기준

「외국환거래규정」제5-10조

■ **제3자 지급 건 신고 대상** ㆍ제3자란 매매계약 당사자가 아닌 자

신고 불필요	외국환 은행 신고	한국은행 신고
ㆍ미화 5천불 이하 거래 ㆍ비거주자로부터 수령하는 경우	ㆍ미화 5천불 초과 1만불 이내	ㆍ미화 1만불 초과

ㆍ분할하여 지급 등을 하는 경우에는 각각의 지급 등의 금액을 합산한 금액

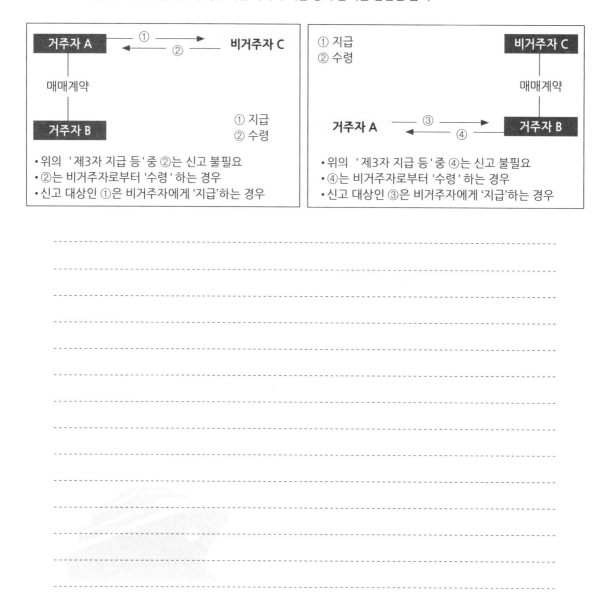

350 무역실무교재 Part 1. 기본 개념 및 절차

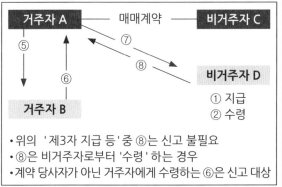

- 위의 '제3자 지급 등' 중 ⑧는 신고 불필요
- ⑧은 비거주자로부터 '수령' 하는 경우
- 계약 당사자가 아닌 거주자에게 수령하는 ⑥은 신고 대상

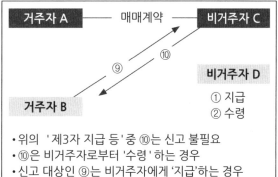

- 위의 '제3자 지급 등' 중 ⑩는 신고 불필요
- ⑩은 비거주자로부터 '수령' 하는 경우
- 신고 대상인 ⑨는 비거주자에게 '지급'하는 경우

3. DHL을 통한 운송

C/I Consignee = 화물운송장 Receiver(To)

- 다음의 내용은 상황별로 달리 적용될 수 있음을 알려드립니다. -

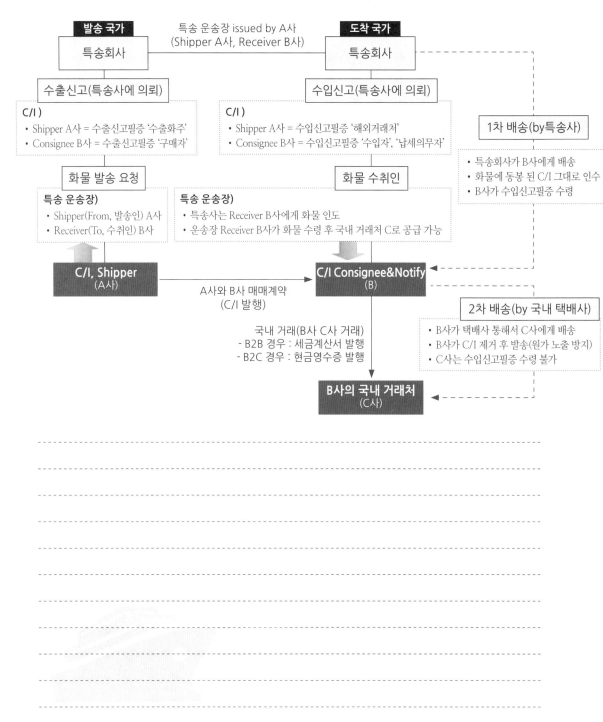

C/I Consignee ≠ 화물운송장 Receiver(To)

- 다음의 내용은 상황별로 달리 적용될 수 있음을 알려드립니다. -

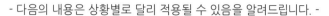

발송 국가

특송회사

특송 운송장 issued by A사
(Shipper A사, Receiver C사)

도착 국가

특송회사

화물 발송 & 수출신고 의뢰

- A사와 B사의 매매계약 건으로서 외국환 결제는 B사가 A에게 진행
- 수입 통관 업체는 B, but Receiver는 C사(DHL로 전달)
- DHL로 NDS 요청(수수료 약 20,000원 정도 발생)

화물 수취 & 수입신고 의뢰

- C/I의 Consignee는 수입국의 수입통관 업체
- 수입신고와 세액납부는 C/I의 Consignee가 진행 후 실제 화물인수는 C사
- C/I의 Consignee(B사)는 C사가 화물 인수할 때, A사가 발행한 C/I 그리고 수입신고필증을 받지 못하게 사전 조치 필요(NDS).

C/I, Shipper
(A사)

A사와 B사 매매계약
(C/I 발행, Shipper A사, Consignee B사)

C/I, Consignee
(B사, Notify C사)

배송

- 특송회사가 C사에게 배송
  (By 특송회사)
- NDS 적용 한 경우, DHL이 C사에게 발송할 때, C/I 제거 후 발송
- C사는 수입신고필증 수령 불가

[운송장]
- 발송인 : A 상호 옆에 'NDS' 문구 기재
- 수취인 : C 상호 옆에 'NDS' 문구 기재

[C/I]
- Shipper : A 상호
- Consignee : B 상호

국내 거래(B사 C사 거래)
- B2B 경우 : 세금계산서 발행
- B2C 경우 : 현금영수증 발행

운송장 Receiver
(C사)

• Exporter가 컨테이너 단위 화물로서 FCL로 수출해야 Line B/L 발행 가능

[경우 1] CFR(혹은 CIF), Freight Prepaid
- 수출자는 포워더로부터 O/F 견적받으나, 수입자가 선사로 직접 D/O 요청하고자 하는 경우
- 수입지에 수출지 포워더 파트너가 없는 경우
- L/C 조항에서 선사 발행 B/L을 요구하는 경우

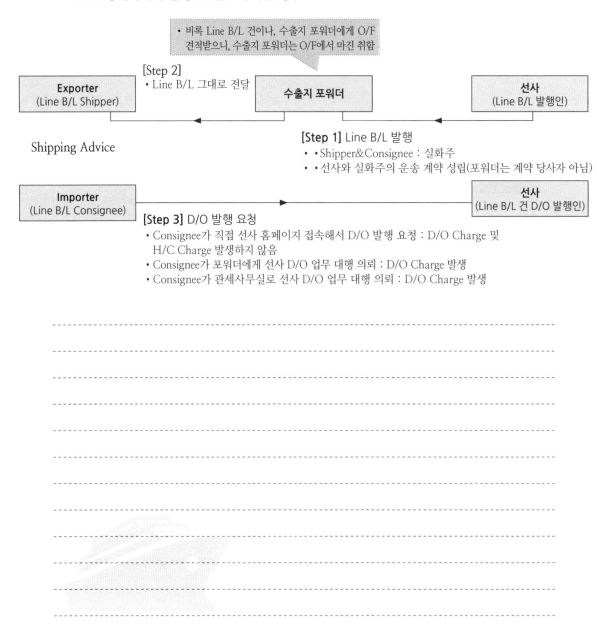

• 비록 Line B/L 건이나, 수출지 포워더에게 O/F 견적받으니, 수출지 포워더는 O/F에서 마진 취함

Exporter
(Line B/L Shipper)

[Step 2]
• Line B/L 그대로 전달

수출지 포워더

선사
(Line B/L 발행인)

Shipping Advice

[Step 1] Line B/L 발행
- ·Shipper&Consignee : 실화주
- ·선사와 실화주의 운송 계약 성립(포워더는 계약 당사자 아님)

Importer
(Line B/L Consignee)

선사
(Line B/L 건 D/O 발행인)

[Step 3] D/O 발행 요청
- Consignee가 직접 선사 홈페이지 접속해서 D/O 발행 요청 : D/O Charge 및 H/C Charge 발생하지 않음
- Consignee가 포워더에게 선사 D/O 업무 대행 의뢰 : D/O Charge 발생
- Consignee가 관세사무실로 선사 D/O 업무 대행 의뢰 : D/O Charge 발생

FCL, Line 운송서류와 D/O 발행 과정 II

- Exporter가 컨테이너 단위 화물로서 FCL로 수출해야 Line B/L 발행 가능

[경우 2] FOB, Freight Collect
- 수압자가 선사와 직접 계약하여 선사 SC No.를 수출자에게 전달

Exporter (Line B/L Shipper)	→	선사 (Line B/L 발행인)

[Step 2] Line B/L 발행
- 수입자로부터 전달받은 SC No.와 선사 정보로 Shipment Booking

Shipping Advice

[Step 1] 선사와 운송 계약,
- SC No. 부여받음(Service Contract Number)

Importer (Line B/L Consignee)	→	선사 (Line B/L 건 D/O 발행인)

[Step 3] D/O 발행 요청
- Consignee가 직접 선사 홈페이지 접속해서 D/O 발행 요청 : D/O Charge 및 H/C Charge 발생하지 않음

[참고] Line B/L 발행 불가 조건
- EXW, D-Terms
- 수출(입)통관 업무를 포워더에게 대행 요청해야 하는 조건에서는 Line B/L 발행 불가

4. 항공(해상) 터미널과 항공기(선박) 구조 및 용어

공항 화물터미널(보세구역)의 구조와 용어

Air Side
(보안구역, 보세구역)

Ramp(주기장)

항공사
공항보세창고

Acceptance Area

Land Side
(일반인 출입구역)

이미지 출처 : 구글검색(최주호 편집)

• 항공화물, 인천공항 세관으로 임시개청 신청 필요한가?

항공기의 구조와 탑재(Loading, 기적)와 하기(Unloading)

Freighter (화물 전용기 ; FRTR, All Cargo)	Passenger Aircraft (여객기 ; PAX)	Combi-Aircraft (화객 혼용기 ; COMBI)
Main Deck(MD) - 화물기 MD에는 Only 화물만 탑재 - **Lower Deck(LD)**	**Main Deck(MD)** - 여객기 MD에는 Only 여객만 탑승 - Cabin 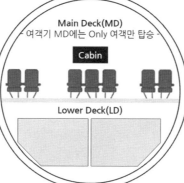 **Lower Deck(LD)**	**Main Deck(MD)** - MD 일부는 화물칸, 일부는 Cabin - Cargo Compartment + Cabin 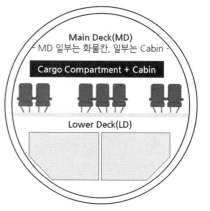 **Lower Deck(LD)**

이미지 출처 : 대한항공 홈페이지

ULD Type과 관련 용어

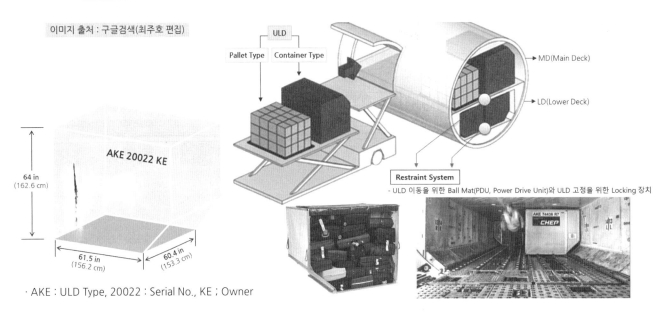

이미지 출처 : 구글검색(최주호 편집)

ULD
Pallet Type | Container Type

AKE 20022 KE

64 in
(162.6 cm)

61.5 in
(156.2 cm)

60.4 in
(153.3 cm)

MD(Main Deck)

LD(Lower Deck)

Restraint System
- ULD 이동을 위한 Ball Mat(PDU, Power Drive Unit)와 ULD 고정을 위한 Locking 장치

· AKE : ULD Type, 20022 : Serial No., KE ; Owner

Pallet Type ULD Build Up 작업 과정   Build Up ↔ Break Down(해체작업), Netting 작업은 Tie Down이라 한다.

항공기의 MD와 LD 및 Door Size

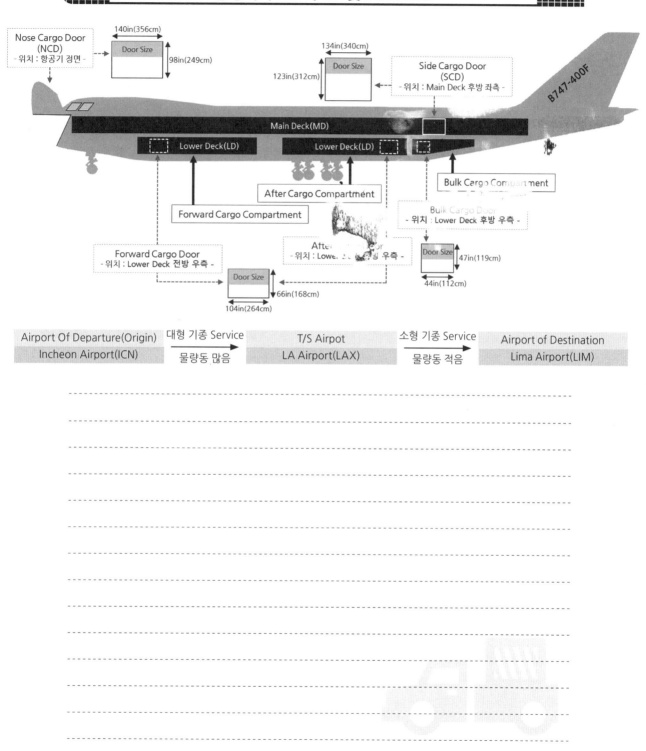

Airport Of Departure(Origin)	대형 기종 Service	T/S Airpot	소형 기종 Service	Airport of Destination
Incheon Airport(ICN)	물량동 많음	LA Airport(LAX)	물량동 적음	Lima Airport(LIM)

컨테이너 화물 터미널(보세구역)의 구조와 용어

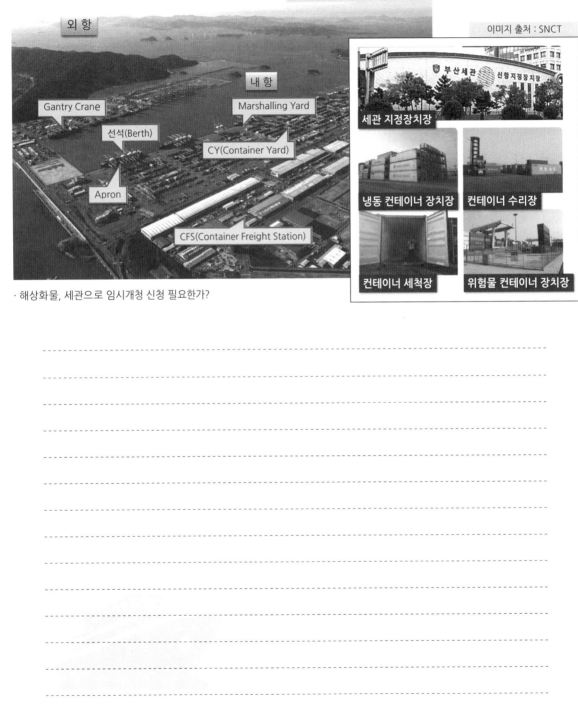

· 해상화물, 세관으로 임시개청 신청 필요한가?

해상운송 수단 - Container Vessel

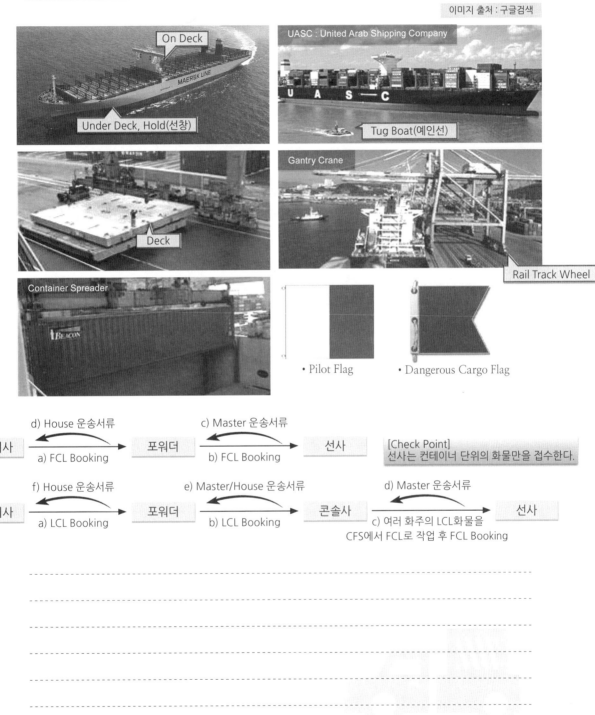

On Deck

Under Deck, Hold(선창)

UASC : United Arab Shipping Company

Tug Boat(예인선)

Deck

Gantry Crane

Rail Track Wheel

Container Spreader

• Pilot Flag

• Dangerous Cargo Flag

---

d) House 운송서류

c) Master 운송서류

| 무역회사 | ← a) FCL Booking → | 포워더 | ← b) FCL Booking → | 선사 |

[Check Point]
선사는 컨테이너 단위의 화물만을 접수한다.

f) House 운송서류

e) Master/House 운송서류

d) Master 운송서류

| 무역회사 | ← a) LCL Booking → | 포워더 | ← b) LCL Booking → | 콘솔사 | c) 여러 화주의 LCL화물을 CFS에서 FCL로 작업 후 FCL Booking → | 선사 |

갑판(Deck), 선창(Hold) 덮개, Hatch Cover

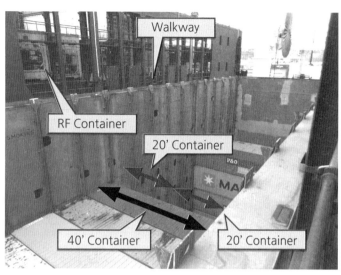

Walkway

RF Container

20' Container

40' Container

20' Container

선창(Hold) 내부

Loading Break Bulk Cargo on Container Vessel

인천 남항, 컨테이너 전용 부두

이미지 출처 : 구글검색(최주호 편집)

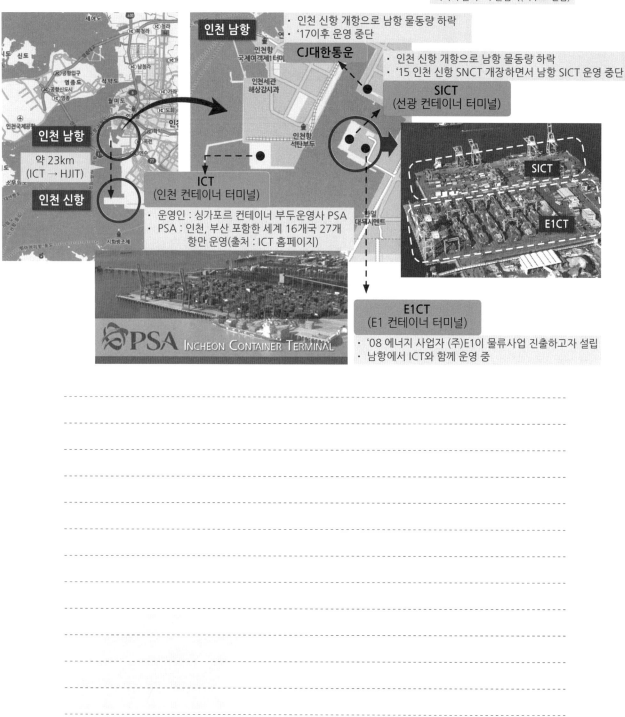

인천 남항
- 인천 신항 개항으로 남항 물동량 하락
- '17이후 운영 중단

CJ대한통운
- 인천 신항 개항으로 남항 물동량 하락
- '15 인천 신항 SNCT 개장하면서 남항 SICT 운영 중단

SICT
(선광 컨테이너 터미널)

인천 남항

약 23km
(ICT → HJIT)

인천 신항

ICT
(인천 컨테이너 터미널)
- 운영인 : 싱가포르 컨테이너 부두운영사 PSA
- PSA : 인천, 부산 포함한 세계 16개국 27개
  항만 운영(출처 : ICT 홈페이지)

E1CT
(E1 컨테이너 터미널)
- '08 에너지 사업자 (주)E1이 물류사업 진출하고자 설립
- 남항에서 ICT와 함께 운영 중

이미지 출처 : 구글검색(최주호 편집)

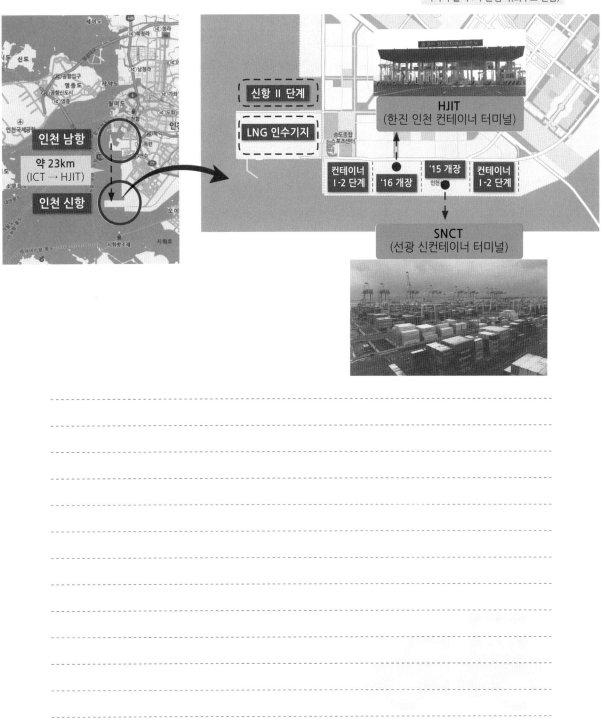

부산항 부두 위치(북항과 신항)

컨테이너 전용 부두 컨테이너 하역 전용 터미널로서 Quay(안벽), Apron, Marshalling Yard, CY 등으로 구분되어 있음.

일반부두(재리식부두) 잡화 등 Bulk Cargo 하역 터미널이지만 중·소형급 컨테이너 화물 하역 가능.

부산북항, 컨테이너 전용 부두

내용 및 이미지 출처 : 부산항만공사(BPA)

HBCT
(허치슨터미널, 자성대부두, 5부두)

- 우리나라 최초의 컨테이너 전용부두('82 완공)
- 운영사 : 부산컨테이너부두운영공사(BCTOC)
  → 민영화('97.07) → 현대상선㈜
  → 한국허치슨㈜('02)

우암 부두
(2015년 4월부터 일반부두로 전환)

- '16.11.15 BPT 출범(CJKBCT&BIT 합병)
- BPT : 부산항터미널주식회사
- CJKBCT : CJ 대한통운부산컨테이너터미널(신선대 운영사)
- BIT : 부산인터내셔널터미널(감만 운영사)
- BPT 지분 : 장금상선, CJ대한통운 지주회사 KX 홀딩스, BPA(부산항만공사)

BPT
(부산항터미널주식회사)

감만 터미널   신선대 터미널

- Dongbu Express(지분율 100%)
- '17년 동원(Dongwon)그룹으로 편입

DPCT
(동부부산컨테이너터미널, 신감만)

[컨테이너 인수(도)증]
- 3D-02-03-02 : 3 Blcok D(Delta)열 02번 Bay에서 컨테이너 상(하)차
- Phonetic Code : A-Alpha, B-Bravo, C-Charlie, D-Delta, E-Echo….
- 컨테이너 인수(도)증에는 컨테이너 번호 기재되어 있음.

4 Block
2 Block
1F, 1G, 1H 냉동   1D 위험물

부산북항, 일반화물(재래식) 부두

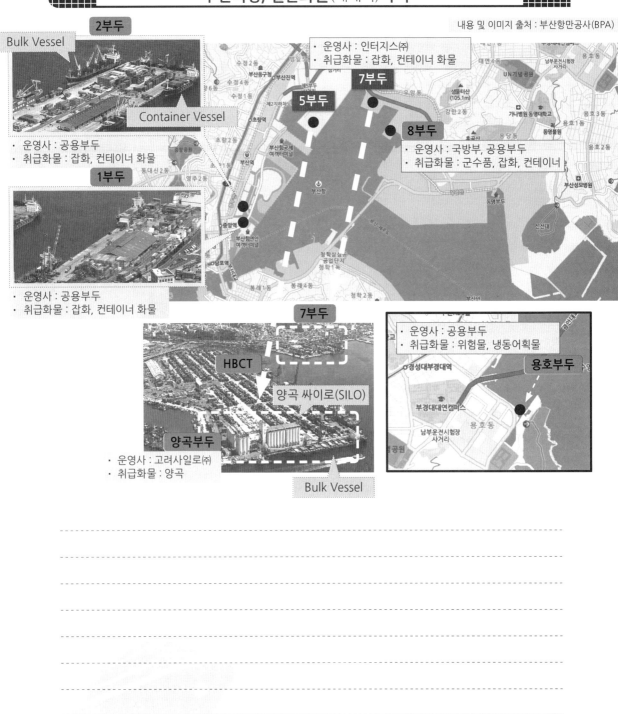

내용 및 이미지 출처 : 부산항만공사(BPA)

2부두
Bulk Vessel
Container Vessel
· 운영사 : 공용부두
· 취급화물 : 잡화, 컨테이너 화물

1부두
· 운영사 : 공용부두
· 취급화물 : 잡화, 컨테이너 화물

· 운영사 : 인터지스㈜
· 취급화물 : 잡화, 컨테이너 화물

5부두　**7부두**

8부두
· 운영사 : 국방부, 공용부두
· 취급화물 : 군수품, 잡화, 컨테이너

7부두
HBCT
양곡 싸이로(SILO)
양곡부두
· 운영사 : 고려사일로㈜
· 취급화물 : 양곡
Bulk Vessel

· 운영사 : 공용부두
· 취급화물 : 위험물, 냉동어획물
용호부두

부산신항, 컨테이너 및 다목적부두

내용 출처 : 각 터미널 홈페이지

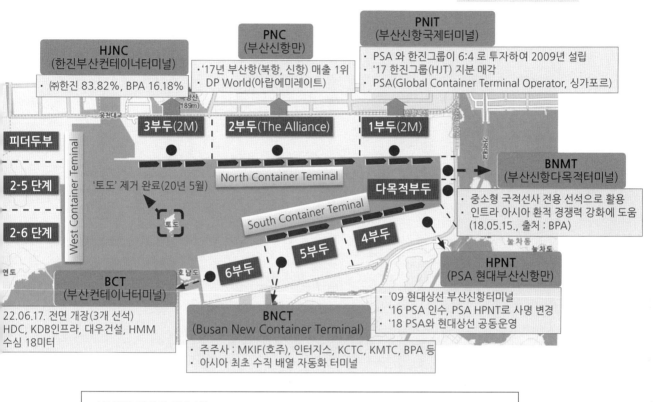

HJNC
(한진부산컨테이너터미널)
· ㈜한진 83.82%, BPA 16.18%

PNC
(부산신항만)
· '17년 부산항(북항, 신항) 매출 1위
· DP World(아랍에미레이트)

PNIT
(부산신항국제터미널)
· PSA와 한진그룹이 6:4로 투자하여 2009년 설립
· '17 한진그룹(HJT) 지분 매각
· PSA(Global Container Terminal Operator, 싱가포르)

3부두(2M)   **2부두(The Alliance)**   **1부두(2M)**

피더두부

2-5 단계

2-6 단계

West Container Terminal

North Container Teminal

'토도' 제거 완료(20년 5월)

South Container Teminal

다목적부두

BNMT
(부산신항다목적터미널)
· 중소형 국적선사 전용 선석으로 활용
· 인트라 아시아 환적 경쟁력 강화에 도움
(18.05.15., 출처 : BPA)

6부두   **5부두**   **4부두**

BCT
(부산컨테이너터미널)
22.06.17. 전면 개장(3개 선석)
HDC, KDB인프라, 대우건설, HMM
수심 18미터

HPNT
(PSA 현대부산신항만)
· '09 현대상선 부산신항터미널
· '16 PSA 인수, PSA HPNT로 사명 변경
· '18 PSA와 현대상선 공동운영

BNCT
(Busan New Container Terminal)
· 주주사 : MKIF(호주), 인터지스, KCTC, KMTC, BPA 등
· 아시아 최초 수직 배열 자동화 터미널

[운영사 단일화 필요성]
· 부산신항의 각 부두는 대부분 외국자본이 잠식한 상태로 공공정책 조정력에 어려움
· 선석활용 불균형으로 인한 선박 대기 시간 증가

어려운 무역실무는 가라
온/오프라인 교육 교재
Part 1. 기본 개념 및 절차(개정판)

초판 1쇄 발행 2014년 03월 07일
2판 2쇄 발행 2023년 05월 30일

지 은 이   최주호
펴 낸 이   이기성
편집팀장   이윤숙
기획편집   윤가영, 이지희, 서해주
표지디자인   이윤숙
책임마케팅   강보현, 김성욱
펴 낸 곳   도서출판 생각나눔
출판등록   제 2018-000288호
주   소   경기도 고양시 덕양구 청초로 66 덕은리버워크 B동 1708, 1709호
전   화   02-325-5100
팩   스   02-325-5101
홈페이지   www.생각나눔.kr
이 메 일   bookmain@think-book.com

• 책값은 표지 뒷면에 표기되어 있습니다.
  ISBN 979-11-7048-135-5(13320)

• 이 도서의 국립중앙도서관 출판 시 도서목록(CIP)은 서지정보유통지원시스템 홈페이지
  (http://seoji.nl.go.kr)와 국가자료공동목록시스템(http://www.nl.go.kr/kolisnet)에서
  이용하실 수 있습니다(CIP제어번호: CIP2020035506).